毛泽东用过的典故

毕桂发　主编

上海辞书出版社

主 编：

    毕桂发

副主编：

    毕英男

撰稿人：

毕桂发	毕英男	毕国民	毕晓莹	东 民
孙 瑾	赵 悦	赵善修	赵庆华	朱东方
许 娜	张 涛	张豫东	张昌在	张瑞华
王汇涓	范冬冬	李会平		

资 料：

    赵玉玲   刘 磊

序

毕桂发

　　为了庆祝党的"十八大"胜利召开和纪念毛泽东同志诞辰120周年，应上海辞书出版社约请，我们编写了这部《毛泽东用过的典故》。

　　中国人民创造了灿烂的古代文化，承载着我们中华民族的精神和灵魂，而其中的成语典故，便是精华中的精华。毛泽东博览群书，读书很多，尤其是文史哲书籍。他学以致用，读书是为了指导中国的革命和建设，所以在他的文章、诗词、讲话、谈话、书法、题词、批注中，引用了大量的成语典故。这些成语典故经毛泽东的应用和发挥，犹如锦上添花，更闪耀着睿智的光芒，益人心智。我们集腋成裘，将其中的一小部分，近200个成语典故，内容主要是观察世界、完善自我、服务社会、报效祖国等方面的，编秩成册，以飨读者，既是对我国古代文明的传承，也是我们对建设社会主义精神文明的具体行动。在编写时，我们力求熔科学性、知识性与趣味性于一炉，图文并茂，雅俗共赏，希望能受到广大读者的欢迎。

　　我们在编写过程中，参考了前辈和同仁的诸多著述，行文中大多一一注明；有少数不明出处，则未能如愿。在此一并致谢！

由于作者才疏学浅，资料匮乏，时间紧迫，错误、不当和滇漏之处，在所难免，恳请方家和广大读者批评指正，帮我们把这项工作做得更好。

是为序。

2012 年 3 月 20 日于河南大学

凡 例

一、本书是简体横排本。

二、本书按拼音字母顺序编排。

三、本书各词条中引文和毛泽东的评论均另段另体排出，不改变原来的标点符号，这样引文和译文标点符号一致，便于读者阅读。

四、书中涉及的古地名，采取古地名括注今地名而略去"省"（市）、"县"字样的办法，例如汴京（今河南开封）。

五、书中涉及的古代纪年，采取古代纪年括注公元纪年的办法，而省去"公元"、"年"字样，例如宋神宗熙宁元年（1068）；如果是公元前，则加"前"字，例如汉武帝建元元年（前140）。

目　录

词 目

爱 莫 能 助

爱，同情；莫，不。虽然心里同情，但不能给以帮助。语出《诗经·大雅·烝民》：

> 人亦有言："德輶如毛，民鲜克举之。"我仪图之，维仲山甫举之，爱莫助之；衮职有阙，维仲山甫补之。

这几句诗大意是，人们有句老话这么说："品德即使轻如毛，很少有人举得高。"细细揣摩暗思考，只有山甫能做到，他人无力来相助；周王破了衮龙袍，只有山甫能补好。

公元前 827 年，西周宣王姬静即位后，任贤使能，周室中兴。大臣伊吉甫作诗歌功颂德，其中说，周室得以中兴，有赖于大臣仲山甫的辅佐，他承王命于内，辅政于外，既明且哲，日夜不懈，刚柔相济，不侮弱小，不畏强暴，在民间施行德政。众人都不能善始善终，只有仲山甫能独举德政，别人都难以起到他的作用；君王失职，只有他能使君王补过，别人都不敢批评。

上文中的"爱莫助之",是说仲山甫推行宣王德政包含深远意义,能起到他的作用的人不多,所以功劳只能归于他。后来演化为"爱莫能助",含义起了变化,形容虽有同情之心,却没有能力、没有办法帮助别人。

1941年1月20日,毛泽东在《为皖南事变发表的命令和谈话》中严正指出:

> 如能实行以上十二条,则事态自然平复,我们共产党和全国人民,必不过为已甚。否则,"吾恐季孙之忧,不在颛臾,而在萧墙之内",反动派必然是搬起石头打他们自己的脚,那时我们就爱莫能助了。①

毛泽东在这里引用此语,是说如果国民党顽固派继续坚持反共立场,就无法挽救了。

---

① 《毛泽东选集》第二卷,人民出版社1991年版,第775—776页。

B

八公山上，草木皆兵

八公山，在今安徽省淮南市西。把八公山上的草木都看成士兵，形容极度恐惧，疑神疑鬼。典出《晋书·苻坚载记下》：

> 谢石等以既败梁成，水陆继进。坚与苻融登城而望王师，见部阵齐整，将士精锐，又北望八公山上草木，皆类人形，顾谓融曰："此亦劲敌也，何谓少乎！"怃然有惧色。初，朝廷闻坚入寇，会稽王道子以威仪鼓吹求助于钟山之神，奉以相国之号。及坚之见草木状人，若有力焉。

东晋时代，秦王苻坚控制了中国北部。公元383年，东晋谢玄、谢石等率军迎击秦军。晋军在安徽寿阳洛涧地方，大破秦军前锋，并乘胜冲到淝水东岸。苻坚听到大败的消息，急忙和他的弟弟苻融登上寿阳城楼，观察对岸晋军的动静。他看见晋军临水扎营，部阵严整，十分威武，不由暗暗吃惊，又望见寿阳北面八公山上的荒草和树木，都怀疑是晋兵。后来人们就用"八公山上，草木皆兵"形容人在极度惊慌时，神经过敏，造成错觉，把外界不相干的事物，误认为是害怕的对象。

1938年5月，毛泽东在《论持久战》一文中写道：

> 错觉和不意，可以丧失优势和主动。因而有计划地造成敌人的错觉，给以不意的攻击，是造成优势和夺取主动的方法，而且是重要的方法。错觉是什么呢？"八公山上，草木皆兵"，是错觉之一例。"声东击西"，是造成敌人错觉之一法。在优越的民众条件具备，足以封锁消息时，采用各种欺骗敌人的方法，常能有效地陷敌于判断错误和行动错误的苦境，因而丧失其优势和主动。"兵不厌诈"，就是指的这件事情。①

毛泽东以"八公山上，草木皆兵"的典故，来说明在作战中，要有计划地造成敌人的错觉，发起不意的攻击，这是造成我方优势和夺取主动的重要方法。

霸 王 别 姬

形容英雄末路的悲壮情景。霸王，指西楚霸王项羽。姬，姬妾，这里指西楚霸王的宠妾虞姬。现在多比喻不虚心听取群众意见，终于垮台。典出西汉司马迁《史记·项羽本纪》：

---

① 《毛泽东选集》第二卷，人民出版社1991年版，第491—492页。

项王军壁垓下，兵少食尽，汉军及诸侯兵围之数重。夜闻汉军四面皆楚歌，项王乃大惊曰："汉皆已得楚乎？是何楚人之多也！"项王则夜起，饮帐中。有美人名虞，常幸从；骏马名骓，常骑之。于是项王乃悲歌忼慨，自为诗曰："力拔山兮气盖世，时不利兮骓不逝。骓不逝兮可奈何，虞兮虞兮奈若何！"歌数阕，美人和之。（楚汉春秋云："歌曰'汉兵已略地，四方楚歌声。大王意气尽，贱妾何聊生！'"）项王泣数行下。左右皆泣，莫能仰视。

……

于是项王乃欲东渡乌江。乌江亭长檥船待，谓项王曰："江东虽小，地方千里，众数十万人，亦足王也。愿大王急渡。今独臣有船，汉军至，无以渡。"项王笑曰："天之亡我，我何渡为！且籍与江东子弟八千人渡江而西，今无一人还，纵江东父兄怜而王我，我何面目见之！纵彼不言，籍独不愧于心乎？"……乃自刎而死。

这段文字意思是说，项羽的军队在垓下（今安徽固镇东北）安营扎寨，士兵很少，军粮也没有了，刘邦的汉军和各诸侯的军队把他们重重包围起来。夜里听到汉军四面都唱楚地的歌谣，项羽才大惊说："汉军已全部占据楚地了吗？为什么楚人这么多呢！"项羽于是夜里起来，在军帐中饮酒。有一位美人名叫虞很受项羽宠幸，经常跟随项羽；有一匹苍白杂色的马，项羽经常骑它。项羽愤激悲哀地歌唱，自己作诗道："力量可以搬动大山啊气势可以盖过世界，时势不利啊乌骓马不向前行进。乌骓马不向前跑啊怎么办，虞啊虞啊我怎么把你安排呢！"一连唱了几遍，美人虞姬应和着一同歌唱："汉兵已经占据了楚国的土地，四面响起楚歌的声音。大王的意志和勇气都用尽了,贱妾还活着干什么!"唱罢虞姬拔剑自刎。项羽流下了几行眼泪。随从的将士都跟着流泪,没有人敢抬起头来看他。

……

于是项王就想东渡乌江。乌江亭长拢船靠岸,等待项羽,对项羽说:"江东虽然很小,方圆有千里,民众有几十万人,也足够你称王的了。请大王赶快渡江。现在只有小臣有船,汉兵来到,没有船渡他们。"项羽笑了笑说:"上天叫我灭亡,我还渡什么河!况且项籍我与江东子弟八千人渡过乌江向西进攻,现在没有一个人回来,纵然江东的父老兄弟可怜并拥戴我称王,我有什么脸面见他们!即使他们不谴责我,项羽我自己不问心有愧吗?"……于是项羽就割颈而死。

1962年1月30日,毛泽东在《在扩大的中央工作会议上的讲话》中说:

> 从前有个项羽,叫做西楚霸王,他就不爱听别人的不同意见。他那里有个范增,给他出过些主意,可是项羽不听范增的话。……我们现在有些第一书记,连封建时代的刘邦都不如,倒有点像项羽。这些同志如果不改,最后要垮台的。不是有一出戏叫《霸王别姬》吗?这些同志如果总是不改,难免有一天要"别姬"就是了。①

项羽(前232—前202),名籍,字羽,下相(今江苏宿迁西南)人,秦末农民起义领袖。楚国贵族出身。秦二世(嬴胡亥)元年

———————————

① 《毛泽东文集》第八卷,人民出版社1999年版,第295—296页。

（前 209），从叔父项梁在吴（今江苏苏州）起义。项梁战死后，秦将章邯围赵，楚怀王任命宋义为上将军，任他为次将，率军往救。宋义到安阳（今河南安阳）逗留不进，他杀死宋义，亲自率兵渡漳河救赵，在巨鹿之战中摧毁秦军主力。公元前 206 年秦亡后，他恢复分封制度，自立为西楚霸王，封刘邦为汉王，又划地分封了17 个诸侯王，实行分裂割据。从此，刘邦和项羽开始了长达 5 年的楚汉战争。垓下之围，是楚汉的最后决战。公元前 202 年，刘邦和韩信、彭越、鲸布以及叛将周殷合兵攻项羽，将项羽围在垓下。项羽粮草尽绝，又听到四面楚歌，以为汉兵已得楚地，而突围南走，至乌江（今安徽和县东北）自刎而死。

范增（前 277—前 204），居鄛（今安徽桐城南）人。秦末农民起义时，劝项梁立楚王族后裔为楚怀王。秦军围巨鹿，他为末将。后归项羽，为其主要谋士，被尊为"亚父"（仅次于父，表示尊敬的称呼）。在鸿门宴中曾几次劝项羽杀掉刘邦，项羽不听。后项羽中刘邦反间计，削其权力，他愤而离去，途中病死。

毛泽东说的《霸王别姬》，是京剧传统节目。脱胎于旧本《楚汉争》。梅兰芳、杨小楼编演。写楚汉垓下之战中，项羽大败后辞别虞姬，虞姬自刎，项羽突围后，不肯渡过乌江，只身一人回江东，遂亦自刎。梅兰芳演此剧，歌舞并重，流行颇广，为梅派代表作之一。

在楚汉战争中，项羽的军事实力在大部分时间上是占优势的，可最终归于失败，其原因除"沽名"之外，主要是"不爱听别人的不同意见"，即不能知人、用人，不肯纳谏，在鸿门宴中不听范增的谏劝杀掉刘邦却放他跑了。毛泽东在扩大的中央工作会议上讲到民主集中制时指出，我党各级的第一书记，"要认真地听取不同的意见"，对复杂的情况和不同的意见认真地加以分析：

要想到事情的几种可能性，估计情况的几个方面，好的和坏的，顺利的和困难的，可能办到的和不可能办到的。尽可能的慎重一些，周到一些。如果不是这样，就是"一个人称霸"。他接着便讲述了霸王别姬、垓下覆灭的故事，要我们的同志引以为戒，不要步"霸王别姬"的后尘。为此，他还把《项羽本纪》推荐给一些同志看，以引起全党同志注意。从此以后，"西楚霸王"便成了中共党内批评不民主作风的代名词了。

百尺竿头，更进一步

百尺竿头，百尺竿子高的顶端，指极高处。佛教语，比喻道行修养到达极高境界。语出宋释道原《景德传灯录》卷十《湖南长沙景岑号招贤大师》：

> 师示一偈曰："百尺竿头不动人，虽然得入未为真。百尺竿头须进步，十方世界是全身。"

后来用以比喻人们在学习和工作上不满足于已取得的成就，而要继续努力，取得更大成功。

《景德传灯录》，简称《传灯录》。宋释道原撰，30卷。刊行于景德年间。灯能照暗，以法传人，如同传灯，故以为名。书中专记佛教禅宗各家语录，自七佛以下，共52世，1 701人，附有语录者951人。

1936年8月13日，毛泽东在《致杜斌丞》的信中写道：

虎臣先生同意联合战线，但望百尺竿头，更进一步。①

毛泽东引用这一成语，意在表明杨虎城接受中国共产党的抗日民族统一战线政策，已经迈出了可喜的一步，希望他精诚合作，共同完成抗日救国大业。

笔 墨 官 司

官司，旧时的诉讼。引申为争辩，指书面上的争论。鲁迅《华盖集续编·不是信》：

> 大约是因为"本来已经说不胜说"，或者是在矫正"打笔墨官司的时候，谁写得多，骂得下流，捏造得新奇就是谁的理由大"的恶习之故罢了……

1965 年 7 月 18 日，毛泽东在《致郭沫若》的信中写道：

> 章行严先生一信，高二适先生一文均寄上，请研究酌处。我复章先生信亦先寄你一阅。笔墨官司，有比无好。未知尊意如何？②

郭沫若（1892—1978），我国著名历史学家、文学家、诗人、社

---

① 《毛泽东书信选集》，人民出版社 1983 年版，第 36 页。
② 《毛泽东书信选集》，人民出版社 1983 年版，第 604 页。

会活动家。1965 年 7 月 23 日，他的论文《由王谢墓志的出土论到〈兰亭序〉的真伪》在《光明日报》上发表，南京市研究馆馆员高二适读后写出《〈兰亭序〉真伪驳议》由章士钊转呈毛泽东。毛泽东为此写信给郭沫若，希望在报上发表高二适的文章和郭沫若的答辩文章，一场学术讨论便由此展开。

避其锐气，击其惰归

锐气，斗志旺盛的士气；惰，懈怠，疲劳；归，退回。避开敌人初来时的旺盛士气，等待敌人退却时，狠狠加以打击。语出《孙子·军争》：

> 故三军可夺气，将军可夺心。是故朝气锐，昼气惰，暮气归。故善用兵者，避其锐气，击其惰归，此治气者也。

这几句话是说，所以，三军可以夺其锐气，将军可以动摇其决心。因为敌军刚出兵的时候，士气旺盛，过了一段时间士气懈怠，最后就士气沮丧思归了。所以，善于用兵的人，要避开敌人的锐气，而当敌人疲劳沮丧时再去攻击，这就是掌握士气的方法。

1936 年 12 月，毛泽东在《中国革命战争的战略问题》一文中写道：

> 孙子说的"避其锐气，击其惰归"，就是指的使敌疲劳沮

丧，以求减杀其优势。①

他对于孙子这句话给予肯定的评价。

《孙子》，即《孙子兵法》，孙武著。孙武，齐国人，春秋时著名军事家。以兵法求见于吴王阖闾，被任为将，率军攻破楚国。所著《孙子兵法》，共 7 篇，总结了春秋时期战争的经验，探索战略战术的规律，是中国古代杰出的兵书。

卞和献璞，两刖其足

卞和献出一块未经开凿的玉石，先后两次被砍掉了双脚。表示珍宝不被人识的悲哀。典出《韩非子·和氏》：

> 楚人和氏得玉璞楚山中，奉而献之厉王。厉王使玉人相之，玉人曰："石也。"王以和为诳，而刖其左足。及厉王薨，武王即位，和又奉其璞而献之武王。武王使玉人相之，又曰："石也。"王又以和为诳，而刖其右足。武王薨，文王即位，和乃抱其璞而哭于楚山之下，三日三夜，泣尽而继之以血。王闻之，使人问其故，曰："天下之刖者多矣，子奚哭之悲也？"和曰："吾非悲刖也，悲夫宝玉而题之以石，贞士而名之以诳，此吾所以悲也。"王乃使玉人理其璞而得宝焉，遂命曰："和氏之璧。"

---

① 《毛泽东选集》第一卷，人民出版社 1991 年版，第 209 页。

这个故事大意是说，春秋时，楚国人卞和在山中得到一块蕴藏有玉的石头，献给楚厉王。厉王使玉人辨认，说是石头。以欺君罪砍断卞和的左脚。后武王即位，卞和又献玉，仍以欺君罪砍断他的右脚。到了文王即位，卞和抱着玉在楚山下痛哭。文王派人问他，他说："我悲哀的不是被砍断了脚，悲哀的是宝玉却被说成石头，坚贞之士却被叫做骗子，这就是我悲哀的原因啊！"文王使人剖开这块璞果然得到一块宝玉，于是命名为"和氏之璧"。

韩非（前280—前233），韩国贵族，荀子的学生，战国末年思想家，法家代表人物。著有《韩非子》55篇。

1958年5月18日，毛泽东在《卑贱者最聪明，高贵者最愚蠢》一文中写道：

> 此件印发大会各同志阅读。请中央各工业交通部门各自收集材料，编印一本近三百年世界各国（包括中国）科学、技术发明家的通俗简明小传（小册子）。看一看是否能够证明：科学、技术发明大都出于被压迫阶级，即是说，出于那些社会地位较低、学问较少、条件较差、在开始时总是被人看不起、甚至受打击、受折磨、受刑戮的那些人。这个工作，科学院和大学也应当做，各省市自治区也应当做。各方面同时并举。如果能够有系统地证明这一点，那就将鼓舞很多小知识分子、很多工人和农民，很多新老干部打掉自卑感，砍去妄自菲薄，破除迷信，振奋敢想、敢说、敢做的大无畏创造精神，对于我国七年赶上英国、再加八年或者十年赶上美国的任务，必然会有重大的帮助。卞和献璞，三（两）刖其足；"函关月落听鸡度"，出于鸡鸣狗盗之辈。自古已然，于

今为烈。难道不是的吗？①

这是毛泽东为中共八大二次会议印发倪伟、王光中 1958 年 5 月 3 日关于安东机器厂试制成功 30 匹马力拖拉机给国家计划委员会主任李富春、副主任贾拓夫的报告所写的批语中的最后几句。

安东机器厂是个小修配厂，竟然造出 30 匹马力的拖拉机，毛泽东从中看出广大工人的极大创造性，并进而联想到世界上近三百年的发明创造，很多也出自"社会地位较低、学问较少、条件较差"的普通工人、农民，因而作出"卑贱者最聪明，高贵者最愚蠢"的论断。文章最后还援引我国古代和氏之璧和鸡鸣狗盗之辈两个例子作证，对于当时破除迷信、解放思想起了一定作用，但就整个论断来看，难免有以偏概全之嫌。

标 新 立 异

标，显示，表明；立异，持不同的态度和看法。提出新奇的见解和主张，表示与一般不同。语出南朝宋刘义庆《世说新语·文学》：

《庄子·逍遥篇》旧是难处，诸名贤所可钻味而不可拔理于郭向之外。支道林在白马寺中将冯太常共语，因及《逍

---

① 《建国以来毛泽东文稿》第七册，中央文献出版社 1992 年版，第 236 页。

遥》。支卓然标新理于二家之表,立异义于众贤之外,皆是诸名贤寻味之所不得,后遂用支理。

这则故事大意是说,《庄子》中的《逍遥游》篇过去一直是比较难于理解的,各位著名的学者也都只能钻研玩味而不能超出郭象、向秀二人之外。支道林在洛阳白马寺里和太常护国将军冯怀谈话,因而涉及到《逍遥游》。支道林卓然提出在郭、向二家之外,在诸位贤哲之外建立一种新的观点,都是各位名贤寻求得不到的,后来遂用支道林的看法。

支道林(314—366),名遁,字道林,本姓关,东晋陈留(今河南开封东北)人,或云河东林虑人。家世事佛,隐居余杭山,深思道行,通《庄子》及《维摩经》等。世称支公、林公。终于洛阳。

1956年,毛泽东在《同音乐工作者的谈话》中说:"表现形式应该有所不同,政治上如此,艺术上也如此。特别像中国这样大的国家,应该'标新立异',但是,应该是为群众所欢迎的标新立异。为群众所欢迎的标新立异,越多越好,不要雷同。"①

毛泽东在谈话中强调要"标新立异",就是强调艺术要创造、创新。因为只有创新才能发展。这是深谙艺术规律的。

---

① 《毛泽东文集》第七册,人民出版社1999年版,第80页。

别 无 长 物

长（zhǎng）物，多余的东西。没有多余的东西。形容生活简单，或家境清贫。语出南朝宋刘义庆《世说新语·德行》：

> 王恭从会稽还，王大看之。见其坐六尺簟，因语恭："卿东来，故应有此物，可以一领及我。"恭无言。大去后，即举所坐者送之。既无余席，便坐荐上。后大闻之，甚惊，曰："吾本谓卿多，故求耳。"对曰："丈人不悉恭，恭作人无长物。"

这段话大意是说，王恭从会稽回来后，王大去看望他。看见他坐着一张六尺长的竹席子，便对王恭说："你从东边回来，自然会有这种东西，可以拿一张给我。"王恭没有说什么。王大走后，王恭就拿起所坐的那张竹席送给王大。自己既没有多余的竹席，就坐在草席子上。后来王大听说这件事，很吃惊，对王恭说："我原来以为你有多余的，所以问你要呢。"王恭回答说："你不了解我，我为人处世，没有多余的东西。"

刘义庆（403—444），彭城（今江苏徐州）人，宋宗室，袭封临川王，南朝宋文学家。著有《世说新语》，记述汉末、魏、晋士大夫的言行。

1925 年 12 月 1 日，毛泽东在《中国社会各阶级的分析》一文中写道：

> 都市苦力工人的力量也很可注意。以码头搬运夫和人

力车夫占多数，粪夫清道夫等亦属于这一类。他们除双手外，别无长物，其经济地位和产业工人相似，惟不及产业工人的集中和在生产上的重要。①

毛泽东引用"别无长物"一语，描述旧社会"都市苦力工人"极端贫困的生活，非常贴切。

兵 不 厌 诈

兵，用兵，作战；厌，嫌；诈，使手段诳骗。意谓用兵作战时可以使用欺诈的策略和方法迷惑敌人。也作"军不厌诈"，《孙子·计篇》："兵者，诡道也。"李筌注："军不厌诈。"语出《韩非子·难一》：

> 晋文公将与楚人战，召舅犯问之，曰："吾将与楚人战，彼众我寡，为之奈何？"舅犯曰："臣闻之，繁礼君子，不厌忠信；战阵之间，不厌诈伪。君其诈之而已矣。"文公辞舅犯，因召雍季而问之，曰："我将与楚人战，彼众我寡，为之奈何？"雍季对曰："焚林而田，偷取多兽，后必无兽；以诈遇民，偷取一时，后必无复。"文公曰："善。"辞雍季，以舅犯之谋与楚人战以败之。归而行爵，先雍季而后舅犯。群臣曰："城濮之事，舅犯谋也。夫用其言而后其身，可乎？"文公曰："此非君所知也。夫舅犯言，一时之权也；雍季言，万世之利也。"仲尼闻之，曰："文公之霸也，宜哉！既知一时之权，又

---

① 《毛泽东选集》第一卷，人民出版社 1991 年版，第 8 页。

知万世之利。"

这段话大意是说，晋文公将要与楚国人打仗，就召来舅父子犯（即狐偃）询问这件事，说："我将要与楚国人打仗，他们人多我们人少，对此该怎么办？"子犯说："我听说，多礼的君子，不厌倦追求忠诚和信用；作战时不厌倦欺骗和诈伪。您就用欺诈的手段好了。"文公让子犯退下，因而召唤雍季来询问，说："我将要与楚国人打仗，他们人多我们人少，对此该怎么办？"雍季回答说："烧毁树林来打猎，苟且可以获得较多的野兽，但以后就没有野兽了；用欺诈的手段来对待民众，苟且可以骗得一时，但以后就再难重复了。"晋文公说："说得好。"于是让雍季退下，晋文公用子犯的计谋和楚国人交战并打败了他们。回来后论功行赏，首先奖赏雍季而后才奖赏舅犯。群臣说："城濮的战事，是舅父子犯的计谋。采用了他的建议而最后才奖赏他，合适吗？"晋文公说："这不是你们所能懂得的。那舅父子犯的建议，是暂时的权宜之计；而雍季的建议，是有利于长期发展的。"孔子听说了，说："晋文公称霸天下，是理所当然的！既懂得暂时的权变，也懂得长远利益。"

1938 年 5 月，毛泽东在《论持久战》一文中写道：

在优越的民众条件具备，足以封锁消息时，采用各种欺骗敌人的方法，常能有效地陷敌于判断错误和行动错误的苦境，因而丧失其优势和主动。"兵不厌诈"，就是指的这件事情。什么是不意？就是无准备。优势而无准备，不是真正的优势，也没有主动。懂得这一点，劣势而有准备之军，常可对敌举行不意的攻势，把优势者打败。我们说运动之敌好打，就是因为敌在不意即无准备中。这两件事——造成敌人的错觉和出以不意的攻击,即是以战争的不确实性给予敌人,而给自己以尽可能大的确实性,用以争取我之优势和主动,争取我之胜利。要做到这些,先决条件是优越的民众组织。[①]

毛泽东在这里引用此语说明,我们要有计划地造成敌人的错觉,给以出其不意的攻击,从而造成优势,夺取战争的主动权。

不 耻 下 问

耻,羞耻。不以向学问或地位比自己低的人请教为耻辱。语出《论语·公冶长》:

> 子贡问曰:"孔文子何以谓之'文'也?"子曰:"敏而好学,不耻下问,是以谓之'文'也。"

孔文子是卫国大夫孔圉(yǔ),"文"是谥号,"子"是尊称。

这段话意思是,子贡问道:"为什么给孔文子一个'文'的谥号呢?"孔子说:"他聪敏勤勉而好学,不以向比他地位卑下的人请教为耻,所以给他谥号叫'文'。"

1949 年 3 月 13 日,毛泽东在《党委会的工作方法》一文中写道:

> 不懂得和不了解的东西要问下级,不要轻易表示赞成或反对。有些文件起草出来压下暂时不发,就是因为其中还有

---

① 《毛泽东选集》第二卷,人民出版社 1991 年版,第 492 页。

些问题没有弄清楚,需要先征求下级的意见。我们切不可强不知以为知,要"不耻下问",要善于倾听下面干部的意见。先做学生,然后再做先生;先向下面干部请教,然后再下命令。①

毛泽东在文中引用"不耻下问",并增添了新的含义,使它成为论述中国共产党群众路线的领导方法的一个至理名言。

不 求 甚 解

甚,很,极。指读书只求领会大概意思,不在词句上多下工夫。后来用以比喻学习和工作不够认真细致,只略知大概,不肯下苦工夫深入钻研。语出东晋陶渊明《五柳先生传》:

> 先生不知何许人也,亦不详其姓字。宅边有五柳树,因以为号焉。闲静少言,不慕荣利。好(hào)读书,不求甚解;每有会意,便欣然忘食。

这几句话大意是说,不知道五柳先生是哪里的人,也不清楚他的姓名和字号。因为住宅旁边有五棵柳树,就以此为号。他闲适沉静,很少说话,不贪图荣华富贵。他喜欢读书,只求领会书的大概意思,而不在一字一句的解释上过分深究,每当他对书中意旨有所领会的时候,就高兴得忘了吃饭。

陶渊明(365 或 372 或 376—427),一名潜,字元亮,私谥靖

---

① 《毛泽东选集》第四卷,人民出版社 1991 年版,第 1441 页。

节,东晋浔阳柴桑(今江西九江)人,大诗人。有《陶渊明集》。

1941年3月17日,毛泽东在《〈农村调查〉的序言和跋》一文"序"中写道:

> 现在我们很多同志,还保存着一种粗枝大叶、不求甚解的作风,甚至全然不了解下情,却在那里担负指导工作,这是异常危险的现象。对于中国各个社会阶级的实际情况,没有真正具体的了解,真正好的领导是不会有的。①

毛泽东在这里引用此语,批评有些同志对事物不作深入细致的了解,只看表面,浅尝辄止。这种作风对担负领导工作的人来说,是很危险的。

不 违 农 时

违,不遵守。不耽误农事季节。语出《孟子·梁惠王上》:

> 曰:"王如知此,则无望民之多于邻国也。不违农时,谷不可胜食也;数罟不入洿池,鱼鳖不可胜食也;斧斤以时入山林,材木不可胜用也。谷与鱼鳖不可胜食,材木不可胜用,是使民养生丧死无憾也。养生丧死无憾,王道之始也。"

---

① 《毛泽东选集》第三卷,人民出版社1991年版,第789页。

这段话大意是，孟子说："大王如果懂得这一点，就不要指望魏国的百姓会比邻国多了。不耽误百姓的农时，粮食就吃不完；细密的鱼网不放入大塘捕捞，鱼鳖就吃不完；按一定的时令采伐山林，木材就用不完。粮食和鱼鳖吃不完，木材用不完，这就使百姓养家活口、办理丧事没有什么遗憾的了。百姓生养死丧没有什么遗憾，这就是王道的开始。"

孟子（约前372—前289），名轲，字子舆，邹（今山东邹县东南）人，受业于孔子之孙孔伋，战国中期儒家的代表人物。他的言行和思想记载在《孟子》一书中，共7篇。

1948年10月10日，毛泽东在《中共中央关于九月会议的通知》中写道：

> 在后方，减少国家机构的开支，减少不急需的人力和畜力的动员，减少开会时间，注意农业的季节，不违农时，节省工业生产的成本，提高劳动生产率，全党动员学习管理工业生产、农业生产和做生意，尽可能地将各解放区的经济加以适当的组织，克服市场上的盲目性，并同一切投机操纵的分子进行必要的斗争。从这一切着手，我们就必能克服自己面前的困难。①

毛泽东在这个通知中引用此语，强调按照农业的季节规律搞好农业生产，克服面前的困难。

---

① 《毛泽东选集》第四卷，人民出版社1991年版，第1348页。

不　因　人　热

不依靠别人烧饭的余热烧饭。后来用以比喻不仰赖别人。典出《东观汉记·梁鸿传》：

> 梁鸿少孤，常独坐止，不与人同食。比舍先炊已，呼鸿及热釜炊。鸿曰："童子鸿，不因人热者也。"灭灶更燃火。

这段话大意是说，梁鸿自幼就失去了父亲，在学校里，常常自己独坐和休息，不与别人一起吃饭。邻居烧好饭，让他趁着热灶热锅来做饭。梁鸿说："小人我梁鸿，不借助别人的余热。"把灶中的柴熄灭，再重新点燃做饭。

《东观汉记》，是东汉官修本朝纪传体史书。自汉明帝时开始编写，以后累朝增修，到桓帝、灵帝时共修 134 卷，尚未最后定稿。参加撰述者有班固、刘珍、李尤、伏无忌、边韶、崔寔、延笃、马日磾、蔡邕等。东观为都城洛阳宫中的殿名，是当时修史之处，故名《东观汉记》。

梁鸿，字伯鸾，东汉初扶风平陵（今陕西咸阳西北）人。少家贫，与妻孟光隐居灞陵（今陕西西安东）山中，以耕织为生。这则故事写梁鸿少年时家贫，却不肯趁着别人的热锅做饭，表现出一种自立自强、不肯依靠别人的自力更生精神。后因称不仰仗别人为"不因人热"。亦省作"不因热"。唐骆宾王《夏日游德洲赠高四》："潘岳本自闲，梁鸿不因热。"就是这种用法。

1958 年，毛泽东在武汉和人回忆起湖北烈士邓雅声。他说：

　　我在湖北农民协会和武昌农民运动讲习所同雅声同志多次接触……谈旧体诗词也很投机。他和我一样，喜欢唐代三李（李白、李贺、李商隐），他还喜欢杜牧、王维。我们交换过各自的诗，他的名句我至今还记得："范叔一寒何至此，梁鸿余热不因人。"这两句用典，很融洽，很活。我看比李商隐的好。用这种诗的语言，表现诗人在当时白色恐怖中硬骨头精神。我很欣赏他的这类诗句。他长于七言，律绝俱佳。①

　　毛泽东赞扬邓雅声的名句"梁鸿余热不因人"，也是不因人热的故事。

　　毛泽东常用"不因人热"的故事教育鼓励子女和身边的工作人员要有志气，不仰仗他人，要靠自己的辛勤劳动，艰苦创业。据毛岸青、邵华回忆毛泽东说：克己奉公，爱留人间。您从不主张让子女当官，为子女存款，也没有一个亲属受到特殊的照顾。1937年11月，您在延安复信表兄文运昌："并无薪水，不宜来此"。1949年刚进京，便收到舅舅杨开智希望在北京安排工作的信。10月9日，您回信"在湘听候中共湖南省委合乎你能力的工作，不要有任何奢望，不要来北京。湖南省委派你做什么工作就做什么工作，一切按正常规矩办事，不要使政府为难"。同年10月，表舅向立三来信希望为他的另一位亲戚在长沙"谋个厅长方面的位置"，您让岸英代您写信："新中国之所以不同于旧中国，共产党之所以不同于国民党，毛泽东之所以不同于蒋介石，毛泽东的子女妻舅之所以不同于蒋介石的子女妻舅，除了其他更基

---

　　① 董志英编：《毛泽东故事》，昆仑出版社1989年版，第250页。

本的原因之外，正在于此；皇亲贵戚仗势发财，少数人统治多数人的时代一去不复返了，靠自己的劳动和才能吃饭的时代来临了。"①

　　毛泽东向章士钊十年还债的故事也很能说明问题。原来1920年为了筹备党的成立、湖南的革命运动以及一部分同志去欧洲勤工俭学，急需一笔数量较大的银两，毛泽东到上海去找章士钊，只说为一批有志青年去欧洲筹款。章士钊发动社会各家捐款，得到2万银元，交给了毛泽东。从1964年开始，"每年春节初二这一天，毛泽东必定派徐秘书送来2千元，一直到1972年送满累计2万元。1973年的春节过后不久，毛泽东问我送给父亲的钱送去没有。我说：'今年没有送。'毛泽东问为什么。我说：'主席忘了，当初说定十年分期偿还，还足2万。去年已是最后一笔，主席当年借的2万已还清了。'毛泽东笑了，并说：'怪我没说清，这个钱是给你们那位老人家的补助，那里能真的10年就停！我告诉他们马上补送。'我说父亲不会肯收，他当初说那就只收10年。毛泽东说：'你回去告诉行老，从今年开始还利息。50年的利息我也算不清应该多少。就这样还下去，行老只要健在，这个利息是要还下去的。'接着毛泽东认真地对我说：'这个钱一直送到行老不在为止。他去世了，就停了。你们这一代要靠自己，不要靠父亲的遗产。'"②

　　毛泽东作为一个伟大的革命家，严于律己，要求子女和亲属不要依靠他的权威谋取私利，要"靠自己的劳动和才能来吃饭"，

---

　　①　毛岸英、邵华：《忆父亲毛泽东》，《人民日报》2007年9月25日。
　　②　章含之：《"投我一木桃，报之以琼瑶"——毛泽东和章士钊》，《毛泽东交往录》，人民出版社1991年版，第235—236页。

不仅是对子女和亲属寄予的厚望,也指明了当代青年人的努力方向。联想到现在社会上的一些"啃老族",自己已经长大成人了,却不肯努力工作,偏要依靠吃父辈的老本生活,不是颇发人深省吗?这是从教育后代来说。

如果从党的发展和国家的社会主义事业来看,不因人热,不让僵死的教条捆住自己的手脚,在自己的实践中探索适合本国国情的社会主义道路,正是毛泽东和中国共产党人夺取中国社会主义革命和社会主义建设胜利的最根本的经验。

不是东风压倒西风,就是西风压倒东风

东风和西风之间,此起彼伏,没有调和的余地。语出清曹雪芹、高鹗著《红楼梦》第八十二回《老学究讲义警顽心　病潇湘痴魂惊恶梦》:

> 黛玉正在那里看书,见是袭人,欠身让坐。袭人也连忙迎上来问:"姑娘这几天身子可大好了?"黛玉道:"那里能够,不过略硬朗些。你在家里做什么呢?"袭人道:"如今宝二爷上了学,房中一点事儿没有,因此来瞧瞧姑娘,说说话儿。"说著,紫鹃拿茶来。袭人忙站起来道:"妹妹坐著罢。"因又笑道:"我前儿听见秋纹说,妹妹背地里说我们什么来著。"紫鹃也笑道:"姐姐信他的话!我说宝二爷上了学,宝姑娘又隔断了,连香菱也不过来,自然是闷的。"袭人道:"你还提香菱呢,这才苦呢,撞著这位太岁奶奶,难为他怎么过!"把手伸著两个指头,道:"说起来,比他还利害,连外头

的脸面都不顾了。"黛玉接着道:"他也够受了,尤二姑娘怎么死了。"袭人道:"可不是。想来都是一个人,不过名分里头差些,何苦这样毒?外面名声也不好听。"黛玉从不闻袭人背地里说人,今听此话有因,便说道:"这也难说。但凡家庭之事,不是东风压了西风,就是西风压了东风。"袭人道:"做了旁边人,心里先怯了,那里倒敢去欺负人呢。"

这段话中黛玉和袭人议论的是两家的妻妾争宠的事:薛蟠纳了香菱为妾之后又娶夏金桂为妻,夏金桂容不得香菱,香菱后受迫害致死;在此之前,贾琏偷娶尤二姐为妾,后被王熙凤知道了,尤二姐受迫害致死。这是说,一个家庭里妻妾之间的矛盾,不可调和,总是一个压倒另一个。

曹雪芹(约1715—约1763),名霑,字梦阮,号雪芹、芹圃、芹溪,满洲正白旗包衣(奴仆)。清小说家。

《红楼梦》,原名石头记,共120回:前80回曹雪芹作,后40回高鹗续。我国古代最优秀的长篇小说。

1957年11月18日,毛泽东在《在莫斯科共产党和工人党代表会议上的讲话》中说:

> 现在我感觉到国际形势到了一个新的转折点。世界上现在有两股风:东风,西风。中国有句成语:不是东风压倒西风,就是西风压倒东风。我认为目前形势的特点是东风压倒西风,也就是说,社会主义的力量对于帝国主义的力量占了压倒的优势。[①]

[①] 《毛泽东文集》第七卷,人民出版社1999年版,第321页。

毛泽东在这次讲话中，先后三次引用了《红楼梦》女主角林黛玉的"不是东风压了西风，就是西风压了东风"这句话，用以说明社会主义阵营和帝国主义阵营的斗争，是两个阵营或此消彼长，或此长彼消，总是一方压倒另一方，没有调和的余地。

不是冤家不聚头

冤家，仇人，死对头；旧时又用作对所爱的人的昵称，是爱极的反语。不是前世的冤家今世也不会聚合到一起。语出《元曲选·郑廷玉〈楚昭公〉》第二折：

> 你每作的来不周，结下了父兄仇，抵多少不是冤家不聚头。

《红楼梦》第二十九回《享福人福深还祷福　多情女情重愈斟情》：

> 那贾母见他两个都生气，只说趁今儿那边去看戏，他两个见了，也就完了，不想又都不去。老人家急的抱怨说："我这老冤家，是那一世里造下的孽障，偏偏儿遇见了这么两个不懂事的小冤家儿，没有一天不叫我操心。真是俗语说的，'不是冤家不聚头'。几时我闭了这眼，断了这口气，任凭这两个冤家闹上天去，我'眼不见，心不烦'，也就罢了。——偏他娘的又不吷这口气。"自己抱怨着，也哭起来了。

这回写宝玉和黛玉这两个恋人,互相摸底,以致弄得宝玉砸他那命根子通灵宝玉表白心迹,随后消除误会,和好如初。贾母说到此事时,说了这句有名的话。

1956年9月25日,毛泽东在《我们党的一些历史经验》一文中引用了这句话:

> 民族资产阶级是我们的冤家。中国有句俗话:"不是冤家不聚头。"中国革命有一条经验,对付民族资产阶级要谨慎。他们同工人阶级对立,同时又同帝国主义对立。鉴于我们的主要任务是反对帝国主义和封建主义,这两个敌人不打倒,人民就不能解放,因此,我们一定要争取民族资产阶级反对帝国主义。反对封建主义,民族资产阶级没有兴趣,因为他们和地主阶级有密切的联系。他们又是压迫和剥削工人的。因此,我们要同他们作斗争。①

毛泽东在文中引用"不是冤家不聚头"这一俗语,把无产阶级和民族资产阶级比作一对冤家,既幽默又风趣。

不 敢 告 劳

从来不敢说劳累。语出《诗经·小雅·十月之交》:

> 黾勉从事,不敢告劳。无罪无辜,谗口嚣嚣。

---

① 《毛泽东文集》第七卷,人民出版社1999年版,第135页。

下民之孽，匪降自天。噂沓背憎，职竟由人。

这几句话大意是说，尽心竭力从公事，不敢叫苦献赤诚。没有罪过不辜负，众口交馋将我诬。黎民百姓受灾殃，灾殃并非从天降。当面欢和背后恨，祸患都因有坏人。

《诗经·小雅·十月之交》是周王朝一位大夫所作的政治抒情诗。全诗反映了奴隶主统治集团内部由于财产和权力的再分配而引起的社会阵痛和精神痛苦。"不敢告劳"是说自己办事兢兢业业，尽心尽力。

1938 年 5 月 15 日，毛泽东在《陕甘宁边区政府　第八路军后方留守处布告》中写道：

我陕甘宁边区军民，服从政府领导，努力救亡事业。凡所实施，光明正大。艰苦奋斗，不敢告劳。全国人民，交口称誉。①

毛泽东在布告中引用"不敢告劳"一语，是说我边区军民光明正大，自己辛勤劳苦，不敢或不愿向别人诉说，受到全国人民的同声称赞。

不塞不流，不止不行

没有堵塞，就没有流动；没有停止，就没有行动。语出唐韩

---

① 《毛泽东选集》第二卷，人民出版社 1991 年版，第 401 页。

愈《原道》：

> 曰："斯吾所谓道也，非向所谓老与佛之道也。尧以是
> 传之舜，舜以是传之禹，禹以是传之汤，汤以是传之文、武、
> 周公，文、武、周公传之孔子，孔子传之孟轲。轲之死，不得
> 其传焉。荀与扬也，择焉而不精，语焉而不详。由周公而
> 上，上而为君，故其事行。由周公而下，下而为臣，故其说
> 长。然则如之何而可也？曰，不塞不流，不止不行。人其
> 人，火其书，庐其居，明先王之道以道之。鳏、寡、孤、独、废、
> 疾者有养也。其亦庶乎其可也。"

这段话大意是，我说："这是我所说的道，不是刚才所说的道
家和佛家的道。这个道是从尧传给舜，舜传给禹，禹传给汤，汤
传给周文王、周武王、周公，文王、武王、周公传给孔子，孔子传给
孟轲。孟轲死后，没有继承的人。只有荀卿和扬雄，从中选取过
一些但选得不精，论述过一些但并不全面。从周公以上，继承的
都是在上做君王的，所以儒、道能够实行；从周公以下，继承的都
是在下做臣子的，所以他们的学说能够流传。那么，怎么办才能
使儒道获得实行呢？我以为：不堵塞佛、老之道，儒道就不得流
传；不禁止佛、老之道，儒道就不能推行。必须把和尚、道士还俗
为民，烧掉佛经道书，把佛寺、道观变成民房。阐明先王的儒道
以教导人民，使鳏夫、寡妇、孤儿、无子孙的老人、残疾人、病人都
能生活。这样做也就差不多了。"

韩愈（768—824），字退之，河南河阳（今河南孟州）人，唐代
文学家、哲学家，与柳宗元创导古文运动，主张"文以载道"，复古
崇儒，抵排异端，攘斥佛老，是唐宋八大家之一。

韩愈认为对佛教、道教如不加阻塞，儒教就不能得到推行。

1940 年 1 月，毛泽东在《新民主主义论》中写道：

> 帝国主义文化和半封建文化是非常亲热的两兄弟，它们结成文化上的反动同盟，反对中国的新文化。这类反动文化是替帝国主义和封建阶级服务的，是应该被打倒的东西。不把这种东西打倒，什么新文化都是建立不起来的。不破不立，不塞不流，不止不行，它们之间的斗争是生死斗争。①

毛泽东在文中引用此语，意在说明只有打倒帝国主义文化和半封建文化，新民主主义的文化才能建立起来。前者和后者的斗争是生死斗争，只有堵塞前者，后者才能流行。

不 遗 余 力

遗，留下；余力，剩下的力量。毫无保留地用尽全部力量。语出《战国策·赵策三》：

> 虞卿闻之，入见王，王以楼缓言告之。虞卿曰："此饰说也。"秦既解邯郸之围，而赵王入朝，使赵郝约事于秦，割六县而讲。王曰："何谓也？"虞卿曰："秦之攻赵也，倦而归乎？王以其力尚能进，爱王而不攻乎？"王曰："秦之攻我也，不遗

---

① 《毛泽东选集》第二卷，人民出版社 1991 年版，第 695 页。

余力矣,必以倦而归也。"虞卿曰:"秦以其力攻其所不能取,倦而归。王又以其力之所不能攻以资之,是助秦自攻也。来年秦复攻王,王无以救矣。"

这段话大意是说,辩士虞卿听说后,就去见赵王,赵王把楼缓的话告诉了他。虞卿说:"这不过是花言巧语而已。"秦国解除了对邯郸的包围,赵王入朝,派赵郝去和秦国谈判,割让六个县作为条件。赵王说:"为什么?"虞卿说:"秦国进攻赵国,是因为打疲了才撤回呢?还是有余力进攻,只因为怜惜您才不进攻呢?"赵王说:"秦国进攻我国,不遗余力,他一定是因为打得疲倦才撤回去的。"虞卿说:"秦国极力进攻赵国,而又一无所得,打疲倦了才撤回,可大王又把秦国力不能得的城邑送给它,这简直是在帮助秦国来攻打自己。明年,秦国再进攻大王,您就会无法挽救了。"

1938年5月,毛泽东在《论持久战》一文中写道:

> 日本不能占领全中国,然而在它一切力所能及的地区,它将不遗余力地镇压中国的反抗,直至日本的内外条件使日本帝国主义发生了进入坟墓的直接危机之前,它是不会停止这种镇压的。[1]

毛泽东在《论持久战》一文中引用"不遗余力"一语,说明日本侵略者用尽所有力量侵略中国,提醒我们必须坚决反对日本帝国主义的侵略,直到取得最后胜利。

---

[1] 《毛泽东选集》第二卷,人民出版社1991年版,第510页。

沧海一粟

粟,谷子。脱皮后叫小米。大海里的一粒谷子。比喻极其渺小。语出北宋苏轼《前赤壁赋》:

> 况吾与子渔樵于江渚之上,侣鱼虾而友麋鹿。驾一叶之扁舟,举匏(páo)樽以相属。寄蜉蝣于天地,渺沧海之一粟。哀吾生之须臾,羡长江之无穷。挟飞仙以遨游,抱明月而长终。知不可乎骤得,托遗响于悲风。

这段话大意是说,何况我同你在江中和沙洲上捕鱼打柴,以鱼虾为伴,与麋鹿为友。驾着一叶孤舟,在这里举杯互相劝酒。只是像蜉蝣一样寄生在天地之间,渺小得像大海中的一颗谷粒。哀叹我生命的短暂,而羡慕长江的流水无穷无尽。希望同仙人一起遨游,与明月一起长存。我知道这是不可能轻易得到的,因而只能把箫声的余音寄托给这悲凉的秋风。

苏轼(1037—1101),字子瞻,号东坡居士,眉州眉山(今四川眉山)人,北宋大文学家、书画家。诗文有《东坡七集》等。

这是苏轼的名著《前赤壁赋》中的一段话,记载的是一次苏轼与朋友乘船夜游黄州赤壁矶的情况。他们谈话中议论到三国时期的赤壁(今湖北蒲圻)大战,周瑜火烧赤壁,大败曹兵后,触景生情,发出的伤心感叹。"渺沧海之一粟"意思是说,人生在世就好像大海中的一粒谷子一样渺小。后便用"沧海一粟"来形容某种事物非常渺小。

1938年5月,毛泽东在《论持久战》中写道:

> 其次,怎样去动员?靠口说,靠传单布告,靠报纸书册,靠戏剧电影,靠学校,靠民众团体,靠干部人员。现在国民党统治地区有的一些,沧海一粟,而且方法不合民众口味,神气和民众隔膜,必须切实地改一改。[①]

毛泽东在这里用"沧海一粟"这一成语,来说明国民党统治区的抗日政治动员微乎其微,方法也不合民众口味,必须改一改。

摧 枯 拉 朽

枯,干枯的树;朽,腐烂的树。比喻敌人或事物很容易被摧毁。语出唐房玄龄《晋书·甘卓传》:

> 王敦称兵,遣使告卓。卓乃伪许,而心不同之。及敦升

---

① 《毛泽东选集》第二卷,人民出版社1991年版,第481页。

舟,而卓不赴,使参军孙双诣武昌谏止敦。敦闻双言,大惊曰:"甘侯前与吾语云何,而更有异! 正当虑吾危朝廷邪? 吾今下唯除奸凶耳。卿还言之,事济当以甘侯作公。"双还报卓,卓不能决。或说卓且伪许敦,待敦至都而讨之。卓曰:"昔陈敏之乱,吾亦先从后图,而论者谓惧逼面谋之。虽吾情本不尔,而事实有似,心恒愧之。今若复尔,谁能明我!"时湘州刺史谯王承遣簿邓骞说卓……卓尚持疑未决,骞又谓卓曰:"今既不义举,又不承大将军檄,此必至之祸,愚智所见也。且议者之所难,以彼强我弱,是不量虚实者也。今大将军兵不过万余,其留者不能五千,而将军见众既倍之矣。将军威名天下所闻也,此府精锐,战胜之兵也。拥强众,藉威名,杖节而行,岂王含所能御哉! 溯流之众,势不自救,将军之举武昌,若摧枯拉朽,何所顾虑乎! 武昌既定,据其军实,镇抚二州,施惠士卒,使还者如归,此吕蒙所以克敌也。如是,大将军可不战而自溃。今释必胜之策,安坐以待危亡,不可言知计矣。愿将军熟虑之。"

王敦(266—324),字处仲,琅邪临沂(今山东临沂)人,东晋大臣。出身士族。西晋末,支持琅邪王司马睿移镇建康(今江苏南京),任扬州刺使,后迁镇东大将军、都督江扬荆湘交广六州诸军事,握重兵屯武昌。西晋灭亡,与堂弟王导等拥护司马睿建立东晋,升任大将军、荆州牧。后司马睿抑制王氏势力,于是在东晋元帝司马睿永昌元年(322),当时镇东将军王敦,想和凉州刺史甘卓起兵谋反。甘卓一时拿不定主意,谋士献策让他表面上举兵,待王敦东下时捉拿他。这时湘州刺史司马丞遣主簿邓骞劝甘卓要效忠于朝廷,讨伐王敦,而参军李梁则劝他待机而动,邓骞就说了上面的话。而实际上是当王敦起兵后,很快攻入建康,杀其政敌刁协、戴渊后,回屯武昌。甘卓被密承王敦之意的襄阳太守周虑害死。"摧枯拉朽"一语即出于此。其语意源于东汉班固《汉书·异性诸侯王表一》:"镑金石者难为功,摧枯朽者易为力,其势然也。"

1949 年 4 月 22 日,毛泽东在为新华社撰写的消息《我三十万大军胜利南渡长江》中写道:

> 国民党反动派经营了三个半月的长江防线,遇着人民解放军好似摧枯拉朽,军无斗志,纷纷溃退。[①]

毛泽东在这则电文中,用"摧枯拉朽"一语形容中国人民解放军胜利渡江,国民党反动军队纷纷败退的景象。

---

① 《毛泽东新闻工作文选》,新华出版社 1983 年版,第 286 页。

得不偿失

偿，抵补，补偿。所得到的好处，补偿不了所受的损失。语出北宋苏轼《和子由除日见寄》：

> 薄官驱我西，远别不容惜。方愁后会远，未暇忧岁夕。
> 强欢虽有酒，冷酌不成席。秦烹惟羊羹，陇馔有熊腊。
> 念为儿童岁，屈指已成昔。往事今何追，忽若箭已释。
> 感时嗟事变，所得不偿失。……

1947年12月25日，毛泽东在《目前的形势和我们的任务》一文中引用了这一成语，他说：

> 每战集中绝对优势兵力（两倍、三倍、四倍、有时甚至是五倍或六倍于敌之兵力），四面包围敌人，力求全歼，不使漏网。在特殊情况下，则采用给敌以歼灭性打击的方法，即集中全力打敌正面及其一翼或两翼，求达歼灭其一部、击溃其另一部的目的，以便我军能够迅速转移兵力歼击他部敌军。

力求避免打那种得不偿失的、或得失相当的消耗战。这样，在全体上，我们是劣势（就数量来说），但在每一个局部上，在每一个具体战役上，我们是绝对的优势，这就保证了战役的胜利。随着时间的推移，我们就将在全体上转变为优势，直到歼灭一切敌人。①

毛泽东在文中提出十大军事原则，这是其中的第四项原则。这一项原则主要是讲要集中优势兵力歼灭敌人的问题，所以他用"得不偿失"、得失相当来形容那种消耗战，强调这是我军应该极力避免的。

得 寸 进 尺

得到一寸，还想前进一尺。比喻贪得无厌。语出《战国策·秦策三》：

> 王曰："愿闻所失计。"雎曰："大王越韩、魏而攻强齐，非计也。少出师则不足以伤齐；多之则害于秦。臣意王之计，欲少出师，而悉韩、魏之兵则不义矣。今见与国之不可亲，越人之国而攻，可乎？疏于计矣！昔者，齐人伐楚，战胜，破军杀将，再辟地千里，曨寸之地无得者，岂齐之欲地哉，形弗能有也。诸侯见齐之罢露，君臣之不亲，举兵而伐之，主辱军破，为天下笑。所以然者，以其伐楚而肥韩、魏也。此所

---

① 《毛泽东选集》第四卷，人民出版社 1991 年版，第 1247 页。

谓藉贼兵而赍盗食也。王不如远交而近攻，得寸则王之寸，得尺亦王之尺也。今舍此而远攻，不亦缪乎？且昔者，中山之地，方五百里，赵独擅之，功成、名立、利附，则天下莫能害。今韩、魏，中国之处，而天下之枢也。王若欲霸，必亲中国而以为天下枢，以威楚、赵。赵强则楚附，楚强则赵附。楚、赵附则齐必惧，惧必卑辞重币以事秦，齐附而韩、魏可虚也。"

这段话大意是，秦王说："请您告诉我，我的决定有哪些失误？"范雎说："大王越过韩国和魏国，去进攻强大的齐国，这是打错了主意。因为出兵少了，就不足以损伤齐国；出兵多了，又对秦国有害。我猜测，大王的计谋是，自己少出兵，而让韩、魏全力以赴对付齐国，这样是不恰当的。现在的情况很清楚，盟国是不可信赖的，越过别国去进攻敌国，难道可以吗？这样实在是太失算了。从前齐国越过别国，去攻打楚国，在垂沙一战中，战胜了楚军，杀掉了楚将又开辟了千里的疆土，结果是尺寸之地一无所得。难道齐国不是想扩充土地吗？不是的。这是因为形势不可能让齐国得到土地。诸侯见到齐国疲弱，君臣之间又互不信任，于是出兵进攻，结果齐国兵败主逃，被诸侯耻笑。为什么会后果如此惨痛，为诸侯耻笑呢？这是因为它越过别国去进攻楚国，去让韩、魏乘其疲惫而得利的缘故。这就是所说的'把武器借给贼寇，把粮食送给强盗'，让自己受害，让别人得利的愚蠢做法。大王不如实行远交近攻的策略，这样，得了一寸土地就是大王的一寸土地，得了一尺土地就是大王的一尺土地。可现在您不这样做，却去实行远攻，这不是大错了吗？况且从前中山国方圆五百里的土地，被赵国灭亡以后，一国独揽，成就了功业，显扬了名声,得到了好处,诸侯都不能伤害,现在韩、魏地处中原,是天下的中枢。大王如果想建立霸业,必须使韩、魏亲附,而让秦国掌握天下的中枢。这样,可以威胁楚、赵两国。如果赵国强大就使楚国亲附秦国,如果楚国强大就使赵国亲附秦国。楚、赵两国都亲附秦国,齐国就必定害怕秦国,也一定会言语谦恭,用大量钱财来讨好秦国。齐国既已亲附秦国,到那时,灭亡韩、魏不过是举手之劳了。"

1936 年 8 月 14 日,毛泽东在《致宋哲元》的信中写道:

> 曩者日寇入关,先生奋力边陲,慨然御侮,义声所播,中外同钦。况今日寇得寸进尺,军事政治经济同时进攻,先生独力支撑,不为强寇与汉奸之环迫而丧所守。[①]

宋哲元(1885—1940),字明轩,山东乐陵人。当时任国民党冀察政务委员会委员长、国民党第二十九军军长。

毛泽东在信中用日寇"得寸进尺"来形容当时华北危机的形势,赞扬了宋哲元坚持抗日的爱国行为。

得道多助,失道寡助

道,道义;寡,少。坚持正义就能得到多方面的支持和帮助,违背正义所得帮助很少,即必然陷于孤立。语出《孟子·公孙丑下》:

---

① 《毛泽东书信选集》,人民出版社 1983 年版,第 40 页。

> 得道者多助，失道者寡助；寡助之至，亲戚畔之；多助之
> 至，天下顺之。以天下之所顺，攻亲戚之所畔。故君子有不
> 战，战必胜矣。

这几句话是说，能实行"仁政"的君主，帮助支持他的人就
多。不能实行"仁政"的君主，帮助支持他的人就少。帮助支持
他的人少到了极点，内外亲属也会背叛他。帮助支持他的人多
到了极点，天下的人都会归顺他。凭借天下人都会归顺他的条
件，去攻打连内外亲属都背叛他的寡助之君。所以君子不战则
已，战就一定能够胜利。

也单作"失道寡助"。

1938 年 5 月，毛泽东在《论持久战》中写道：

> 日本虽能得到国际法西斯国家的援助，但同时，却又不
> 能不遇到一个超过其国际援助力量的国际反对力量。这后
> 一种力量将逐渐地增长，终究不但将把前者的援助力量抵
> 消，并将施其压力于日本自身。这是失道寡助的规律，是从
> 日本战争的本性产生出来的。总起来说，日本的长处是其
> 战争力量之强，而其短处则在其战争本质的退步性、野蛮
> 性，在其人力、物力之不足，在其国际形势之寡助。这些就
> 是日本方面的特点。①

他还写道：

---

① 《毛泽东选集》第二卷，人民出版社 1991 年版，第 448、449 页。

由于中国战争的进步性、正义性而产出来的国际广大援助,同日本的失道寡助又恰恰相反。[①]

毛泽东在文中引用"得道多助,失道寡助"一语,说明日本侵略中国,是非正义的,失道寡助,而中国人民的抗日战争是正义的卫国战争,得道多助,中国人民的抗日战争必然取得胜利!

1970 年,毛泽东在《全世界人民团结起来,打败美国侵略者及其一切走狗》引用了这一成语:

无数事实证明,得道多助,失道寡助。弱国能够打败强国,小国能够打败大国。小国人民只要敢于起来斗争,敢于拿起武器,掌握自己国家的命运,就一定能够战胜大国的侵略。这是一条历史的规律。[②]

毛泽东在为支援印度支那三国人民的抗美救国斗争所发表的声明中引用这一成语,对越南、老挝、柬埔寨三国人民的抗美救国斗争,是一个极大的支持和鼓舞。

得 过 且 过

且,暂且。能过下去就这样过下去。原指过一天算一天,不

---

① 《毛泽东选集》第二卷,人民出版社 1991 年版,第 448、449 页。
② 《毛泽东外交文选》,中央文献出版社、世界知识出版社 1994 年版,第 586 页。

作长远打算。语出明陶宗仪《辍耕录》卷十五《寒号虫》：

> 五台山有鸟名寒号虫……比至深冬严寒之际，毛羽脱落，索然如㲉（gòu）雏，遂自鸣曰："得过且过。"（㲉雏：禽类出生后需靠母禽哺食者叫㲉；如燕、雀之类；不需母禽哺食而能自食者叫雏，如鸡、鸭之类）

后来也指对工作不负责任，敷衍应付。

1937年9月7日，毛泽东在《反对自由主义》一文中写道：

> 办事不认真，无一定计划，无一定方向，敷衍了事，得过且过，做一天和尚撞一天钟。[①]

毛泽东在文中引用"得过且过"这一成语，批评那些对工作不负责任、敷衍了事的自由主义作风。

得 陇 望 蜀

陇，古代地名，今甘肃省一带；蜀，今四川省一带。人不知道满足，既得到陇地，又想望着蜀地。比喻贪心不足。典出南朝宋范晔《后汉书·岑彭传》：

> 八年，彭引兵从车驾破天水，与吴汉围隗嚣于西城。时

公孙述将李育将兵救嚣，守上邽，帝留盖延、耿弇围之，而车驾东归。彭书曰："两城若下，便可将兵南击蜀虏。人苦不知足，既平陇，复望蜀。每一发兵，头须为白。"彭遂壅谷水灌西城，城未没丈余，嚣将行巡、周宗将蜀救兵到，嚣得出还冀。汉军食尽，烧辎重，引兵下陇，延、弇亦相随而退。嚣出兵尾击诸营，彭殿为后拒，故诸将能全师东归。彭还津乡。

这段话大意是说，东汉刘秀建武八年(32)，岑彭领兵随光武攻破天水，和吴汉把隗嚣包围在西城。这时公孙述的部将李育率兵援救隗嚣，守卫上邽，光武留盖延、耿弇包围了他，光武回东方。下诏书命令岑彭说："两城如被攻克，就可以率兵往南攻打蜀汉敌人。人苦于不知满足，平定陇地后，又想得到蜀。每一次出兵打仗，头发胡子都要白一些。"岑彭于是堵塞谷中的水流灌入西城，城墙未被水淹没的只有一丈多，隗嚣的将领行巡、周宗率领蜀的救兵赶到，隗嚣得以冲出围城回冀。汉军粮光了，烧毁辎重，领兵下陇，盖延、耿弇也跟着撤退。隗嚣出兵从后边攻打各营，岑彭断后，抵御隗嚣，所以各将领能保全部队回东方。岑彭回津乡县。

刘秀给岑彭的信中"既平陇，复望蜀"，意思是人是不知道满足的，已经得到陇地，又想望着蜀地。后形成"得陇望蜀"成语，指贪心不足，得寸进尺。

1920年12月1日，毛泽东在《致蔡和森等》的信中写道：

> 有几句俗话，"人不到黄河心不死"，"这山望见那山高"，"人心不知足，得陇又望蜀"，均可以证明这个道理。①

---

① 《毛泽东书信选集》，人民出版社1983年版，第7页。

毛泽东在文中借用"得陇望蜀"一语，意在说明历史上凡是专制主义者，或帝国主义者，或军国主义者，除非被推翻，否则不会自动退出历史舞台。因此，从历史上看，以教育之力推翻反动势力是不可能的。

得 鱼 忘 筌

筌，一作荃，捕鱼用的竹器。筌是用来捕鱼的，鱼已捕得，就忘了筌。比喻得到成功以后，就忘掉了本来依靠的东西。典出《庄子·外物》：

> 荃者所以在鱼，得鱼而忘荃；蹄者所以在兔，得兔而忘蹄；言者所以在意，得意而忘言。吾安得夫忘言之人而与之言哉！

这几句话是说，筌是用来捕鱼的，捕到鱼后就忘掉了筌；网是用来捕捉兔子的，捉到兔子后就忘掉了兔网；言语是用来表达意义的，领会了意思就忘掉了言语。我怎么能寻找到忘掉言语的人而跟他谈一谈呢！

1930年5月，毛泽东在《寻乌调查》中，谈及寻乌城圩场生意的要项竹木器时要列举了"河子"并加以解释：河子（即"得鱼忘筌"之筌）①。

---

① 《毛泽东农村调查文集》，人民出版社1982年版，第95页。

对 牛 弹 琴

比喻对不懂道理的人讲道理。常含有徒劳无功或讽刺对方愚蠢之意。典出汉牟融《理惑论》：

> 公明仪为牛弹清角之操，伏食如故，非牛不闻，不合其耳也。

宋惟白集《建中靖国续灯录二二·汝能禅师》：

> 对牛弹琴，不入牛耳。

也作"对牛鼓簧"。《庄子·齐物论》："非所明而明之，故以坚白之昧终。"晋郭象注："是犹对牛鼓簧耳，彼竟不明，故己之道术终于昧然也。"

1942年2月8日，毛泽东在《反对党八股》一文中写道：

> "对牛弹琴"这句话，含有讥笑对象的意思。如果我们除去这个意思，放进尊重对象的意思去，那就只剩下讥笑弹琴者这个意思了。为什么不看对象乱弹一顿呢？何况这是党八股，简直是老鸦声调，却偏要向人民群众哇哇地叫。射箭要看靶子，弹琴要看听众，写文章做演说倒可以不看读者不看听众吗？[①]

---

① 《毛泽东选集》第三卷，人民出版社1991年版，第836页。

毛泽东在这里把写文章、作报告不看对象，称为对牛弹琴，并把对牛弹琴进行改造，尊重牛而讽刺弹琴的人，很有教育意义。

咄 咄 逼 人

咄咄，使人惊惧的声音。原指说话刺人，令人惊讶。典出南朝宋刘义庆《世说新语·排调》：

> 桓南郡与殷荆州语次，因共作了语。顾恺之曰："火烧平原无遗燎。"桓曰："白布缠棺竖旐（liú）旐（zhào）。"殷曰："投鱼深渊放飞鸟。"次作危语。桓曰："矛头淅米剑头炊。"殷曰："百岁老翁攀枯枝。"顾曰："井上辘轳卧婴儿。"殷有一参军在坐，云："盲人骑瞎马，夜半临深池。"殷曰："咄咄逼人！"仲堪眇目故也。

这段话大意是说，桓南郡（玄）同殷荆州（浩）谈话，于是讲事物一起终了的话语。顾恺之说："烈火烧光了平原，没有剩余的火种。"桓南郡说："用白布缠着棺材，竖起魂幡出丧。"殷荆州说："把鱼投进深潭，把鸟放了让它飞。"接着又说事物处于危境的话语。桓南郡说："在矛尖上淘米，在剑头上烧火做饭。"殷荆州说："百岁老人攀着干枯的树枝。"顾恺之说："在井上的辘轳上睡着婴儿。"殷荆州有个参军也在座，说："瞎子骑着马，半夜时分走到深水池子旁边。"殷荆州说："出语侵害别人。"这是因为殷荆州瞎了一只眼的缘故。

1936 年 8 月 14 日,毛泽东在《致傅作义》的信中写道:

> 涿州之战,久耳英名,况处比邻,实深驰系。迩者李守信卓什海向绥进迫,德王不甯溥仪,蒙古傀儡国之出演,咄咄逼人。①

傅作义(1895—1974),字宜生,山西荣河安昌村(今属临猗)人。当时任国民党绥远省政府主席、国民党第三十五军军长。涿州之战是 1927 年 10 月至 1928 年 1 月晋军傅作义部和奉系军阀部队之间在河北涿州进行的攻守战,傅部孤军坚守三个月。

德王,即德木楚克栋鲁普(1902—1966),内蒙古锡林郭勒盟正白旗人,王公。1936 年 5 月在侵华日军的策划下,任伪蒙古军政府总裁,充当日本帝国主义的傀儡。当时他的军队大举向绥远和华北进攻,所以说"咄咄逼人"。

---

① 《毛泽东书信选集》,人民出版社 1983 年版,第 43 页。

F

飞鸟之景，未尝动也

景，古通"影"。飞鸟的影子，不曾动过啊！语出《庄子·天下篇》：

> 惠施以此为大，观于天下而晓辩者，天下之辩者相与乐之：卵有毛；鸡三足；郢有天下；犬可以为羊；马有卵；丁子有尾；火不热；山出口；轮不蹍地；目不见；指不至，至不绝；龟长于蛇；矩不方，规不可以为圆；凿不围枘；飞鸟之景，未尝动也；镞矢之疾而有不行不止之时；狗非犬；黄马骊牛三；白狗黑；孤驹未尝有母；一尺之棰，日取其半，万世不竭。辩者以此与惠施相应，终身无穷。

这段话大意是说，惠施认为上述看法是最为博大的了，游观天下并晓谕各处善辩的人，天下一切喜好争辩的人无不相互津津乐道：卵里面可以存在着毛；鸡的脚可以数出三只；郢都内就存在着天下；狗也可命名为羊；马能够说是卵生的；蛤蟆可以说是长有尾巴；火本身并没有热感；山中的回音证明大山也生出了口；车轮永远不会着地;眼睛也可说缺乏看视的能力;指认外物永远达不到事物的实际,即使达到实际也会无穷无尽;乌龟可能比蛇还长;角尺不能画出方形,圆规也不能用来画圆;具体的榫眼与榫头不会完全地吻合;飞鸟的身影,也可说不曾有过移动;飞逝而去的箭头有停留、也有不曾停歇的时刻;小狗可以不是狗;黄马、黑牛的称谓可以数落出三个;白狗也可以叫它黑狗;称作孤驹应该说它不曾有过母亲;一尺长的棍棒,每天截取一半,一万年也分截不完。喜好争辩的人们用上述命题跟惠施相互辩论,一辈子没完没了。

1956 年 11 月 15 日,毛泽东《在中国共产党第八届中央委员会第二次全体会议上的讲话》中说:

> 《庄子》的《天下篇》说:"飞鸟之景,未尝动也。"世界上就是这样一个辩证法:又动又不动。净是不动没有,净是动也没有。动是绝对的,静是暂时的,有条件的。[①]

鸟在天空飞,影子掠过大地,也是在动,但动中有静;当影子印在大地的某一点时,它是相对静止的,而一个一个影子在地上相接下去,就显现出它是在动了。动中有静,静中有动,"又动又不动"是辩证的统一。所以,毛泽东引用这句话,用来说明动与静的辩证关系。

奋 发 有 为

奋发,蓬勃生发。《楚辞·大招》:"春气奋发,万物遽只。"精

[①] 黄丽镛:《毛泽东读古书实录》,上海人民出版社 1994 年版,第 228 页。

神振作，意气昂扬，很有作为。语出清李宝嘉《元史·陈祖仁传》：

> 二十年（1360）五月，帝欲修上都宫阙，工役大兴，祖仁上疏，其略曰："自古人君，不幸遇艰虞多难之时，孰不欲奋发有为，成不世之功，以光复祖宗之业。苟或上不奉于天道，下不顺于民心，缓急失宜，举措未当，虽以此道持盈守成，犹或致乱，而况欲拨乱世反之正乎！夫上都宫阙，创自先帝，修于累朝，自经兵火，焚毁殆尽，所不忍言，此陛下所为日夜痛心，所宜亟图兴复者也。然今四海未靖，疮痍未瘳，仓库告虚，财用将竭，乃欲驱疲民以供大役，废其耕耨，而荒其田亩，何异扼其吭而夺之食，以速其毙乎！陛下追惟祖宗宫阙，念兹在兹，然不思今日所当兴复，乃有大于此者。假令上都宫阙未复，固无妨于陛下之寝处，使因是而违天道，失人心，或致大业之隳废，则夫天下者亦祖宗之天下，生民者亦祖宗之生民，陛下亦安忍而轻弃之乎！愿陛下以生养民力为本，以恢复天下为务，信赏必罚，以驱策英雄，亲正人，远邪佞，以图谋治道。夫如是，则承平之观，不日咸复，讵止上都宫阙而已乎！"疏奏，帝嘉纳之。

陈祖仁，字子山，汴（今河南开封）人。其父安国，仕为常州晋陵尹。祖仁性嗜学，其学博而精，自天文、地理、律历、术数、百家之说，皆通其要。历太庙署令、太常博士，迁翰林待制，出金山东肃政廉访司事，擢监察御史，复出为山北肃政廉访司副使，召拜翰林直学士，升侍讲学士，除参议中书省事，官至中书参知政事。二十八年秋，大明兵攻破大都，为乱军所杀。

元惠帝是元朝最后一个皇帝,当时的朝廷已处在朝不保夕,风雨飘摇之中,可惠帝不顾黎民涂炭,政权不保,还要耗费人力物力,大修宫殿。所以,陈祖仁愤然上书,要他在这"艰虞多难之时","奋发有为,成不世之功,以光复祖宗之业",停止那些劳民伤财,有损国家社稷的行为。这是一个封建社会正直大臣应持的态度。

1965 年 7 月 21 日,毛泽东在《致华罗庚》的信中说:

> 你现在奋发有为,不为个人,而为人民服务,十分欢迎。①

华罗庚(1910—1985),江苏金坛人,著名数学家,我国解析数论、矩阵几何学、典型群、自守函数论、多复变函数论等多种数学学科的创始人和开拓者。1958 年,华罗庚被任命为中国科技大学副校长兼应用数学系主任。在继续从事数学理论研究的同时,他努力尝试寻找一条数学和工农业实践相结合的道路。经过一段时间的实践,他发现数学中的统筹法和优选法是在工农业生产中能够比较普遍应用的方法,可以提高工作效率,改变工作管理面貌。于是,他一面在科技大学讲课,一面带领学生到工农业生产实践中去推广优选法、统筹法。1964 年初,他给毛主席写信,表达要走与工农相结合道路的决心。同年 3 月 18 日,毛主席亲笔回函:"诗和信已经收读。壮志凌云,可喜可贺。"他写成了《统筹方法平话及补充》、《优选法平话及其补充》,亲自带领中国科技大学师生到一些企业工厂推广和应用"双法",为工农

---

① 《毛泽东书信选集》,人民出版社 1983 年版,第 606 页。

业生产服务。"夏去江汉斗酷暑,冬往松辽傲冰霜"。这就是他当时的生活写照。1965年毛主席再次写信给他,祝贺和勉励他"奋发有为,不为个人,而为人民服务"。

覆巢之下,将无完卵

覆,翻倒;巢,鸟窝。翻倒的鸟窝,不会有完好的鸟蛋。典出南朝宋刘义庆《世说新语·言语》:

> 孔融被收,中外惶怖。时融儿大者九岁,小者八岁。二儿故琢钉戏,了无遽容。融谓使者曰:"冀罪止于身,二儿可得全不?"儿徐进曰:"大人岂见覆巢之下,复有完卵乎?"寻亦收至。

这段话大意是说,孔融被逮捕,朝廷内外一片恐怖。当时孔融的儿子大的九岁,小的才八岁。他的两个儿子仍然玩一种游戏,没有惶恐的样子。孔融对来逮捕他的人说:"希望罪过止于我自己,两个儿子能不能保全?"他的儿子慢慢地说:"大人难道见过倾翻的巢穴的下边,还有完好的鸟蛋吗?"旋即也被逮捕。

孔融(158—208),字文举,鲁国(今山东曲阜)人。孔子二十四世孙。汉末著名文学家。曾任北海相,故称"孔北海";还任过少府、太中大夫。他性格刚直,直言不讳,后因对曹操不满,被杀。上面这个故事就记录了他被杀时的情况。

此语当本于《战国策·赵策四》:

臣闻之:"有覆巢毁卵,而凤皇不翔,刳胎焚夭,而麒麟不至。"

1936 年 8 月 13 日,毛泽东在《致杨虎城》的信中写道:

先生同意联合战线,盛情可感。九个月来,敝方未曾视先生为敌人。良以先生在理在势在历史均有参加抗日战线之可能,故敝方坚持联合政策,不以先生之迟疑态度而稍变自己之方针。然为友为敌,在先生不可无明确之表示。虚与委蛇的办法,当非先生之本意。目前日本进攻绥远,陕甘受其威胁。覆巢之下,将无完卵。蒋氏向西南求出路,欲保其半壁山河,倚靠英国,西北已非其注意之重心。全国各派联合抗日渐次成熟,而先生反持冷静态度——若秘密之联系,暗中之准备,皆所不取,甚非敝方同志所望于先生者也。①

杨虎城(1893—1949),又名虎臣,陕西蒲城人,西北军爱国将领。当时任国民党第十七路军总指挥、西安绥靖公署主任。1936年,民族危机日益严重,日本帝国主义早已侵占了东北,这时又在争夺华北。杨虎城对国民党的政策十分不满,倾向于抗日。毛泽东这封信就是为了实现抗日统一战线给杨虎城做的说服工作。他用"覆巢之下,将无完卵"这个典故惊醒杨虎城,十分有说服力。

---

① 《毛泽东书信选集》,人民出版社 1983 年版,第 38 页。

富贵不能淫,贫贱不能移,威武不能屈

富,有钱;贵,指官位高;淫,惑乱;贱,旧指社会地位低下;移,改变节操;屈,屈服。不因金钱和地位的引诱而惑乱,不因家庭贫穷、地位低下而变节,不因武力或权势的胁迫而屈服。语出《孟子·滕文公下》:

> 景春曰:"公孙衍、张仪,岂不诚大丈夫哉? 一怒而诸侯惧,安居而天下熄。"
>
> 孟子曰:"是焉得为大丈夫乎? 子未学礼乎? 丈夫之冠也,父命之;女子之嫁也,母命之,往送之门,戒之曰:'往之女家,必敬必戒,无违夫子。'以顺为正者,妾妇之道也。居天下之广居,立天下之正位,行天下之大道;得志与民由之,不得志独行其道;富贵不能淫,贫贱不能移,威武不能屈:此之谓大丈夫。"

这段话大意是,景春说:"公孙衍、张仪难道不是大丈夫吗?一发怒,诸侯就害怕;安居无事,天下就没有冲突。"

孟子说:"这岂能算是大丈夫呢? 你没有学《礼》吗? 男子行加冠礼时,父亲训导他;女子出嫁时,母亲训导她,亲自送到门口,告诉她:'到了你的丈夫家,必须恭敬谨慎,不要违背你的丈夫。'以顺从作为正理,是为人之妻的道理。居住在天下最广大的住所里,站立在天下最正大的位置上,行走在天下最广阔的大道上;得志的时候,就与民众一起去实现,不得志的时候,就独自固守自己的原则，富贵不能使其骄奢淫逸，贫贱不能使其改移节操，威武不能使其屈服意志，这样的人才叫做大丈夫！"

1939年5月30日，毛泽东在《永久奋斗》一文中写道：

> 我们说：永久奋斗，就是要奋斗到死。这个永久奋斗是非常要紧的，如要讲道德就应该讲这一条道德。模范青年就要在这一条上做模范。其他方面要做模范的是非常多的，例如，在政治上要有一个正确的方向，但是光有这个正确的政治方向是不够的，过了三年五年，就把它丢了，那还不是枉然？所以，有了正确的政治方向后，还要坚定，就是说，要有"坚定正确的政治方向"。这个方向是不可动摇的，要有"富贵不能淫，贫贱不能移，威武不能屈"的骨气来坚持这个方向。这样的青年，才是真正的模范青年。这样的道德，才算是真正的政治道德。我们对道德是这样的看法。有一些人，他们嘴上道德、气节乱喊一阵，但在政治上是不坚定的，中途会变节的，这是无道无德。①

1946年7月13日，毛泽东和朱德联名在《给李公朴家属的唁电》中写道：

> 惊悉李公朴先生为反动派狙击逝世，无任悲愤！先生尽瘁救国事业与进步文化事业，威武不屈，富贵不淫，今为和平民主而遭反动派毒手，是为全国人民之损失，抑亦为先生不朽之光荣。全国人民必将以先生之死为警钟，奋起救

---

① 《毛泽东文集》第二卷，人民出版社1996年版，第189页。

国，即以自救。[1]

李公朴（1902—1946），江苏武进（今常州）人，1946 年 7 月 11 日在昆明被国民党特务暗杀。遇害前任中国民主同盟中央执行委员。

《孟子》中的一段话，是孟子和纵横家景春讨论什么是大丈夫时说的。他提出大丈夫的三个标准"富贵不能淫，贫贱不能移，威武不能屈"，即有志气、有节操、有作为，这样的人才算得上是大丈夫。

毛泽东在延安庆贺青年模范大会上所作的报告《永久奋斗》中，用孟子的"富贵不能淫"等三句话勉励青年模范们要有骨气，永不动摇，才堪称革命青年的模范。

毛泽东和朱德联名发给民主人士李公朴家属的唁电中，用"威武不屈，富贵不淫"来赞扬民主斗士李公朴先生尽瘁救国事业和进步文化事业的献身精神。

---

[1] 《毛泽东文集》第四卷，人民出版社 1996 年版，第 157 页。

G

纲 举 目 张

纲，鱼网上的总绳，比喻事物的主要部分；目，鱼网上的眼，比喻事物的从属部分。提起鱼网的总绳，所有的网眼就都张开了。比喻抓住事物的主要环节就可以带动一切。也比喻条理分明。语出《吕氏春秋》卷十九《用民》：

> 用民有纪有纲，一引其纪，万目皆起；一引其纲，万目皆张。

汉郑玄《诗谱序》：

> 夷、厉已上，岁数不明，太史《年表》，自"共和"始。历宜、幽、平王，而得《春秋》次第，以立斯谱。欲知源流清浊之所处，则循其上下而省之；欲知风化芳臭气泽之所及，则旁行而观之。此诗之大纲也。举一纲而万目张，解一卷而众篇明，于力则鲜，于思则寡。其诸君子，亦有乐于是与？

这段话大意是说，周夷王、周厉王以前，年代不清楚，太史公司马迁《史记》中的《年表》，自周厉王"共和"元年起经过周宣王、周幽王、周平王，而按照《春秋》的纪年次序，建立《诗谱》。要想知道诗的源流清浊在哪里，则循年代上下去探索；要想了解诗的风化芳臭的气味所出，则从旁边观察它。这就是建立《诗谱》的大纲。举一个网绳而一万个网眼就张开了，解读一卷诗而众多的诗篇就明白了，用力则少，用心思也不多。各位君子，也有乐于这样做的吗？

后来常用"纲举目张"比喻抓住事物的关键，带动其他环节。

1953 年 11 月 4 日，毛泽东在《关于农业互助合作的两次谈话》中说：

> 有句古语，"纲举目张"。拿起纲，目才能张，纲就是主题。社会主义和资本主义的矛盾，并且逐步解决这个矛盾，这就是主题，就是纲。提起了这个纲，克服"五多"以及各项帮助农民的政治工作、经济工作，一切都有统属了。①

毛泽东在这里引用"纲举目张"，说明主要矛盾和次要矛盾的关系，强调要抓主要矛盾。

高 枕 无 忧

枕头垫得高高的，无忧无虑地睡大觉。原作"高枕而卧"。

---

① 《毛泽东文集》第六卷，人民出版社 1999 年版，第 302 页。

后来常用以形容思想麻痹,盲目乐观,丧失警惕性。典出《战国策·魏策一》:

> 大王不事秦,秦下兵攻河外,拔卷、衍、燕、酸枣,劫卫取晋阳,则赵不南;赵不南,则魏不北;魏不北,则从道绝。从道绝,则大王之国欲求无危,不可得也。秦挟韩而攻魏,韩劫于秦,不敢不听。秦、韩为一国,魏之亡可立而须也,此臣之所以为大王患也。为大王计,莫如事秦,事秦则楚、韩必不敢动;无楚、韩之患,则大王高枕而卧,国必无忧矣。

这段话大意是说,如果大王不臣服于秦国,秦国将发兵进攻河外,占领卷、衍、南燕、酸枣等地,胁迫卫国夺取晋阳,那么赵国就不能南下支援魏国;赵国不能南下,那么魏国也就不能北上联合赵国;魏国不能联合赵国,那么合纵的策略就断绝了。合纵的策略一断,那么大王的国家再想不危险就不可能了。秦国若是挟制韩国来攻打魏国,韩国迫于秦国的压力,一定不敢不听从。秦韩结为一体,那魏国灭亡之期就不远了,这就是我为大王担心的原因。我替大王考虑,不如侍奉秦国,侍奉了秦国,那么楚国、韩国必定不敢轻举妄动;没了楚国、韩国的侵扰,大王就可以把枕头垫得高高的,无忧无虑地睡大觉,国家也一定不会有忧患了。

1956年4月25日,毛泽东在《论十大关系》一文中写道:

> 所以,说反革命已经肃清了,可以高枕无忧了,是不对的。只要中国和世界上还有阶级斗争,就永远不可以放松

警惕。但是,说现在还有很多反革命,也是不对的。①

毛泽东在文中引用"高枕无忧"一语,说明当时反革命分子已经很少,但仍需保持革命警惕性,不可麻痹大意。

高 文 典 册

原指朝廷的重要文书、诏令、制诰等。引申为经典性著作。典出《西京杂记》卷三:

> 扬子云曰:"军旅之际,戎马之间,飞书驰檄用枚皋;廊庙之下,朝廷之中,高文典册用相如。"

《西京杂记》,古小说集。旧题西汉刘歆撰,经后人考证,作者实为晋代的葛洪。原二卷,后分为六卷。"西京"指西汉京都长安。全书所记多为西汉逸闻轶事。

扬子云(前53—前18),即扬雄,一作杨雄。字子云,蜀郡成都(今四川成都)人,西汉文学家、哲学家、语言学家。成帝时为给事黄门郎。王莽时,校书天禄阁,官为大夫。早年所作《长杨赋》、《甘泉赋》、《羽猎赋》,在形式上模仿司马相如的《子虚赋》、《上林赋》。后来鄙薄辞赋,认为是"雕虫小技,壮夫不为",转而研究哲学,仿《论语》作《法言》,仿《易经》作《太玄》。又作《方言》,叙述西汉各地方言。明人辑有《扬子云集》。

---

① 《毛泽东文集》第七卷,人民出版社1999年版,第37页。

枚皋(约前156—?),字少孺,淮阴(今江苏淮阴)人,西汉辞赋家。著名辞赋家枚乘之子,武帝时为郎。以下笔敏捷著称。有赋100多篇,今多不传。

司马相如(前179—前118),字长卿,蜀郡成都(今四川成都)人,西汉著名辞赋家。景帝时为武骑常侍,因病免。去梁(今河南开封,一说商丘),从枚乘等游。工辞赋。所作《子虚赋》为武帝所赏识,因得召见,又作《上林赋》,武帝用为郎。曾奉使西南,后为孝文园令。其赋大都描写帝王苑囿之盛,田猎之乐,极尽铺张之能事,于篇末则寄寓讽谏;富于文采,但有堆砌辞藻之病。原集已散佚,明人辑有《司马文园集》。

《西京杂记》中的这段话大意是,扬雄说:"兴兵的时候,作战之中,飞传胜利捷报,向敌军下战表,任用枚皋来起草;朝堂之上,朝廷之中,颁布重要文书和法令,任用司马相如来撰写。"

扬雄认为,战书和政令作用不同,写法各异,应由专擅此文体的枚皋和司马相如分别撰写。

高文典册,也指艰深典雅的文章。明人张岱《岱志》:"此一史(按指刘半舫所著《岱史》),其理没高文典册者不可胜数。"也作"典册高文"、"高文大册"、"高文雅典"等。

1964年3月18日,毛泽东写信给山东大学高亨教授:

寄书寄词,还有两信,均已收到,极为感谢。高文典册,我很爱读。①

毛泽东对高亨那样尊重,对他的著作评价那样高,他是怎样

① 《毛泽东书信选集》,人民出版社1983年版,第596页。

一个人呢?

高亨(1900—1986),初名仙翘,字晋生,吉林双阳人,古文字学家、先秦文化史研究和古籍校勘考据专家。1924年考入北京大学,1925年秋考入清华大学研究生院,师从梁启超、王国维。1926年毕业任教,历任河南大学、东北大学、武汉大学、齐鲁大学等校教授。当时是山东大学中文系教授。著作有《诗经选注》、《诗经今注》、《楚辞选》、《上古神话》、《文字形义学概论》、《古字通辞典》等。

毛泽东之所以给高亨写回信,有个曲折的过程。1963年10月至11月,中国科学院哲学社会科学部第四次委员(扩大会议)在北京举行,当时在山东大学任教的高亨也参加了会议,并在会议即将闭幕时,与包括范文澜、冯友兰在内的9位先生一起,受到毛泽东的接见。当时任中共中央宣传部副部长的周扬介绍高亨时,毛泽东一面亲切地握手,一面风趣地询问:"你是研究文字的,还是研究哲学的呢?"高亨回答说,自己对于古代文字学和古代哲学都很有兴趣,但水平有限,没有能够做出多少成绩。毛泽东情绪似乎很好,继续说,他读过高亨关于《老子》和《周易》的著作,并对高亨所取得的成绩作出肯定性的评价,还说了一些鼓励性的话。

高亨返回济南不久,遂将自己的《诸子新笺》、《周易今注》等6部著作,连同一信,寄给周扬转呈毛泽东。

1963年12月,人民文学出版社新版《毛主席诗词》,其中除收有流传很广的27首诗词之外,还有初次发表的新作10首。山东大学《文史哲》编辑部及时组织了一次"笔谈学习毛主席诗词10首"的活动。高亨参加了这次活动,并作一首《水调歌头》,以抒所感:

掌上千秋史，胸中百万兵。眼底六洲风雨，笔下有雷声。唤起蛰龙飞起，扫灭魔焰魅火，挥剑斩长鲸。春满人间世，日照大旗红。 抒慷慨，写鏖战，记长征，天章云锦，织出革命之豪情。细检诗坛李杜、词苑苏辛佳什，未有此奇雄。携卷登山唱，流韵壮东风。

随后，高亨把这首词连同一张恭贺新禧的短函寄呈毛泽东。大约过了一个月时间，高亨便收到了上面我们所引的那封信，信是毛笔直行书写，在几张宣纸上，遒劲奔放，落款处是有三个核桃般大的签名。现在"山东大学"的校名四个字便取之这封信的信封。

高亨的词在《文史哲》1964年第1期上发表后，不胫而走，在读者中广为流传，由于气势恢弘，一度误传为毛泽东所作；同时，在流传中，一些抄本上也出现了一些讹误。为了消除误解，澄清事实，1966年初，中央的一位负责同志给高亨写信，提出希望此词在报刊上重新发表一次，高亨表示同意。于是，这首词在1966年2月18日《人民日报》第6版上又与读者见面了。

毛泽东与高亨的交往，表现了领袖人物对知识分子的尊重，他称高亨的著作为"高文典册"，是对高亨辛勤劳作的肯定。

高 阳 酒 徒

高阳地方好饮酒而狂放不羁的人。指郦食其（食其 yì jī）。高阳，古乡名，即今河南省杞县高阳镇。当时高阳属陈留县。秦末人郦食其的家乡。

高阳酒徒，典出西汉司马迁《史记·郦生陆贾列传》：

初，沛公引兵过陈留，郦生踵军门上谒曰："高阳贱民郦食其，窃闻沛公暴露，将兵助楚讨不义，敬劳从者，愿得望见，口画天下便事。"

使者入通，沛公方洗，问使者曰："何如人也？"

使者对曰："状貌类大儒，衣儒衣，冠侧注。"

沛公曰："为我谢之，言我方以天下为事，未暇见儒人也。"

使者出谢曰："沛公敬谢先生，方以天下为事，未暇见儒人也。"

郦生瞋目按剑叱使者曰："走！复入言沛公，吾高阳酒徒也，非儒人也。"

使者惧而失谒，跪拾谒，还走，复入报曰："客，天下壮士也，叱臣，臣恐，至失谒。曰：'走！复入言，而公高阳酒徒也。'"

沛公遽雪足杖矛曰："延客入！"

郦生入，揖沛公曰："足下甚苦，暴衣露冠，将兵助楚讨不义，足下何不自喜也？臣愿以事见，而曰'吾方以天下为事，未暇见儒人也'。夫足下欲兴天下之大事而成天下之大功，而以目皮相，恐失天下之能士。且吾度足下之智不如吾，勇又不如吾。若欲就天下而不相见，窃为足下失之。"

沛公谢曰："乡者闻先生之容，今见先生之意矣。"乃延而坐之，问所以取天下者。

郦生曰："夫足下欲成大功，不如止陈留。陈留者，天下之据冲也，兵之会地也，积粟数千万石，城守甚坚。臣素善其令,愿为足下说之。不听臣,臣请为足下杀之而下陈留。足下将陈留之众,据陈留之城,而食其积粟,招天下之从兵;从兵已成,足下横行天下,莫能有害足下者矣。"

沛公曰:"敬闻命矣。"

于是郦生乃夜见陈留令,说之曰:"夫秦为无道而天下畔之,今足下与天下从则可以成大功,今独为亡秦婴城而坚守,臣窃为足下危之。"

陈留令曰:"秦法至重也,不可以妄言,妄言者无类,吾不可以应。先生所以教臣者,非臣之意也,愿勿复道。"

郦生留宿卧,夜半时斩陈留令首,逾城而下,报沛公。沛公引兵攻城,县令首于长竿以示城上人,曰:"趣下,而令头已断矣! 今后下者必先斩之!"

于是陈留人见令已死,遂相率而下沛公。沛公舍陈留南城门上,因其库兵,食积粟,留出入三月,从兵以万数,遂入破秦。

这样,"高阳酒徒"就成了一个嗜酒而狂放不羁的人著名的典故。后来泛指好饮酒的人。清人洪昇《长生殿·疑谶》:"听街市恁喧呼,偏冷落高阳酒徒。"

1962 年 1 月 30 日,毛泽东在《在扩大的中央工作会议上的讲话》中讲到民主集中制时,简明扼要地叙述了高阳酒徒的故事,他说:

另外一个人叫刘邦,就是汉高祖,他比较能够采纳各种不同的意见。有个知识分子名叫郦食其,去见刘邦。初一报,说是读书人,孔夫子这一派的。回答说,现在军事时期,不见儒生。这个郦食其就发了火，他向管门房的人说，你给我滚进去报告，老子是高阳酒徒，不是儒生。管门房的人进去照样报告了一篇。好，请。请了进去，刘邦正在洗脚，连忙起来欢迎。郦食其因为刘邦不见儒生的事，心中还有火，批评了刘邦一顿。他说，你究竟要不要取天下，你为什么轻视长者！这时候，郦食其已经六十多岁了，刘邦比他年轻，所以他自称长者。刘邦一听，向他道歉，立即采纳了郦食其夺取陈留县的意见。此事见《史记》郦生陆贾列传。[①]

毛泽东的这段谈话，是根据《史记·郦生陆贾列传》附录所载，内容与郦生正文有所不同，因此，有人认为是后人补入，也有人认为是作者看到不同材料后补入的。

刘邦（前 256 或前 247—前 195），字季，沛县（今江苏沛县）人。曾任泗水亭长。秦二世元年（前 209）陈胜起义，他起兵响应，称沛公。西汉王朝的建立者，公元前 202—前 195 年在位，史称汉高祖。郦食其（? —前 203），本为里监门吏。当刘邦率兵西进过陈留时，他毛遂自荐，往说刘邦，献计夺取陈留，因功封为广野君。在这个故事中，既生动地描绘了郦食其豪爽大言的性格，也表现了刘邦善于采纳别人意见，有容人之量的风度。

后来，在楚汉战争中，郦食其又自告奋勇，去说服齐王田广率七十二城归附刘邦；而刘邦的另一位大将韩信为了争功，竟违背约定擅自攻齐。齐王以为被郦食其出卖，把他下油锅烹杀。唐代诗人李白在《梁甫吟》非常神往地写到这个故事："君不见高阳酒徒起草中，长揖山东隆准公。入门不拜骋雄辩，两

---

① 《毛泽东文集》第八卷，人民出版社 1999 年版，第 295 页。

女辍洗来趋风。东下齐城七十二,指挥楚汉如旋蓬。"1973 年 7 月 4 日,毛泽东在同王洪文、张春桥谈话时表示,他赞成"郭老(沫若)的历史分期,奴隶制以春秋战国为界,但是不能大骂秦始皇"。他说:

> 早几十年中国的国文教科书里就说秦始皇不错了。车同轨,书同文,统一度量衡。就是李白讲秦始皇,开头一大段也是讲他了不起。屁股后头搞了两句:"但见三泉下,金棺葬寒灰。"就是说他还是死了。你李白呢?尽想做官;结果充军贵州,走到白帝城,普赦令下来了,"朝辞白帝彩云间"。其实他尽想做官。《梁父吟》说现在不行,将来有希望。"君不见高阳酒徒起草中","指挥楚汉如旋蓬"。那时神气十足。我加上几句,比较完全:"不料韩信不听话,十万大军下历城。齐王火冒三千丈,抓了酒徒付鼎烹",把他下了油锅了。[①]

毛泽东在这段幽默的谈话中,又说到了郦食其的故事:郦食其家贫落魄,当他自称高阳酒徒去游说"隆准龙颜"的刘邦时,刘"方倨床,使两女子洗足",对他十分蔑视。他竟长揖不拜,骋其雄辞,使刘邦为之"辍洗,起,振衣,延郦生上座,谢之"。郦食其终于"伏轼下齐七十余城",在楚汉战争中建立了丰功伟绩。郦食其以一介书生游说楚汉之间而受重用,李白对此很有点神往,故说"君不见高阳酒徒起草中","指挥楚汉如旋蓬"。毛泽东却不这么看,他随口说出几句打油诗,用史实指出郦食其的可悲下

---

① 彭程、王芳:《中国七十年代政局备忘录》,《长河》1989 年第 1 期。

场。从毛泽东富有情趣的调侃打油诗中,不难看出他对纯粹诗人心态的超越,对自视过高的书生意气的轻视。

攻魏救赵,千古高手

也作"围魏救赵,千古高手"。魏、赵都是战国时期的诸侯国,魏都大梁(今河南开封),赵都邯郸(今河北邯郸)。指用围攻来犯之敌的后方据点,迫使其撤回兵力的方法。请看西汉司马迁《史记·孙子吴起列传》的记载:

> 孙武既死,后百余岁有孙膑。膑生阿鄄之闲,膑亦孙武之后世子孙也。孙膑尝与庞涓俱学兵法。庞涓既事魏,得为惠王将军,而自以为能不及孙膑,乃阴使召孙膑。膑至,庞涓恐其贤于己,疾之,则以法刑断其两足而黥之,欲隐勿见。
>
> 齐使者如梁,孙膑以刑徒阴见,说齐使。齐使以为奇,窃载与之齐。齐将田忌善而客待之。忌数与齐诸公子驰逐重射。孙子见其马足不甚相远,马有上、中、下辈。于是孙子谓田忌曰:"君弟重射,臣能令君胜。"田忌信然之,与王及诸公子逐射千金。及临质,孙子曰:"今以君之下驷与彼上驷,取君上驷与彼中驷,取君中驷与彼下驷。"既驰三辈毕,而田忌一不胜而再胜,卒得王千金。于是忌进孙子于威王。威王问兵法,遂以为师。
>
> 其后魏伐赵,赵急,请救于齐。齐威王欲将孙膑,膑辞谢曰:"刑于之人不可。"于是乃以田忌为将,而孙子为师,居

辎车中,坐为计谋。田忌欲引兵之赵,孙子曰:"夫解杂乱纷纠者不控捲,救斗者不搏撠(jǐ),批亢捣虚,形格势禁,则自为解耳。今梁赵相攻,轻兵锐卒必竭于外,老弱罢于内。君不若引兵疾走大梁,据其街路,冲其方虚,彼必释赵而自救。是我一举解赵之围而收弊于魏也。"田忌从之,魏果去邯郸,与齐战于桂陵,大破梁军。

这篇文字大意是说,孙子死后,隔了一百多年又出了一个孙膑。孙膑出生在阿城和鄄城一带,也是孙武的后代子孙。他曾经和庞涓一道学习兵法。庞涓奉事魏国以后,当上了魏惠王的将军,却知道自己的才能比不上孙膑,便秘密地把孙膑找来。孙膑到来,庞涓害怕他比自己贤能,忌恨他,就假借罪名砍掉他两只脚,并且在他脸上刺了字,想让他隐藏起来不敢抛头露面。

齐国的使臣来到大梁,孙膑以犯人的身份秘密地会见了齐使,进行游说。齐国的使臣认为他是个难得的人才,就偷偷地用车子把他载回齐国。齐国将军田忌不仅赏识他,而且还像招待客人一样对待他。田忌经常跟齐国贵族子弟赛马,下很大的赌注。孙膑发现他们的马脚力都差不多,可分为上、中、下三等。于是孙膑对田忌说:"你尽管下大赌注,我能让你取胜。"田忌信以为真,与齐王和贵族子弟们比赛时下了千金的赌注。到临场比赛,孙膑对田忌说:"现在用您的下等马对付他们的上等马,拿您的上等马对付他们的中等马,让您的中等马对付他们的下等马。"三次比赛完了,田忌败了一次,胜了两次,终于赢得了齐王的千金赌注。于是田忌就把孙膑推荐给齐威王。威王向他请教兵法后,就把他当作老师。

后来魏国攻打赵国,赵国形势危急,向齐国求救。齐威王打算任用孙膑为主将,孙膑辞谢说:"受过刑罚的人,不能担任主将。"于是就任命田忌做主将,孙膑做军师,坐在有篷帐的车里,暗中谋划。田忌想要率领救兵直奔赵国,孙膑说:"想解开乱丝的人,不能紧握双拳生拉硬扯;解救斗殴的人,不能卷进去胡乱搏击。要扼住争斗者的要害,争斗者因形势限制,就不得不自行解开。如今魏赵两国相互攻打,魏国的精锐部队必定在国外精疲力竭,老弱残兵在国内疲惫不堪。你不如率领军队火速向大梁挺进,占据它的交通要道,冲击它正当空虚的地方,魏国肯定会放弃赵国而回兵自救。这样,我们一举解救了赵国之围,而又可坐收魏国自行挫败的效果。"田忌听从了孙膑的意见。魏军果然离开邯郸回师,在桂陵(在今山东菏泽东北)地方交战,魏军被打得大败。

1938 年 5 月,毛泽东在《抗日游击战争的战略问题》一文中写道:

> 在反围攻的作战计划中,我之主力一般是位于内线的。但在兵力优裕的条件下,使用次要力量(例如县和区的游击队,以至从主力中分出一部分)于外线,在那里破坏敌之交通,钳制敌之增援部队,是必要的。如果敌在根据地内久踞不去,我可以倒置地使用上述方法,即以一部留在根据地内围困该敌,而用主力进攻敌所从来之一带地方,在那里大肆活动,引致久踞之敌撤退出去打我主力;这就是"围魏救赵"的办法。①

---

① 《毛泽东选集》第二卷,人民出版社 1991 年版,第 429 页。

明冯梦龙《智囊·兵智部·制胜》也记载了这个故事：

> 魏伐赵，赵急，请救于齐。齐威王欲将孙膑，膑以刑余辞。乃将田忌而孙子为师，居辎车中，坐为计谋。田忌欲引兵救赵，孙子曰："夫解纷者不控捲，救斗者不搏撠。批亢捣虚，形格势禁，则自为解耳。今梁赵相攻，轻兵锐卒必尽于外，老弱罢于内。彼必释赵而自救，是我一举解赵之困，而收弊于魏也。"忌从之，魏果去邯郸，与齐战于桂陵，大破梁军。

毛泽东读后批注道：

> 攻魏救赵，因败魏军，千古高手。[①]

围魏救赵，是我国古代一个著名的战例。指挥这次战争的齐国军师孙膑，采取避实击虚的办法，他让齐军的精锐部队进攻魏都城大梁，迫使魏军回救，并于中途桂陵利用有利地形把魏军打得大败，从而解除了赵国都城邯郸之围。此后，我国历代的军事家，就用"围魏救赵"来说明类似的战法。

毛泽东对"围魏救赵"这一战法很感兴趣，早年为解井冈山之围，他提出"我们既要保住红军，又要保住根据地，那只能采用'围魏救赵'的办法"。大家赞同毛泽东的"围魏救赵"之计，1929年1月，毛泽东、朱德率红四军主力下山出击赣南，有力地调动了敌人，并开创了赣南闽西根据地。他在这篇文章中引用"围魏

---

① 《毛泽东读文史古籍批语集》，中央文献出版社1993年版，第66页。

救赵"战法,是在吸收和改造原战法的基础上,结合当时客观实际的一种发挥,不仅是古为今用,而且发展了马克思主义军事科学。

瓜熟蒂落,水到渠成

瓜熟蒂落,蒂,花或瓜果跟枝茎相连接的地方。瓜熟了,瓜蒂自然就脱落了。比喻条件或时机成熟了,就能顺利成功。语出清翟灏《通俗编·草木》引《云笈七签》(宋人张君房辑):

"瓜熟蒂落,啐啄同时。"(啐,尝,辨别滋味)

水到渠成,水到一个地方自然汇成一个水道。比喻条件成熟,事情就能顺利完成。语出南宋朱熹《答路德意书》:

所喻水到渠成之说,意思毕竟在渠上,未放水东流时,已先作屈曲准备了矣。

1955年10月27日,毛泽东在《工商业者要掌握自己的命运》一文中写道:

关于私营工商业改造的时间问题,有人说,现在锣鼓点子打得紧,胡琴也拉得紧,担心搞得太快。我们说,社会主义改造是三个五年计划基本完成,还有个尾巴要拖到十五年以后,总之是要瓜熟蒂落,水到渠成。苹果不熟摘下来吃就是酸的。现在是协商办事,这样大的事情,与全国人民有关的大事,当然要协商办理。如果大家不赞成,那就没有办法做好。有些事缓点比急要好,但是否现在锣鼓点子就不要打紧了,戏就不唱了? 不是的,现在还是要劝大家走社会主义道路。①

毛泽东在文中引用"瓜熟蒂落,水到渠成"这两个成语,告诫全党同志在私营工商业改造过程中,不要急于求成,犯"左"倾错误,但要坚持走社会主义道路。

---

① 《毛泽东文集》第六卷,人民出版社 1999 年版,第 488 页。

H

海内存知己,天涯若比邻

海内,四海之内,古指中国,现在也指世界;比邻,近邻。四海之内有自己的知己,虽远在天涯,也感到如同近邻一样。语出唐王勃《杜少府之任蜀州》:

城阙辅三秦,风烟望五津。与君离别意,同是宦游人。
海内存知己,天涯若比邻。无为在歧路,儿女共沾巾。

此诗是送别的名作。诗意是慰勉友人不要在离别之时产生悲哀。"海内存知己,天涯若比邻",是画龙点睛,传之千古的名句。意谓只要四海之内还有一个知己朋友,虽然远隔天涯,也好似近在邻居。这是对杜少府的安慰,同时也有点赞扬。对杜少府来说,你远去蜀中,不要感到寂寞,还有知己朋友在这里,不因距离远而就此疏淡;对自己来说,像杜少府这样的知己朋友,纵然现在远去蜀中,也好像仍在长安时时见面一样。这两句不仅是作者的名句,也是唐诗中数一数二的名句。但这两句并非王勃的创造,他是从曹植的诗"丈夫志四海,万里犹比邻"(《赠白马王彪》）变化而成，他利用"万里犹比邻"这个意思，配上"海内存知己"，诗意就与曹植不同。后来王建也有两句诗："长安无旧识，百里是天涯。"（《原上新居十三首》）这是把王勃的诗意，反过来用。这不能不说是偷了王勃的句法。

王勃（650 或 649—676），字子安，绛州龙门（今山西河津）人，初唐诗人。少有"神童"之称，博学多才。15 岁举幽素科，授朝散郎。后为沛王府侍读，因戏作斗英王鸡檄文，触怒高宗，斥逐出府。遂南游巴蜀，漂泊西南。返长安后，补虢州参军，因事免官，其父亦受累贬交趾令。后赴交趾省亲，渡海堕水，受惊而死。善为文，与杨炯、卢照邻、骆宾王齐名，时称"四杰"。后人评其诗，列初唐四杰之首。所作诗清新流畅，质朴自然，是新旧诗风过渡的标志。

毛泽东对这首诗十分熟悉，他曾在一本清蘅塘退士编、中华书局版的《注释唐诗三百首》里这首诗的天头上批注道："好。"还在"海内存知己，天涯若比邻"二句旁画了三个圈[1]；还手书过，并题写："唐朝少年诗人王勃诗一首。"[2]在谈话和文章中曾多次引用：

1959 年，他和儿媳邵华谈论唐代诗人和王勃时，特别提到对其中"海内存知己，天涯若比邻"两句非常欣赏。

1961 年 10 月 16 日，他书写"海内存知己，天涯若比邻"二句，送给当时的中共中央政治局委员、国务院副总理、中国人民

---

[1] 《毛泽东评点诗词曲精选》（上册），中央档案出版社 1998 年版，第 72 页。

[2] 《毛泽东手书选集·古诗词》（上），北京出版社 1993 年版，第 81、82 页。

解放军总参谋长罗瑞卿大将，并署上名字。[①]

1960 年 7 月 24 日，中国驻捷克斯洛伐克大使馆给外交部的一封电报说：7 月 22 日夜，在我参加捷国庆电影代表团举行的招待会上，捷列宁工厂一位工人党员主动找我八一制片厂厂长陈播交谈。他谈到：（一）继列宁之后，毛泽东是世界上最伟大的理论家，他的思想同列宁的思想完全一致，他是全世界所有共产党人的范例。（二）毛泽东善于运用马列主义，而捷共则运用不当，重犯苏联犯过的错误。（三）强调要维护哥特瓦尔德同志的事业。（四）对全世界反帝反殖民主义的斗争表示欢欣鼓舞，认为这种斗争能加速资本主义的灭亡。（五）期盼中国早日解放台湾。（六）称赞招待会没有请美国的做法很好。

毛泽东阅读这个情况报告后批示道：海内存知己，天涯若比邻。并指示印发给正在北戴河参加中央工作会议的同志。[②]

1966 年 10 月 25 日，毛泽东在致阿尔巴尼亚劳动党第五次代表大会的贺电中，又一次引用了"海内存知己，天涯若比邻"两句诗。[③]

韩信将兵，多多益善

韩信（？—前 196），淮阴（今江苏淮阴）人，汉朝初时刘邦手

---

① 《毛泽东手书选集·古诗词》（上），北京出版社 1993 年版，第 81、82 页。

② 《建国以来毛泽东文稿》第九册，中央文献出版社 1996 年版，第 264 页。

③ 《建国以来毛泽东文稿》第十二册，中央文献出版社 1998 年版，第 152 页。

下的大将；将（jiàng），统率；益，更加。韩信率领军队，越多越好。后用多多益善，表示越多越好的意思。典出西汉司马迁《史记·淮阴侯列传》：

> 上常从容与信言诸将能不，各有差。上问曰："如我，能将几何？"信曰："陛下不过能将十万。"上曰："于君何如？"曰："臣多多而益善耳。"上笑曰："多多益善，何为为我禽？"信曰："陛下不能将兵，而善将将，此乃信之所以为陛下禽也。且陛下所谓天授，非人力也。"

这段话大意是说，皇上（刘邦）经常从容地和韩信议论将军们的高下，认为各有长短。皇上问韩信："你看我能统率多少兵马？"韩信说："陛下能统率十万军队。"皇上又问："你能统率多少呢？"回答说："我是越多越好。"皇上笑着说："您越多越好，为什么还被我俘虏了？"韩信说："陛下不能带兵，却善于驾驭将领，这就是我被陛下俘虏的原因。况且陛下是上天赐予的，不是人力能做到的。"

1953年10月15日，毛泽东在《关于农业互助合作的两次谈话》中说：

> 在新区，无论大、中、小县，要在今冬明春，经过充分准备，办好一个到两个合作社，至少一个，一般一个到两个，至多三个，根据工作好坏而定。要分派数字，摊派。多了冒进，少了右倾。有也可以，没有也可以，那就是自流了。可否超过三个？只要合乎条件，合乎章程、决议，是自愿的，有强的领导骨干（主要是两条：公道，能干），办得好，那是"韩

信将兵，多多益善 ”。①

毛泽东在这里引用"韩信将兵，多多益善"这一成语，表现了发展农业互助合作社的急切心情。

好 大 喜 功

好，爱。喜爱干大事，建大功业。原指封建帝王喜欢用兵，炫耀武功。含贬义。语出《新唐书·太宗纪赞》：

> 至其牵于多爱，复立浮图，好大喜功，勤兵于远，此中材庸主之所常为。

南宋罗泌《路史·前纪》卷四"蜀山氏"：

> 昔者，汉之武帝，好大而喜功。

南宋朱熹《郑公芝圃折哀》：

> 秦始皇、汉武帝、唐太宗欲无夷狄，是皆好大喜功、穷兵黩武之过啊！

现在也形容不顾客观条件，一心想做大事贪大功的铺张浮

夸作风。

1936年1月17日，毛泽东在《致何干之》的信中写道：

> 只有一点，对于那些"兼弱攻昧""好大喜功"的侵略政策（这在中国历史上是有过的）应采取不赞同态度，不使和积极抵抗政策混同起来。为抵抗而进攻，不在侵略范围之内，如东汉班超的事业等。[①]

毛泽东在信中借用"好大喜功"一语，来说明对那些历史上不顾人民疾苦，喜建显示功业之事的侵略政策，应加以反对，但这种好大喜功的侵略政策和我党对于日本帝国主义的侵略所实行的积极抵抗政策要严格区别开来，不能混淆。

和 为 贵

和，和顺，协和，和平，温和。和是最为宝贵的。语出《论语·学而》：

> 有子曰："礼之用，和为贵。先王之道，斯为美。小大由之，有所不行。知和而和，不以礼节之，亦不可行也。"

这几句话大意是，有子说："礼的应用，以和谐为贵。古代君主的治国方法，可宝贵的地方就在这里。但不论大事小事只顾

---

① 《毛泽东书信选集》，人民出版社1983年版，第136—137页。

按和谐的办法去做,有的时候就行不通。(这是因为)为和谐而和谐,不以礼来节制和谐,也是不可行的。"

有子(前518—?),姓有,名若,孔子的学生。

1944年3月5日,毛泽东在《关于路线学习、工作作风和时局问题》一文中写道:

> ……(3)最近国民党对陕甘宁边区的进攻计划改变了,近日有四个主力师离开了边区周围。(4)我们的情况也在改变,军队进行了冬训运动,生产有了成绩,军民关系比较改善了。去年我们进行了时事教育(即阶级教育),团结了内部;兵工生产发展了,现在已能炼钢;训练了自卫军,兵力增加了两个旅。在上述国际国内四个条件之下,避免内战的可能性增加了。最近国民党要周恩来、林伯渠同志到重庆去谈判,我们回答林老可以先去,他们说甚表欢迎。我们的方针是避免内战,集中抗战。对北面高双成更要注意联络,对联络参谋更要改善关系。最近外国记者要到延安来,我们要准备让他们看。我们要采取同国民党搞好关系的方针,即是实行"孔夫子打麻将——和为贵"。①

1945年9月2日中午,张澜以中国民主同盟名义,在特园宴请毛泽东、周恩来和王若飞。出席招待会的有沈君儒、黄炎培、冷遹、鲜英、张申府、左舜生等。……

宴会在热情洋溢、亲切无间的气氛中进行。

毛泽东勉励大家道:"今天我们聚会在'民主之家',今后我

---

① 《毛泽东文集》第三卷,人民出版社1996年版,第99页。

们共同努力,生活在'民主之国'。"接着他反复强调"和为贵",恳切表达了对和谈的冀望。他的话令人振奋。[①]

1945年10月8日,张治中借军委会大礼堂举行欢迎大会,邀请参议员和重庆文化界、新闻界、党、政、军各方人士五百余人参加,盛况空前。毛泽东在张治中致词后作简短讲话,他说:

> 商谈的结果,恰如刚才张先生所说,大部分问题得到解决,还有些问题正在继续商量解决,而且我们一定要用和平的方法去解决,"和为贵",除了和平的方法,其他的打算都是错的。[②]

"和为贵",是孔子的学生有子对礼的看法。他以遇事做得恰当、各种关系处理得和谐为可贵。后来"和为贵"便演化为各方关系协调、不发生矛盾和对抗的意思。

上面所引毛泽东三次谈"和为贵",都是发生在国共重庆谈判期间。毛泽东领导的共产党坚持"和为贵",促成了重庆谈判的成功。但这次纸上得来的"和平"被国民党蒋介石发动的内战打破了。

横眉冷对千夫指,俯首甘为孺子牛

横眉,怒目而视的样子;冷对,冷眼相对,表示轻蔑;千夫指,

[①] 林淇:《老成谋国,乘虚御风——毛泽东三访张澜》,《毛泽东和党外朋友们》,团结出版社1996年版,第83—84页。

[②] 《张治中回忆录》,文史资料出版社1985年版,第732页。

原意指许多人的指责，这里指敌人。孺子牛，典出《左传·哀公六年》：

> 鲍子曰："女忘君之为孺子牛而折其齿乎？而背之也！"西晋杜预注："孺子，荼也。景公尝衔绳为牛，使荼牵之，荼顿地，故折其齿。"

这段话大意是说，齐景公溺爱小儿子荼，自己四肢着地，装作牛，让儿子骑在身上，口里还衔着一根绳子，让儿子像牵牛一样牵着，儿子不小心从他背上掉下来，绳子一拉紧，把他的老牙折断了一颗。

1932 年 10 月 5 日，著名小说家郁达夫和王映霞夫妇邀鲁迅夫妇于聚丰园话别。席间，鲁迅哼成七律《自嘲》：

> 运交华盖欲何求，未敢翻身已碰头。
> 破帽遮颜过闹市，漏船载酒泛中流。
> 横眉冷对千夫指，俯首甘为孺子牛。
> 躲进小楼成一统，管它冬夏与春秋。

按照鲁迅在日记中的记载，他在那日是为诗人柳亚子写了条幅，上有"运交华盖欲何求"之语，然后郁达夫请他吃饭，他写了这首诗，自称这是"打油"。可见，自嘲，乃是含有戏谑之意的自况。

那么，为何《自嘲》被鲁迅自称是"打油"呢？因为，在作这首七律之前，鲁迅已经有了第一句，第三句是个现成句子的借用（南社诗人姚鹓雏已经写过"旧帽遮颜过闹市"之句），第六句则是古人已有的句子略作改动（清代常州钱季重曾作"酒酣或有庄生梦，饭饱甘为孺子牛"）。鲁迅在一首诗中借用了两个别人的句子，又是在著名作家郁达夫面前所作，所以说这是"打油"。

也因为是"打油"，成八句一首诗就行了，便不管第三句与第五句的自相矛盾。第三句"破帽遮颜过闹市"，第五句"横眉冷对千夫指"，过闹市都要以帽遮颜，还能对着千夫所指横眉冷面吗？

同月 12 日，鲁迅将这首诗书成条幅赠柳亚子，诗后题有跋语："达夫赏饭，闲人打油，偷得半联，凑成一律，以请亚子先生教正。"可见，鲁迅对这两句诗多么满意。

这两句诗传到了毛泽东那里，毛泽东也喜欢。毛泽东沉吟再三，并且将"孺子牛"一词推向更加辽阔的境界。1942 年 5 月 23 日，毛泽东《在延安文艺座谈会上的讲话》中说：

> 鲁迅的两句诗，"横眉冷对千夫指，俯首甘为孺子牛"，应该成为我们的座右铭。"千夫"在这里就是说敌人，对于无论什么凶恶的敌人我们决不屈服。"孺子"在这里就是说无产阶级和人民大众。一切共产党员，一切革命家，一切革命的文艺工作者，都应该学鲁迅的榜样，做无产阶级和人民大众的"牛"，鞠躬尽瘁，死而后已。[1]

毛泽东曾经高度评价鲁迅的这首诗。他说："鲁迅是马克思主义者，'横眉冷对千夫指，俯首甘为孺子牛'，这两句诗合乎辩

---

[1] 《毛泽东选集》第三卷，人民出版社 1991 年版，第 877 页。

证法。"①

1958 年 12 月 1 日,毛泽东还把鲁迅这两句诗作为给著名粤剧演员红线女(邝健廉)的题词②。

与鲁迅关系密切的冯雪峰说:毛泽东的解释是"一个天才的解释",因为鲁迅诗中"孺子"的本意只是指儿子海婴。曹聚仁则说:毛主席引用鲁迅的诗句,境界比鲁迅原意广大得多。鲁迅愿做儿子的牛,毛泽东号召共产党人做人民大众的牛。从此,"孺子牛"一词带着崭新的含义流行全国——郭沫若说,自己愿为牛的尾巴。茅盾说,自己愿为牛尾上的毛,帮助牛把吸血的大头苍蝇和蚊子扫掉。更多的人引用毛泽东的话,表示要为人民大众奉献服务,做"孺子牛"。

化干戈为玉帛

干戈,盾和戟,古代常用兵器,比喻战争;玉帛,玉器和丝织品,古代诸侯会盟朝会时所带的珍贵礼品,比喻和平。比喻把战争变为和平。语出《左传·僖公十五年》:

> 穆姬闻晋侯将至,以太子罃,弘与女简璧登台而履薪焉。使以免服衰绖逆,且告曰:"上天降灾,使我两君匪以玉

---

① 陈晋:《毛泽东读书笔记解析》,广东人民出版社 1996 年版,第 1537 页。

② 见《建国以来毛泽东文稿》第七册,中央文献出版社 1992 年版,第 618 页。

帛相见,而以兴戎。"

春秋时期,晋军与秦军在韩地交战,晋惠公被俘,秦穆公想把他带回国都。秦穆公夫人和晋惠公是同父异母的兄妹。她得此消息后,认为是他极大的耻辱,因此坚决反对把晋惠公带入国都。她领着太子罃、儿子弘和女儿简璧,一起登上高台,台下堆满柴草,准备自焚。她派使者告诉秦穆公:秦国和晋国本是友邦,但不能以玉帛相见,而是兵戎相见,并表示坚决不见晋惠公。秦穆公无法,只得暂将晋惠公留在灵台,后又决定放回,准许两国媾和。后人据此概括成"化干戈为玉帛"一语,意思是变战争为和平友好。

1936 年 11 月 4 日,毛泽东在《致陈公培》的信中写道:

> 各方统一战线,深仗大力斡旋,对内则化干戈为玉帛,对外则求一致之抗战,争取民族革命战争与民主共和国之联系及其彻底胜利之前途。疾风劲草,愿共努力![1]

陈公培(1901—1968),湖南长沙人。早年参加过中国共产党。1933 年福建人民革命政府时期,他是十九路军与红军联络的代表。新中国成立后,曾任政务院参事。

毛泽东在信中引用"化干戈为玉帛"一语,希望在抗日民族统一战线的旗帜下,各方精诚合作,早日取得抗日战争的胜利。

---

[1] 《毛泽东书信选集》,人民出版社 1983 年版,第 86 页。

画 蛇 添 足

比喻多此一举,造成累赘。典出《战国策·齐策二》:

> 楚有祠者,赐其舍人卮酒。舍人相谓曰:"数人饮之不足,一人饮之有余,请画地为蛇,先成者饮酒。"
>
> 一人蛇先成,引酒且饮之;乃左手持卮,右手画蛇,曰:"吾能为之足!"未成。一人之蛇成,夺其卮曰:"蛇固无足,子安能为之足?"遂饮其酒。
>
> 为蛇足者,终亡其酒。

这则寓言故事说,楚国有个举行祭祀的人,祭祀完毕,赏给亲近左右的人一壶酒。这些人商量说:"几个人喝,不够;一个人喝,有余。请大家就地画条蛇,谁先画成谁就喝。"

有个人最先画好,拿起酒壶正要喝;随即左手执壶,右手继续画蛇,口中说道:"我还有空给蛇添上脚呢!"脚未画成,又有一个人已把蛇画好了,就把他手里的酒壶夺过来,说:"蛇根本没有脚,你怎能给它添上脚呢?"就把那壶酒喝了。

给蛇添脚的那个人,最终没有喝到酒。

《战国策》,是战国时游说之士的策谋和言论汇编。西汉末刘向编订为33篇。宋时已有散佚,曾巩作了订补。有东汉高诱注,今残缺。

蛇本来是没有脚的。第一个画好蛇的人,就已经得到喝酒的权利了。可是他为了表现自己,一定要给蛇添上脚,结果不但喝不到酒，反而给人留下了笑柄。

　　这个寓言对那些不顾客观事实、不按客观规律办事、故意卖弄而弄巧成拙的人，是一个辛辣的讽刺。

　　1931年3月，毛泽东在《普遍地举办〈时事简报〉》一文中讲到"《时事简报》的内容和编写方法"时说：

　　　　"也不是完全不发议论，要在消息中插句把两句议论进去，使看的人明白这件事的意义。但不可发得太多，一条新闻中插上三句议论就觉得太多了。插议论要插得有劲，疲沓疲沓的不插还好些。不要条条都插议论。许多新闻意义已明显，一看就明白，如插议论，就像画蛇添足。只有那些意义不明显的新闻，要插句把两句议论进去。"①

　　《时事简报》属于新闻类报纸，主要是向人民群众报告国内外新发生的新闻事件，用事实说话，但有些事件一般群众不一定能了解其意义，需要作者插一句两句议论，画龙点睛地说明其意义；如果事件本身意义已很明确，则不需要再插入议论。再插入议论，那就是画蛇添足，毫无意义了。毛泽东用"画蛇添足"这个典故，要求《新闻简报》刊发的新闻中的议论要在关键地方用一二精辟的词句点名主旨要义，从而使内容更加生动有力，就是说质量要高；而数量要少，就是一二句，"一条新闻中插上三句议论就觉得太多了"，也就是不要画蛇添足，做多此一举之事，造成累赘。

――――――――――

　　① 《毛泽东文集》第一卷，人民出版社1993年版，第261页。

诲 人 不 倦

诲,教导,训诲。教导别人不知疲倦。
详见"学而不厌"。

豁 达 大 度

豁达,胸襟开阔;大度,度量大。形容性格开朗,宽宏大量。
语出西汉司马迁《史记·高祖本纪》:

> 高祖为人,隆准而龙颜,美须髯,左股有七十二黑子。
> 仁而爱人,喜施,意豁如也;常有大度,不事家人生产作业。
> 及壮,试为吏,为泗水亭长,廷中吏无所不狎侮。好酒及色。
> 常从王媪、武负贳酒,醉卧。

这段话大意是说,刘邦这个人,颧骨和鼻子很高,留着一把
大胡子,左腿上有七十二颗黑痣。非常和善,爱护别人,喜欢施
舍,不斤斤计较,胸襟开阔;好色及酒,常常到两个女子开的酒店
里喝酒,喝醉了就睡在那里,不拘小节。晋人潘岳在《西征赋》中
评论说:"观夫高祖之兴也,非徒聪明神武,豁达大度而已也。"意
思是说,汉高祖刘邦不仅聪明勇武,而且还在于他性格开朗,宽
宏大量。

1962年1月30日,毛泽东《在扩大的中央工作会议上的讲

话》中引用了这一成语：

> 刘邦是在封建时代被历史家称为"豁达大度，从谏如流"的英雄人物。刘邦同项羽打了几年仗，结果刘邦胜了，项羽败了，不是偶然的。我们现在有些第一书记，连封建时代的刘邦都不如，倒有点像项羽。这些同志如果不改，最后要垮台的。①

毛泽东在这里讲民主集中制，要求各级党的第一书记要像刘邦那样豁达大度，当好班长，虚心听取不同的意见，集中大家的智慧，把工作做好。

豁 然 开 朗

形容由狭隘幽暗一下子现出为开阔明亮的境界。豁然，开阔明亮的样子。引申为由疑惑一下子领悟某种道理。典出东晋陶渊明《桃花源记》：

> 林尽水源，便得一山。山有小口，仿佛若有光，便舍船，从口入。初极狭，才通人，复行数十步，豁然开朗。

这段话大意是说，晋朝有一个打鱼的人，有一天划着船去打鱼，碰到一个桃花林。树林的尽头，有一座山，山上有个小洞，里

---

① 《毛泽东文集》第八卷，中央文献出版社1999年版，第295页。

面好像有光亮。他便从洞口走进去。起初很狭窄,只能通过一个人。又走几十步,忽然变得开阔敞亮起来。

1958 年出版的《毛主席诗词十九首》中《忆秦娥·娄山关》自注:

> 万里长征,千回百折,顺利少于困难不知有多少倍,心情是沉郁的。过了岷山,豁然开朗,转化到了反面,柳暗花明又一村了。①

毛泽东用"豁然开朗"表示从困难到顺利时的愉快感觉,十分贴切。

祸兮福所倚,福兮祸所伏

灾祸会引起幸福,幸福会引出灾祸。指祸福互为因果,互相转化。即坏事可以变好事,好事可以变坏事。语出老子《道德经》第五十八章:

> 祸兮福之所倚,福兮祸之所伏。孰知其极?

这几句话是说,祸患啊,可能带来福分;福分啊,隐含着祸患。谁能知晓其中的奥秘呢?

老子,即老聃,名李耳,春秋战国时楚国苦县(今河南鹿邑)

---

① 《毛泽东诗词集》,中央文献出版社 1996 年版,第 54—55 页。

人。曾为周国藏书室史官。相传著《老子》(一名《道德经》)五千余言。

1957年2月27日,毛泽东在《关于正确处理人民内部矛盾的问题》一文中写道:

> 总之,我们必须学会全面地看问题,不但要看到事物的正面,也要看到它的反面。在一定的条件下,坏的东西可以引出好的结果,好的东西也可以引出坏的结果。老子在二千多年以前就说过:"祸兮福所倚,福兮祸所伏。"日本打到中国,日本人叫胜利。中国大片土地被侵占,中国人叫失败。但是在中国的失败里面包含着胜利,在日本的胜利里面包含着失败。历史难道不是这样证明了吗?[①]

毛泽东引用此语意在证明,矛盾着的对立面在一定的条件下是可以互相转化的,坏事可以变成好事,好事也可以变成坏事,强调要全面地看问题,使事物朝着有利的方向发展。

---

① 《毛泽东文集》第七卷,人民出版社1999年版,第238页。

J

鸡 鸣 狗 盗

装鸡叫,装狗进行偷盗。后指卑微的技能。典出西汉司马迁《史记·孟尝君列传》:

〔秦昭王〕囚孟尝君,谋欲杀之。孟尝君使人抵昭王幸姬求解。幸姬曰:"妾愿得君狐白裘。"此时孟尝君有一狐白裘,直千金,天下无双,入秦献之昭王,更无他裘。孟尝君患之,遍问客,莫能对。最下坐有能为狗盗者,曰:"臣能得狐白裘。"乃夜为狗,以入秦宫藏中,取所献狐白裘至,以献秦王幸姬。幸姬为言昭王,昭王释孟尝君。孟尝君得出,即驰去,更封传,变名姓以出关。夜半至函谷关。秦昭王后悔出孟尝君,求之,已去。即使人驰传逐之。孟尝君至关,关法鸡鸣出客,孟尝君恐追至。客之居下坐者有能为鸡鸣,而鸡齐鸣,遂发传出。

这是齐湣王派孟尝君第二次出使秦国的事。大意是说,孟尝君到了秦国,秦昭王封他为宰相。有大臣劝秦昭王说,孟尝君贤慧又有能力，但他是齐国的贵族，现在做秦国的宰相，有事情，必定先为齐国打算，然后再替秦国考虑，这样秦国就危险了。于是秦昭王免去孟尝君的宰相职务，并把他囚禁起来。孟尝君有一个门客，装狗叫入秦宫，把已献给昭王的狐白裘偷出，献给昭王的幸姬。这位幸姬便为孟尝君说好话，孟尝君得以获释。孟尝君跑到函谷关，关门要到鸡叫才开，他的另一位门客装鸡叫，引得群鸡齐鸣，骗得守关者开了关门，逃跑出去。

孟尝君，即田文。战国时齐国贵族。袭其父田婴的封爵，封于薛（今山东藤县东南），称薛公，号孟尝君。他是战国有名的四公子，以养士著称，有门客数千人，各种奇才异能之士都有，当这次遇到危险，却都束手无策，最后还是两个鸡鸣狗盗之辈把他救了出来。这说明一个真理：人不可貌相，海水不可斗量，卑贱者往往是最聪明的。

> 卞和献璞，两刖其足；"函关月落听鸡度"，出于鸡鸣狗盗之辈。自古已然，于今为烈。难道不是的吗？[1]

这是毛泽东 1958 年 5 月 18 日为中共八大二次会议印发倪伟、王光中 1958 年 5 月 3 日关于安东机器厂试制成功三十匹马力拖拉机给国家计划委员会主任李富春、副主任贾托夫的报告写的批语的最后几句话。毛泽东为这个批语还拟了个题目《卑贱者最聪明，高贵者最愚蠢》。

1958 年，毛泽东提倡破除迷信，解放思想，超英赶美。他从

---

[1] 《建国以来毛泽东文稿》第七册，中央文献出版社 1992 年版，第 236 页。

安东机器厂原来只会生产拖拉机配件,到造出三十匹马力的拖拉机,进而想从世界各国近三百年发明创造证明一条真理:卑贱者最聪明,高贵者最愚蠢。又援引我国历史上和氏之璧和鸡鸣狗盗之辈来作证,固然给人不少启发和鼓舞,但也难有免失之片面之嫌。

毛泽东引用的"函关月落听鸡度"的诗句,则出自明诗人高启《送沈左司从汪参政分省陕西汪由御史中丞出》一诗,用的就是《史记·孟尝君列传》中"鸡鸣狗盗"的典故。

鸡犬之声相闻,老死不相往来

鸡狗的叫声能互相听见,而人们直到老、死也不来往。语出老子《道德经》第八十章:

> 小国寡民。使有什伯之器而不用,使民重死而不远徙。虽有舟舆,无所乘之;虽有甲兵,无所陈之。使民复结绳而用之。甘其食,美其服,安其居,乐其俗。邻国相望,鸡犬之声相闻,民至老死,不相往来。

这段话大意是说,国家要小,人民要少。即使有各种器具,也不多用;使人民珍惜生命,不作长距离的迁移。虽有船只车辆,却没必要去乘坐;虽有兵器武备,却没必要去布阵打战。使天下回复到人民都结绳记事的远古状态之中。让人民吃得香甜,穿得漂亮,住得安适,满意于他们的平凡生活。国与国之间相互望得见,鸡犬之声相互听得见,而人民从生到死,也互不往来。

老子这种小国寡民的思想,是古代小自耕农的空想。后来多用这句话形容互相隔绝、互不通气。

1949年3月13日,毛泽东在《党委会的工作方法》一文中写道:

> "互通情报"。就是说,党委各委员之间要把彼此知道的情况互相通知、互相交流。这对于取得共同的语言是很重要的。有些人不是这样做,而是像老子说的"鸡犬之声相闻,老死不相往来",结果彼此之间就缺乏共同的语言。①

毛泽东在文中引用"鸡犬之声相闻,老死不相往来",告诉我们:同志之间,特别是"党委各委员之间要把彼此知道的情况互相通知、互相交流",以便取得共同的语言,做好工作,不要互不通气。

兼听则明,偏听则暗

明,指看事清楚;暗,不明白,糊涂。广泛听取意见,就清醒明白,只听一面之词,自己就糊涂,事情就弄不清楚。

此语源于东汉王符《潜夫论·明暗》:"君子所以明者,兼听也;其所以暗者,偏信也。"

语出《资治通鉴·唐纪·贞观二年》:

---

① 《毛泽东选集》第四卷,人民出版社1991年版,第1441页。

上问魏徵曰:"人主何为而明,何为而暗?"

对曰:"兼听则明,偏听则暗。昔尧清问下民,故有苗之恶得以上闻;舜明四目,达四聪,故共、鲧、驩兜不能蔽也;秦二世偏信赵高,以成望夷之祸;梁武帝偏信朱异,以取台城之辱;隋炀帝偏信虞世基,以致彭城阁之变。是故君子兼听广纳则贵臣不得拥蔽,而下情得以上通也。"

上曰:"善。"

魏徵(580—643),字玄成,馆陶(今河北馆陶)人,唐初大臣。

《资治通鉴》,北宋司马光(1019—1086)撰。294卷,又考异、目录各30卷。全书上起周威烈王二十三年(前403),下迄后周世宗显德六年(959),贯串1362年史事,有一定的史料价值,为研究历史,提供了较为系统而完备的资料。

上述唐太宗和魏徵的对话,大意是,唐太宗问魏徵:"当帝王的怎样就能明智,怎样就会昏暗?"

魏徵回答:"能够听取各方面的意见,就能明智;只听一方面的话,就会昏暗。古时候尧能够明晰地下问老百姓,所以有苗的恶迹能够通到上面来;舜能够耳听四面、眼观八方,所以共、鲧、驩兜就不能掩盖他们的罪恶;秦二世偏信赵高,因而酿成了在望夷宫的杀身之祸;梁武帝偏信朱异,因而落得个饿死台城的耻辱;隋炀帝偏信虞世基,因而招致彭城阁被杀的事变。为了这个缘故,所以做皇帝的应该注重广泛听取各方面的意见则宦官不能蒙蔽,那么下面的情况就能够反映到上面来了。"

唐太宗说:"好。"

1937年8月,毛泽东在《矛盾论》一文中指出:

唐朝人魏徵说过:"兼听则明,偏信则暗。"也懂得片面性不对。可是我们的同志看问题,往往带片面性,这样的人就往往碰钉子。①

毛泽东引用这一成语,说明我们看问题,必须听取各方面的意见,全面地了解情况,才能明辨是非,如果只听一方面的话,必然会犯错误。

兼 收 并 蓄

蓄,储存。把各种不同的东西一起收进来,保存起来。原作"俱收并蓄"。语出唐韩愈《进学解》:

先生曰:"吁! 子来前! 夫大木为宗(máng),细木为桷(jué)、欂(bó)栌(lú)、侏儒,椳(wēi)、闑(niè)、扂(diàn)、楔(qiē),各得其宜,施以成室者,匠氏之工也。玉札、丹砂,赤箭、青芝,牛溲(sōu)、马勃,败鼓之皮,俱收并蓄,待用无遗者,医师之良也。登明选公,杂进巧拙,纡馀为妍,卓荦为杰,校短量长,惟器是适者,宰相之方也。"

这段话大意是,先生说:"唉! 你们到前面来! 粗木料做房梁,细木料当椽子,做斗拱、梁上短柱、门枢、门撅、门闩、门两旁的木头,量材使用,用它们把房子建成,这可是工匠的精巧。地

---

① 《毛泽东选集》第一卷,人民出版社 1991 年版,第 313 页。

榆、朱砂、天麻、龙芝、车前草、马屁菌、破朽的鼓皮,一齐都收集起来,保存起来,预备着日后派上用场,一个也不要遗漏,这可是医师的高明。明察又公平地选拔人才,能力强的和能力弱的都能一起合理进用,委婉随和是一种美德,超然不群则可叫做杰出,比较、衡量各人不同的优缺点,根据他们的才能给予合理的使用,这就是当宰相的本事了。”

南宋朱熹《己酉拟上封事》:“小人进则君子必退,君子亲则小人必疏,未有可以兼收并蓄而不相害者也。”朱熹则用作“兼收并蓄”。

1940 年 1 月,毛泽东在《新民主主义论》一文中指出:

> 清理古代文化的发展过程,剔除其封建性的糟粕,吸收其民主性的精华,是发展民族新文化提高民族自信心的必要条件;但是决不能无批判地兼收并蓄。[①]

毛泽东在文中引用“兼收并蓄”一语,是说不能把文化遗产中的“民主性的精华”与“封建性的糟粕”都吸收包罗进来,应该采取批判地继承的态度。

嗟 来 之 食

嗟来,无理的吆喝声。比喻带侮辱性的施舍。语出《礼记·檀弓下》:

> 齐大饥,黔敖为食于路,以待饥者而食之。

----

① 《毛泽东选集》第二卷,人民出版社 1991 年版,第 707—708 页。

有饥者蒙袂辑屦，贸然而来。黔敖左奉食，右执饮，曰："嗟，来食!"扬其目而视之，曰："予唯不食嗟来之食，以至于斯也!"从而谢焉，终不食而死。

这段话大意是说，齐国发生了大饥荒，富翁黔敖在路边放了食物，等待饥民过来，给他们吃。

有个人饿得很厉害，用衣袖蒙着脸面，拖着鞋子，昏昏沉沉地走来。黔敖见了，左手拿着饭菜，右手端着汤，吆喝道："喂! 快来吃吧!"那饥民抬眼望着黔敖，说："我就是因为不吃吆喝来的饭菜，才落到这个地步的。"黔敖跟在后面表示歉意，但是这个人始终不肯吃，便活活地饿死了。

《礼记》，西汉戴圣编定，共 49 篇，采自先秦旧籍。因同时戴德别有记 85 篇，称《大戴礼》，此书亦称《小戴礼》。

1949 年 8 月 18 日，毛泽东在《别了，司徒雷登》一文中写道：

美国也有"民主政治"，可惜只是资产阶级一个阶级的独裁统治的别名。美国有很多钱，可惜只愿意送给极端腐败的蒋介石反动派。现在和将来据说很愿意送些给它在中国的第五纵队，但是不愿意送给一般的书生气十足的不识抬举的自由主义者，或民主个人主义者，当然更加不愿意送给共产党。送是可以的，要有条件。什么条件呢? 就是跟我走。美国人在北平，在天津，在上海，都洒了些救济粉，看一看什么人愿意弯腰拾起来。太公钓鱼，愿者上钩。嗟来之食，吃下去肚子要痛的。[1]

---

[1] 《毛泽东选集》第四卷，人民出版社 1991 年版，第 1495 页。

《礼记》中的这个故事，描写一个有志气的穷汉，宁肯饿死，也不接受别人带有侮辱性的施舍。毛泽东引用这个故事，说明中国人民是有志气的，决不会接受带有"条件"的"救济"。

竭 泽 而 渔

竭，使干涸；泽，池沼；渔，捕鱼。排尽池中的水去捕鱼。比喻做事贪图眼前利益而不顾后果。也作"涸泽而渔"。语出西汉刘安《淮南子·本经训》：

> 钻燧取火，构木为台，焚林而田，竭泽而渔。

《吕氏春秋·义尝》：

> 竭泽而渔，岂不获得，而明年无鱼；焚薮而田，岂不获得，而明年无兽。诈伪之道，虽今偷可，后将无复，非长术也。

这几句话大意是说，使河流干涸而捕鱼，难道会没有收获吗？但第二年就没有鱼了；烧毁树林来打猎，难道会没有收获吗？但第二年就没有野兽了。用欺骗和做假的方法，即使现在侥幸有用，以后却不会再有第二次了，这不是长久之计。

1942年12月，毛泽东在《抗日时期的经济问题和财政问题》一文中写道：

另外的错误观点,就是不顾人民困难,只顾政府和军队的需要,竭泽而渔,诛求无已。这是国民党的思想,我们决不能承袭。①

毛泽东在文中引用"竭泽而渔"一语,说明这是我们共产党和国民党的本质区别,我们不能"竭泽而渔",加重人民的负担,因为我们是为人民服务的。

锦 上 添 花

锦,有彩色花纹的丝织品。在美丽的锦上再绣上花。比喻美上加美,好上加好。语出北宋黄庭坚《了了庵颂》:

方广庵名了了,了了更着庵遮。
又要涪翁作颂,且图锦上添花。
若问只今了未,更需侍者煎茶。

这首诗大意是说:
佛庵扩大起名了了,了了更能杜绝非议之事。
又请我黄庭坚写赞颂文字,姑且图个锦上添花。
如果问我现在写完了吗,更需要长老的侍者烹茶招待。
1942年5月,毛泽东在《在延安文艺座谈会上的讲话》一文中写道:

———————

① 《毛泽东选集》第三卷,人民出版社1991年版,第894页。

什么是文艺工作中的普及和提高呢？这两种任务的关系是怎样的呢？普及的东西比较简单浅显，因此也比较容易为目前广大人民群众所迅速接受。高级的作品比较细致，因此也比较难于生产，并且往往比较难于在目前广大人民群众中迅速流传。现在工农兵面前的问题，是他们正在和敌人作残酷的流血斗争，而他们由于长时期的封建阶级和资产阶级的统治，不识字，无文化，所以他们迫切要求一个普遍的启蒙运动，迫切要求得到他们所急需的和容易接受的文化知识和文艺作品，去提高他们的斗争热情和胜利信心，加强他们的团结，便于他们同心同德地去和敌人作斗争。对于他们，第一步需要还不是"锦上添花"，而是"雪中送炭"。所以在目前条件下，普及工作的任务更为迫切。①

毛泽东在此文中引用"锦上添花"比喻文艺工作中的"提高"，明确指出，它不是当时的主要任务；当时的主要任务是"普及"，是"雪中送炭"。

兢 兢 业 业

兢兢，小心谨慎的样子；业业，畏惧的样子。形容工作小心谨慎，勤恳负责。语出《尚书·皋陶谟》：

皋陶曰："宽而栗，柔而立，愿而恭，乱而敬，扰而毅，直

---

① 《毛泽东选集》第三卷，人民出版社1991年版，第861—862页。

而温,简而廉,刚而塞,彊而义。彰厥有常,吉哉! 日宣三德,夙夜浚明有家。日严祗敬六德,亮采有邦。翕受敷施,九德咸事,俊乂在官。百僚师师,百工惟时,抚于五辰,庶绩其凝。无教逸欲有邦,兢兢业业,一日二日万几。无旷庶官,天工,人其代之。天叙有典,敕我五典五惇哉! 天秩有礼,自我五礼有庸哉! 同寅协恭和衷哉! 天命有德,五服五章哉! 天讨有罪,五刑五用哉! 政事懋哉! 懋哉! 天聪明,自我民聪明。天明畏,自我民明威,达于上下,敬哉有土!"皋陶曰:"朕言惠可厎行?"禹曰:"俞! 乃言厎可绩。"皋陶曰:"予未有知,思曰赞赞襄哉!"

这段话大意是,皋陶说:"宽宏而又坚硬,柔顺而又卓立,谨厚而又严恭,多才而又敬慎,驯服而又刚毅,正直而又温和,简易而又方正,刚正而又笃实,坚强而又合乎道义。要明显地任用具有九德的好人啊! 天天表现出三德,早晚认真努力于家的人,天天庄严地重视六德,辅助政事于国的人,一同接受,普遍任用,使具有九德的人都担任官职,那么在职的官员就都是才德出众的人了。各位官员互相效法,他们都想处理好政务,而且顺从君王,这样,各种工作都会办成。治理国家的人不要贪图安逸和私欲,要兢兢业业,因为情况天天变化万端。不要虚设百官,上天命定的工作,人应当代替完成。上天规定了人与人之间的常法,要告诫人们用父义、母慈、兄友、弟恭、子孝的办法,把这五者敦厚起来啊! 上天规定了人的尊卑等级,推行天子、诸侯、卿大夫、士和庶人这五种礼制,要经常啊! 君臣之间要同敬、同恭,和善相处啊! 上天任命有德的人,要用天子、诸侯、卿、大夫、士五等礼服表彰这五者啊! 上天惩罚有罪的人,要用墨、劓、剕、宫、大辟五种刑罚处治五者啊！政务要努力啊！要努力啊！上天的视听依从臣民的视听。上天的赏罚依从臣民的赏罚。天意和民意是相通的，要谨慎啊，有国土的君王！"皋陶问："我的话一定得到实行吗？"禹说："当然！你的话一定得到实行并且获得成功。"皋陶说："我并不懂得什么，我想赞扬佐助帝德啊！"

1956 年 8 月 30 日，毛泽东在《增强党的团结，继承党的传统》一文中说：

> 我们这次大会的预备会议，从今天算起，只有十几天的时间，但是安排得好，是完全可以把准备工作做好的。我们相信，这次大会是可以开好的，代表们的水平是能够保证这次大会开好的。但是要兢兢业业，大家努力。①

毛泽东在中国共产党"八大"预备会议第一次会议上借用此语，要求与会代表以一丝不苟的高度负责精神，把会议开好。

井 底 之 蛙

生活在井底下的青蛙。比喻阅历狭窄见识短浅的人。语出《庄子·秋水》：

> 公孙龙问于魏牟曰："龙少学先王之道，长而明仁义之行；合同异，离坚白；然不然，可不可；困百家之知，穷

---

① 《毛泽东文集》第七卷，人民出版社 1999 年版，第 97 页。

众口之辩；吾自以为至达已。今吾闻庄子之言，汒焉异
之，不知论之不及与？知之弗若与？今吾无所开吾喙，
敢问其方。"

公子牟隐几太息，仰天而笑曰："予独不闻夫坎井之
蛙乎？谓东海之鳖曰：'吾乐与！出跳梁乎井干之上，入
休乎缺甃（zhòu）之崖。赴水则接腋持颐，蹶泥则没足灭
跗，还虷蟹与科斗，莫吾能若也。且夫擅一壑之水，而跨
跱（zhì）坎井之乐，此亦至矣。夫子奚不时来入观乎？'东
海之鳖左足未入，而右膝已絷矣。于是逡巡而却，告之
海曰：'夫千里之远，不足以举其大；千仞之高，不足以极
其深。禹之时，十年九潦，而水弗为加益；汤之时，八年
七旱，而崖不为加损。夫不为顷久推移，不以多少进退
者，此亦东海之大乐也。'于是坎井之蛙闻之，适适然惊，
规规然自失也。"

这段话大意是，公孙龙问魏牟说："我少年时就学习先王大
道，年长后通晓仁义的行为，能把相同相异的事物论证为无差别
的同一，能把坚白等属性论证为与物体相分离；能在辩论中把别
人认为错的言论说成对的，把别人认为不可以的言论说成可以
的；能困窘百家的见解，使众多善辩的人理屈辞穷；我自以为已
经是极力通达事理了。现在我听了庄子的言论，深感迷惘不解，
不知是我的辩才不及他高呢？还是知识不如他博呢？现在我都
不知道从哪里开口了，请问这是什么道理呢？"

魏牟凭靠案几深深地叹息，又仰天而笑说："唯独你没有听
说浅井之蛙的故事吗？井蛙对东海之鳖说：'我多么快乐呀！我
跳到井栏上，又蹦回到井中，在井壁缺口边休息。游水则井水托

住腋窝和两腮之下，践踏淤泥则没过脚背，环视周围的小红虫、小螃蟹、小蝌蚪，没有能像我这样自如的！况且独占一井之水，在其中跳跃蹲踞的乐趣，这也就算达到极点了。你先生何不时常进来观光呢？'东海之鳖左足还没有踏到井底，右膝就被绊住了。于是，迟疑一会就退出来了，并告诉井蛙关于大海的样子说：'用千里的遥远，不足以形容海之大；用八千尺的高度，不足以穷尽海之深。大禹的时代，十年有九年发生水灾，而海水并不因此而增加；商汤时代，八年有七年闹旱灾，海水边沿也不因此而向后退缩。它不为时间的短暂和长久而有所改变，不因雨水多少而有所进退，这也就是东海之最大乐趣啊！'浅井之蛙听了这些，惊怖不已，现出茫然自失的样子。"

这个生动的寓言故事，后被归纳为"井底之蛙"或"坐井观天"，用以讽刺那些见识短浅而又不顾大局的人。

1935年12月27日，毛泽东在《论反对日本帝国主义的策略》中指出：

> 马克思主义者看问题，不但要看到部分，而且要看到全体。一个虾蟆坐在井里说："天有一个井大。"这是不对的，因为天不止一个井大。如果它说："天的某一部分有一个井大。"这是对的，因为合乎事实。①

毛泽东在这里引用这则寓言，用具体问题具体分析的方法，给我们树立了全面看问题，反对主观性、片面性和表面性的榜样。

---

① 《毛泽东选集》第一卷，人民出版社1991年，第149页。

鞠躬尽瘁，死而后已

鞠躬，表示恭敬，谨慎；瘁，劳累。恭敬谨慎，尽心竭力工作，到死为止。原作"鞠躬尽力，死而后已"。语出三国魏诸葛亮《后出师表》：

> 夫难平者，事也。昔先帝败军于楚，当此时，曹操拊手，谓天下已定。然后先帝东连吴、越，西取巴、蜀，举兵北征，夏侯授首：此操之失计，而汉事将成也。然后吴更违盟，关羽毁败，秭归蹉跌，曹丕称帝：凡事如是，难可逆见。臣鞠躬尽力，死而后已；至于成败利钝，非臣之明所能逆睹也。

这段话的大意是说，天下的事情，是很难评论断定的。从前先帝在楚地打了败仗，在这时，曹操拍手称快，认为天下已被他平定了。以后先帝东边联合吴、越，西边攻取巴、蜀，发兵向北征讨，夏侯渊就被杀掉了，这是曹操未曾想到的，而复兴汉朝的大业将要成功了。后来东吴改变态度，违背了盟约，关羽兵败被杀，先帝又在秭归失误，曹丕称帝，所有的事情都像这样，很难预料。我小心谨慎地为国献出我的一切力量，直到死为止。至于事业成功还是失败，进行得顺利还是不顺利，那就不是我的智慧所能够预见的了。

1942年5月，毛泽东《在延安文艺座谈会上的讲话》一文中写道：

一切共产党员，一切革命家，一切革命的文艺工作者，都应该学鲁迅的榜样，做无产阶级和人民大众的"牛"，鞠躬尽瘁，死而后已。知识分子要和群众结合，要为群众服务，需要一个互相认识的过程。这个过程可能而且一定会发生许多痛苦，许多磨擦，但是只要大家有决心，这些要求是能够达到的。①

毛泽东在文中引用"鞠躬尽瘁，死而后已"这一成语，号召一切革命者勤勤恳恳地为人民工作，贡献出毕生精力。

1956 年 11 月 12 日，毛泽东在《纪念孙中山先生》一文中赞扬孙中山先生说：

他全心全意地为了改造中国而耗费了毕生的精力，真是鞠躬尽瘁，死而后已。②

君 子 国

古代传说中的邦国。其国风俗淳朴，好让不争。《山海经·海外东经》：

君子国在其东。衣冠带剑，食兽，使二大虎在旁，其人

---

① 《毛泽东选集》第三卷，人民出版社 1991 年版，第 877 页。
② 《毛泽东文集》第七卷，人民出版社 1999 年版，第 157 页。

好让不争。

清李汝珍的长篇小说《镜花缘》中据此敷衍,描述的礼乐之邦也称"君子国"。请看《镜花缘》第十回:《诛大虫佳人施药箭搏奇鸟壮士奋空拳》:

> 不多几日,到了君子国,将船泊岸。林之洋上去卖货。唐敖因素闻君子国好让不争,想来必是礼乐之邦,所以约了多九公上岸,要去瞻仰。走了数里,离城不远,只见城门上写着"惟善为宝"四个大字。

其第十一回《观雅化闲游君子邦 慕仁风误入良臣府》中还对君子国的民风进行了具体的描写:

> 话说唐、多二人把匾看了,随即进城。只见人烟辏集,作买作卖,接连不断。衣冠言谈,都与天朝一样。唐敖见言语可通,因向一位老翁问其何以"好让不争"之故。谁知老翁听了,一毫不懂。又问国以"君子"为名是何缘故,老翁也回不知。一连问了几个,都是如此。
> 多九公道:"据老夫看来,他这国名以及'好让不争'四字,大约都是邻邦替他取的,所以他们都回不知。刚才我们一路看来,那些'耕者让畔,行者让路'光景,已是不争之意。而且士庶人等,无论富贵贫贱,举止言谈,莫不恭而有礼,也不愧'君子'二字。"唐敖道:"话虽如此,仍须慢慢观玩,方能得其详细。"
> 说话间,来到闹市。只见有一隶卒在那里买物,手中

拿著货物道："老兄如此高货，却讨恁般贱价，教小弟买去，如何能安心！务求将价加增，方好遵教。若再过谦，那是有意不肯赏光交易了。"唐敖听了，因暗暗说道："九公，凡买物，只有卖者讨价，买者还价。今卖者虽讨过价，那买者并不还价，却要添价。此等言谈，倒也罕闻。据此看来那'好让不争'四字，竟有几分意思了。"只听卖货人答道："既承照顾，敢不仰体！但适才妄讨大价，已觉厚颜；不意老兄反说货高价贱，岂不更教小弟惭愧？况敝货并非'言无二价'，其中颇有虚头。俗云：'漫天要价，就地还钱'。今老兄不但不减，反要加增，如此克己，只好请到别家交易，小弟实难遵命。"唐敖道："'漫天要价，就地还钱'，原是买物之人向来俗谈；至'并非言无二价，其中颇有虚头'，亦是买者之话。不意今皆出于卖者之口，倒也有趣。"只听隶卒又说道："老兄以高货讨贱价，反说小弟克己，岂不失了'忠恕之道'？凡事总要彼此无欺，方为公允。试问那个腹中无算盘，小弟又安能受人之愚哩。"谈之许久，卖货人执意不增。隶卒赌气，照数付价，拿了一半货物，刚要举步，卖货人那里肯依，只说"价多货少"，拦住不放。路旁走过两个老翁，作好作歹，从公评定，令隶卒照价拿了八折货物，这才交易而去。

......

二人看罢，又朝前进，只见那边又有一个农人买物。原来物已买妥，将银付过，携了货物要去。那卖货的接过银子仔细一看，用戥秤了一秤，连忙上前道："老兄慢走。银子平水都错了。此地向来买卖都是大市中等银色，今老兄既将上等银子付我，自应将色扣去。刚才小弟秤了一秤，不但银水未扣，而且戥头过高。此等平色小事，老兄有余之家，原不在此；但小弟受之无因。请照例扣去。"农人道："些须银色小事，何必锱铢较量。既有多余，容小弟他日奉买宝货，再来扣除，也是一样。"说罢，又要走。卖货人拦住道："这如何使得！去岁有位老兄照顾小弟，也将多余银子存在我处，留言后来买货再算。谁知至今不见，各处寻他，无从归还。岂非欠了来生债么？今老兄又要如此。倘一去不来，到了来生，小弟变驴变马归还先前那位老兄，业已尽够一忙，那里还有工夫再还老兄，岂非下一世又要变驴变马归结老兄？据小弟愚见，与其日后买物再算，何不就在今日？况多余若干，日子久了，倒恐难记。"彼此推让许久，农人只得将货拿了两样，作抵此银而去。卖货人仍口口声声只说"银多货少，过于偏枯"。奈农人业已去远，无可如何。忽见有个乞丐走过，卖货人自言自语道："这个花子只怕就是讨人便宜的后身，所以今生有这报应。"一面说著，却将多余平色，用戥秤出，尽付乞丐而去。唐敖道："如此看来，这几个交易光景，岂非'好让不争'一幅行乐图么？我们还打听甚么！且到前面再去畅游。如此美地，领略领略风景，广广识见，也是好的。"

1948 年 12 月 30 日，毛泽东在《将革命进行到底》一文中写道：

值得注意的是，现在中国人民的敌人忽然竭力装作无害而且可怜的样子了（请读者记着，这种可怜相，今后还要装的）。最近做了国民党行政院长的孙科，在去年六月间，不是曾经宣布"在军事方面,只要打到底,终归可以解决"的吗?这次一上台却大谈其"光荣的和平",说什么"政府曾努力追求和平,由于和平不能实现,不得已而用兵,用兵的最后目的仍在求得和平的恢复"。合众社上海十二月二十一日的电讯,马上就预料孙科的声明"在美国官方人士及国民党自由主义人士中,将遇到最广泛的赞扬"。美国官方人士现在不但热心于中国的"和平",而且一再表示,从一九四五年十二月莫斯科苏美英三国外长会议以来,美国就遵守着"不干涉中国内政的政策"。应该怎样来对付这些君子国的先生们呢?①

李汝珍(约 1763—约 1830),字松石,直隶大兴(今北京)人,清小说家。著有长篇小说《镜花缘》,一百回。叙述唐敖等游历海外的见闻和唐闺臣等 100 个才女的故事。前半部充满了海外传奇的浪漫主义的幻想,后半部炫耀才艺,罗列材料,流于呆板枯燥。这里所选的故事,君子国的人们"出高价买低货"、"多出钱少买货"等"因让而争"的情形,正如鲁迅在《中国小说史略》中所说,"例如君子国民情,甚受作者叹羡,然因让而争,矫伪已甚","不如作诙谐观,反有启颜之效也"。就是说把它当作滑稽有趣的材料来看,倒还有引人发笑的效果。毛泽东正是把"君子国"里的那些先生们的行为,当作口是心非虚伪透顶的典型来看待的,并用它来比喻及讽刺玩弄和平阴谋的国民党反动派和自称不干涉中国内政却积极帮助蒋介石打内战的美国官方人士。

---

① 《毛泽东选集》第四卷,人民出版社 1991 年版,第 1376—1377 页。

君子讷于言而敏于行

君子,旧指有道德有名望的人;讷,说话迟钝。这里指说话谨慎。有修养有名望的人说话要谨慎而办事要敏捷。语出《论语·里仁》:

> 子曰:"君子欲讷于言,而敏于行。"

这两句话大意是,孔子说:"君子说话要谨慎,而行动要敏捷。"1915 年 8 月,毛泽东在《致萧子升信》中写道:

> 今夫人者万物之灵,发声以为言,言而后抟其类以为群。夫言以灵而发,群以言而抟,然则言也者,顾不贵欤!尝诵程子之箴,阅曾公之书,上溯周公、孔子之训,若曰惟口兴戎,讷言敏行,载在方册,播之千祀。今者子升以默默示我准则,合乎圣贤之旨,敢不拜嘉! [①]

毛泽东女儿李敏在回忆父亲给李敏姐妹取名时,说了这样一个故事:

小学毕业上中学了。一天,爸爸把我叫到他跟前,很认真地说:"我的娇娃要上中学了,成个大孩子了。成个大孩子就得有个大名。爸爸给娇娃起个名字……""我有名字呀!我不是叫毛

[①] 《毛泽东早期文稿》,湖南人民出版社 1990 年版,第 18 页。

娇娇吗?"我不解地问爸爸。"那是你的小名,该给你起个大名了。我想好了,我的娇娇就姓李,单字敏。""爸爸我干吗要姓李呀? 两个哥哥都姓毛,我为什么不姓毛?"孩子就爱打破砂锅问到底儿。我也同样。爸爸没有直接告诉我该不该姓什么,而是从一段往事讲起:1947 年 3 月,解放战争时,胡宗南调集二十万大军进攻延安。为了将来的胜利,我们党决定放弃延安,采取诱敌深入而后歼灭敌人的战略方针。党中央撤离延安时,为了保密,中央领导都不用原名,而取了化名。在革命生涯中,爸爸化名有好几个,润之、子任等,但他最喜欢的还是这时的化名"离得胜"的谐音——李德胜。所以就把他的这个姓给了我们两个姐妹。还从孔子《论语》中的"君子讷于言而敏于行"的句子中,各取一个字给了我们俩,妹妹叫李讷,我就叫了李敏。这个名字中含有爸爸对我们的教导与期望。[①]

　　毛泽东对"讷言敏行"的话比较欣赏,早年就认为是"孔子之训","合乎圣贤之旨",要作为生活"准则";后来又以"敏"、"讷"二字为两个爱女命名,分别叫作李敏和李讷。

君子之过如日月之食

　　过,过失;食,通蚀。君子的过错如日蚀月蚀一样。形容大家都看得见。语出《论语·子张》:

　　　　子贡曰:"君子之过也,如日月之食焉:过也,人皆见之;

更也,人皆仰之。"

这段话大意是,子贡说:"君子的过错好比日蚀和月蚀:他犯过错,人们都看得见;他改正过错,人们都仰望着他。"

子贡(前520—?),春秋末卫国人,姓端木,名赐,字子贡,孔子的学生。

1939年9月24日,毛泽东在《同美国记者斯诺的谈话》中说:

> 至于蒋介石先生说了什么共产党不存在的话,我以为这是不确实的。因为:第一,蒋先生是一个政治家,他不但有政治常识,而且懂得更多的东西。第二,蒋先生是抗战领袖,他不应该说这样的话。第三,他如果说这样的话,岂不是与他从前的话相矛盾吗?因为他在一九三七年九月二十三日发表过谈话,承认了共产党的合法存在。所以,我相信,这种毫无常识的话,这种不利于团结抗战的话,这种与蒋先生过去所说互相冲突的话,他应该是不会说的。而如果果然说了的话,那我们就有权利请他更正。古人说"君子之过也,如日月之食焉:过也,人皆见之;更也,人皆仰之。"蒋先生如果真的说了这样的话,那实在是他的过错,是一个全体共产党员皆不能忍受的过错,我们一定要请他更正。①

毛泽东在同斯诺的谈话中引用《论语》中"君子之过"几句话,严厉批评蒋介石食言而肥的错误态度,要求他切实改正。

------

① 《毛泽东文集》第二卷,人民出版社1993年版,第240—241页。

K

口之于味，有同嗜焉

嗜，喜欢，爱好。人的口对于食物的味道有共同的爱好。语出《孟子·告子上》：

> 孟子曰："富岁，子弟多赖；凶岁，子弟多暴，非天之降才尔殊也，其所以陷溺其心者然也。今夫麰（móu）麦，播种而耰（yōu）之，其地同，树之时又同，浡（bó）然而生，至于日至之时，皆熟矣。虽有不同，则地有肥硗（qiāo），雨露之养、人事之不齐也。
>
> "故凡同类者，举相似也，何独至于人而疑之？圣人，与我同类者。故龙子曰：'不知足而为屦（jù），我知其不为蒉（kuì）也。'屦之相似，天下之足同也。口之于味，有同耆四也。易牙先得我口之所耆者也。如使口之于味也，其性与人殊，若犬马之与我不同类也，则天下何耆皆从易牙之于味也？至于味，天下期于易牙，是天下之口相似也。惟耳亦然。至于声，天下期于师旷，是天下之耳相似也。惟目亦然。至于子都，天下莫不知其姣也。不知子都之姣者，无目

者也。故曰：口之于味也，有同耆焉；耳之于声也，有同听焉；目之于色也，有同美焉。至于心，独无所同然乎？心之所同然者何也？谓理也，义也。圣人先得我心之所同然耳。故理义之悦我心，犹刍豢之悦我口。"

这段话大意是，孟子说："丰收年成，少年子弟多半懒惰；灾荒年成，少年子弟多半横暴，不是天生资质这样不同，而是由于外部环境使他们的心有所陷溺。以大麦而论，播种后用土把种子覆盖好，同样的土地，同样的播种时间，它们蓬勃地生长，到了夏至时，全都成熟了。虽然有收获多少的不同，但那是由于土地有肥瘠，雨水有多少，人工有勤惰而造成的。

"所以凡是同类的事物，其主要的方面都是相似的，为什么一说到人就发生疑问了呢？圣人，与我们是同类的人嘛。所以龙子说：'不用知道脚的长短去编一双鞋，我也知道是绝不会编一筐鞋子的。'草鞋的相近，是因为天下人的脚都大致相同。口对于味道，有相同的嗜好，易牙就是先掌握了我们的共同嗜好的人。假如口对于味道，每个人都根本不同，就像狗、马与我们完全不同类一样，那么天下的人怎么会都喜欢易牙烹调出来的味道呢？一说到口味，天下的人都期望做到易牙那样，这说明天下人的口味都是相近的。对耳朵来说也是这样，一提到音乐，天下的人都期望做到师旷那样，这说明天下人的听觉都是相近的。对眼睛来说也是这样，一提到子都，天下人没有不认为他美的。不认为子都美丽的，是没有眼睛的人。所以说，口对于味道，有相同的嗜好；耳朵对于声音，有相同的听觉；眼睛对于颜色，有相同的美感。一说到心，难道就偏偏没有相同的地方了吗？心相同的地方在哪里？在理，在义。圣人不过就是先掌握了我们内心相同的东西罢了。所以理义使我的心高兴,就像猪狗牛羊肉使我觉得味美一样。"

孟子这段话,成为 20 世纪中叶理论界讨论"共同人性"、"共同美"的主要依据之一。

1961 年 1 月 23 日下午,何其芳(1912—1977,中国诗人,文学评论家)接到电话通知,让他立即到毛泽东那里去。毛泽东先谈了《不怕鬼的故事》的序的修改意见,最后谈了一个很重要的美学理论问题。毛泽东说:

> 各阶级有各阶级的美。各个阶级也有共同美。"口之于味,有同嗜焉。"①

毛泽东这几句简短的话,表明了马克思主义者对共同美这个重要的美学理论问题的看法:美是有阶级性的,各个阶级又有共同美。说到这里,他援引孟子的"口之于味,有同嗜焉"加以解释,正所谓"人同此心,心同此理"。这就用心理学的方法、接受美学的方法,阐明了共同美赖以产生的鉴赏主体方面的原因,为解开共同美的奥秘作出了重大贡献。当然,形成共同美还有社会生活的影响和文艺作品特点方面的原因,这是不言而喻的。

夸 父 追 日

夸父,古代神话中的人物。夸父要追赶太阳。这则寓言表

---

① 何其芳:《毛泽东之歌》,《人民文学》1977 年第 9 期。

现了我国古代人民征服自然的愿望和坚强决心。典出《山海经·海外北经》：

> 夸父与日逐走，入日；渴，欲得饮，饮于河、渭；河、渭不足，北饮大泽。未至，道渴而死。弃其杖，化为邓林。

这则寓言说，古代有一位名叫夸父的人，他与太阳比赛谁走得快，一直进入太阳的光环里；他渴了，很想喝水，就跑到黄河和渭水边去喝水；黄河、渭水都被喝干了，就只好去北方大泽喝。没有走到，半路上便渴死了。他丢掉手杖，化成一片桃林（毕沅《山海经新校正》："邓林即桃林也，……其地则楚之北境。"即今湖北北部一带）。

《山海经》，我国古代地理名著。作者不详。内容主要为民间传说中的地理知识，包括山川、道里、民族、物产、药物、祭祀、巫医等，保存了不少远古的神话传说，对古代历史、地理、文化、民俗、神话等研究，均有参考价值。

1937 年 8 月，毛泽东在《矛盾论》中说：

> 神话中的许多变化，例如《山海经》中所说的"夸父追日"，《淮南子》中所说的"羿射九日"，《西游记》中所说的孙悟空七十二变和《聊斋志异》中的许多鬼狐变人的故事等等，这种神话中所说的矛盾的相互变化，乃是无数复杂的现实矛盾的互相变化对于人们所引起的一种幼稚的、想象的、主观幻想的变化，并不是具体的矛盾所表现出来的具体的变化。[①]

---

① 《毛泽东选集》第一卷，人民出版社 1991 年版，第 330—331 页。

　　"夸父追日"表现了夸父的英雄气概,反映了我国古代人民征服自然的强烈愿望和积极的幻想精神。毛泽东在讲解马克思唯物辩证法中关于矛盾在一定条件下的同一性问题时,引用"夸父追日"等一系列神话故事,告诉我们要正确认识现实的、具体的互相转化和神话中所说的矛盾的互相变化的区别,正确认识现实和神话的关系。

L

黎明即起,洒扫庭除

庭除,庭前阶下,庭院。唐李咸用《题陈将军别墅》:"不独春光堪醉客,庭除常见好花开。"天刚亮就起床,打扫厅堂和台阶。形容人的勤劳和爱整洁。语出清朱柏庐《治家格言》:

> 黎明即起,洒扫庭除,要内外整洁。既昏便息,关锁门户,必亲自检点。一粥一饭,当思来之不易。半丝半缕,恒念物力维艰。宜未雨而绸缪,毋临渴而掘井。自奉必须俭约,宴客切勿留连。器具质而洁,瓦缶胜金玉。饮食约而精,园蔬胜珍馐。勿营华屋,勿谋良田。

这段话大意是说,天刚亮就起床,打扫厅堂、院子和台阶,要做到室内室外都整齐清洁。到黄昏就休息,关门闭户,必须亲自进行检点。一瓢稀粥一碗饭,应当想到它来得不容易。半根丝半根线,经常要想到财物的艰难。事情发生前就要做好防备工作,不要等到事情发生后而手忙脚乱。自己生活必须勤俭节约,到别人家做客千万不要流连忘返。用的器皿结实而清洁,陶制的水罐胜过金玉的。饮食少而精,菜园里种的蔬菜,胜过山珍海味。不要建造华丽房屋,不要想买良田沃土。

朱柏庐(1617—1688),名用纯,字敬一,明末儒生,入清后不愿做官,一生信守宋代程朱理学,死于康熙年间。他的《治家格言》流传很广。

1945 年 8 月 13 日,毛泽东在《抗日战争胜利后的时局和我们的方针》一文中写道:

> 世界上的事情,都是这样。钟不敲是不响的。桌子不搬是不走的。苏联红军不进入东北,日本就不投降。我们的军队不去打,敌伪就不缴枪。扫帚到了,政治影响才能充分发生效力。我们的扫帚就是共产党、八路军和新四军。手里拿着扫帚就要研究扫的办法,不要躺在床上,以为会来一阵什么大风,把灰尘统统刮掉。我们马克思主义者是革命的现实主义者,绝不作空想。中国有句古话说:"黎明即起,洒扫庭除。"黎明者,天刚亮也。古人告诉我们,在天刚亮的时候,就要起来打扫。这是告诉了我们一项任务。只有这样想,这样做,才有益处,也才有工作做。中国的地面很大,要靠我们一寸一寸地去扫。①

毛泽东在这里引用这句话是号召全党全军全国人民,积极行动起来,投身到解放全中国的伟大斗争中去。

---

① 《毛泽东选集》第四卷,人民出版社 1991 年版,第 1132 页。

梁 上 君 子

原来是指藏在房梁上的小偷。在现代汉语中,引申为形容上不着天,下不着地的人。典出南朝宋范晔著《后汉书·陈寔传》:

> 时岁荒民俭,有盗夜入其室,止于梁上。寔(shí)阴见,乃起自整拂,呼命子孙,正色训之曰:"夫人不可不自勉,不善之人,未必本恶,习以性成,遂至于此。梁上君子者是矣。"盗大惊,自投于地,稽颡(sǎng)归罪。寔徐譬之曰:"视君状貌,不似恶人,宜深克己反善。然此当由贫困。"令遗绢二匹。自是一县无复盗窃。

这段话大意说,当时灾荒百姓节俭,一天夜里,有个小偷到陈寔家偷东西,藏在房梁上。陈寔看见了,却装作没有看见,他从床上起来,把衣服穿整齐了,又把自己的子孙们叫来,严肃地训诫他们说:"人是不可以不自勉的,做坏事的人,本来未必是恶的,但染上了坏习惯,就变坏了。梁上君子就是这样的。"小偷听见以后非常吃惊,就从梁上跳下来,跪下磕头至地向陈寔认错。陈寔慢慢地对他说:"看你的形状相貌,不像是坏人,应该深刻地克制自己学好。然而你这样做可能是因为你贫困。"叫人送给他两匹绢。从此以后一县内再没有盗窃。

1957年10月13日,毛泽东在最高国务会议第十三次会议上的讲话中说:

　　资产阶级知识分子要改造,小资产阶级分子也要改造,可以逐步地改造过来,改造成无产阶级知识分子。我讲过,"皮之不存,毛将焉附",知识分子如果不附在无产阶级身上,就有作"梁上君子"的危险。[①]

　　毛泽东在这次讲话中借用"梁上君子"的故事,深刻地指出,从旧社会过来的知识分子,已丧失原来的经济基础,上不着天,下不着地,因而必须改造,使他们这个毛"附在公有制的皮上,附在无产阶级身上"。

柳暗花明又一村

　　柳暗,指柳荫蔽日;**明**,明丽。绿柳成荫,鲜花明丽,又到了一个村庄。也比喻又是一番情景或又进入一个新的境界。语出南宋陆游《游山西村》:

> 莫笑农家腊酒浑,丰年留客足鸡豚。
> 山重水复疑无路,柳暗花明又一村。
> 箫鼓追随春社近,衣冠简朴古风存
> 从今若许闲乘月,拄杖无时夜叩门。

　　这首纪游诗生动地描绘了诗人家乡的风光和习俗,洋溢着浓厚的生活气息。诗的第三、四两句对山村风光的描绘,寓含哲理,是历来为人称颂的名句。第三句中的"重"、"复"二字同义,再和"疑"字一起,写出了山水重叠回环令人迷惑的景色;第四句中的"暗"、"明"相互陪衬,再和"又"字一起,描绘出绿树成荫、鲜花明丽令人惊喜的景色,发现一个前所未见的新天地。这就是这两句诗给人的启发,也是宋诗特有的理趣。人人读后,都会感到,在人生的某种境遇上,与诗句所写的有着惊人的相似之处,因而倍感亲切。

陆游(1125—1210),字务观,号放翁,越州山阴(今浙江绍兴)人,南宋爱国诗人。享年 85 岁,是文学史上少有的高龄高产作家,现存经他自己删削后尚有诗 9 300 余首,著有《渭南文集》、《剑南诗稿》等。

毛泽东在 1935 年 2 月写的《忆秦娥·娄山关》一词的作者自注中说:

> 万里长征,千回百折,顺利少于困难不知有多少倍,心情是沉郁的。过了岷山,豁然开朗,转化到了反面,柳暗花明又一村了。以下诸篇(按:1958 年出版的《毛主席诗词十九首》,《忆秦娥·娄山关》排在《十六字令三首》之前,以下诸篇指《十六字令三首》、《七律·长征》、《念奴娇·昆仑》、《清平乐·六盘山》),反映了这一种心情。①

在这个自注中,毛泽东把长征分为两个阶段,先是困难阶段,后是顺利阶段,但前一阶段他不用"山重水复疑无路"来形

---

① 《毛泽东诗词集》,中央文献出版社 1996 年版,第 53—54 页。

容,因为在革命者看来,前途永远是光明的;而单用"柳暗花明又一村"来形容后一阶段的顺利情景。1935 年 9 月 17 日,中央主力红军突破川陕之间的天险腊子口,越过岷山,进入甘南,长征最艰苦的阶段已经走完,因此毛泽东的心情更加乐观,所以说"柳暗花明又一村"了。他在《七律·长征》中的"更喜岷山千里雪,三军过后尽开颜",也是写的这种感受。

流水不腐,户枢不蠹

户枢,门和窗的转轴;蠹(dù),蛀虫,这里指蛀蚀。流动的水不会发臭,经常转动的门轴不会被蛀蚀。语出《吕氏春秋·尽数》:

> 流水不腐,户枢不蝼,动也。形气亦然,形不动则精不流,精不流则气郁。郁处头则为肿为风,处耳则为挶(jú)为聋,处目则为瞇(miè)为盲,处鼻则为鼽(qiú)为窒,处腹则为张为疛(zhǒu),处足则为痿为蹶。

这段话大意是说,流动的水不会腐烂发臭,转动的门轴不会生虫朽烂,这是由于不断运动的缘故。人的形体、精气也是这样。形体不活动,体内的精气就不运行;精气不运行,气就滞积。滞积在头部就造成肿病、风疾;滞积在耳部就造成重听、耳聋;滞积在眼部就造成眼病甚至眼瞎;滞积在鼻部就造成鼻塞不通甚至窒息;滞积在腹部就造成腹满腹胀;滞积在脚部就造成麻痹或寒痛。

1945 年 4 月 24 日,毛泽东在《论联合政府》一文中写道:

> 有无认真的自我批评,也是我们和其他政党互相区别的显著的标志之一。我们曾经说过,房子是应该经常打扫的,不打扫就会积满了灰尘;脸是应该经常洗的,不洗也就会灰尘满面。我们同志的思想,我们党的工作,也会沾染灰尘的,也应该打扫和洗涤。"流水不腐,户枢不蠹",是说它们在不停的运动中抵抗了微生物或其他生物的侵蚀。[①]

毛泽东在这里引用"流水不腐,户枢不蠹"这个有名的格言,并进行科学的阐释,用来说明我们党开展批评和自我批评的必要性和重要性。

六 十 而 耳 顺

耳顺,三国魏何晏集解引郑玄曰:"耳闻其言,而知其微旨。"邢昺疏:"顺,不逆也。耳闻其言则知其微旨而不逆也。"所以旧时以"耳顺"为六十的代称。语出《论语·为政》:

> 子曰:"吾十有五而志于学,三十而立,四十而不惑,五十而知天命,六十而耳顺"。

这几句话大意是,孔子说:"我十五岁立志学习(周礼),三十

---

① 《毛泽东选集》第三卷,人民出版社 1991 年版,第 1096 页。

岁就能按周礼办事,四十岁就能不被外界事物所迷惑,五十岁就懂得了天的意志和命令,六十岁就能正确对待各种言论,不觉得不顺。"

　　详见"七十而从心所欲,不逾矩"。

M

满 城 风 雨

原指整个城市都处在风雨交加的深秋景色之中。典出北宋惠洪《冷斋夜语》卷四：

> 潘（大临）答书曰："秋来景物，件件是佳句，恨为俗氛所蔽翳。昨日清卧，闻搅林风雨声，欣然起，题其壁曰：'满城风雨近重阳。'忽催租人至，遂败意。止此一句奉寄。"

北宋时期黄州有位诗人潘大临，字邠老，勤奋好学，家境贫寒，曾写过不少好诗。

有一年秋天，他的好友来信问他："最近有新诗吗？"潘大临回信说："秋天的景物，件件都可以写出好的诗句来。昨天我正靠在床铺上闭目养神，听着窗外吹打树林的风雨声，我起身在墙上写道：'满城风雨近重阳。'这时，催交租税的人忽然闯了进来，使我的诗兴一扫而光，无法再继续写下去了。现在我只有这一句寄给你。"

这是一个流传颇广的故事。尽管作者惠洪和尚嘲笑诗人潘大临迁阔,但也说明了创作氛围的重要性。文中的"满城风雨"一语,更被后人比喻某一事物传播很广,引起轰动效应,弄得到处议论纷纷。

1927年3月,毛泽东在《湖南农民运动考察报告》一文中写道:

> 农民在乡里造反,搅动了绅士们的酣梦。乡里消息传到城里来,城里的绅士立刻大哗。我初到长沙时,会到各方面的人,听到许多的街谈巷议。从中层以上社会至国民党右派,无不一言以蔽之曰:"糟得很。"即使是很革命的人吧,受了那班"糟得很"派的满城风雨的议论的压迫,他闭眼一想乡村的情况,也就气馁起来,没有法子否认这"糟"字。很进步的人也只是说:"这是革命过程中应有的事,虽则是糟。"总而言之,无论什么人都无法完全否认这"糟"字。①

毛泽东在文中引用"满城风雨"一语,批判地主豪绅、国民党右派以及右倾机会主义分子对农民运动的诽谤和污蔑。

盲人骑瞎马,夜半临深池

瞎子骑着瞎马,半夜里走到深潭边沿。比喻乱撞瞎碰,危险到了极点。语出南朝宋刘义庆《世说新语·排调》:

---

① 《毛泽东选集》第一卷,人民出版社1991年版,第15页。

桓南郡与殷荆州语次,因共作了语。顾恺之曰:"火烧平原无遗燎。"桓曰:"白布缠棺竖旒(liú)旐(zhào)。"殷曰:"投鱼深渊放飞鸟。"次复作危语。桓曰:"矛头淅米剑头炊。"殷曰:"百岁老翁攀枯枝。"顾曰:"井上辘轳卧婴儿。"殷有一参军在坐,云:"盲人骑瞎马,夜半临深池。"殷曰:"咄咄逼人!"仲堪眇目故也。

这段话大意是说,桓南郡(玄)同殷荆州(浩)谈话,于是讲事物一起终了的话语。顾恺之说:"烈火烧光了平原,没有剩余的火种。"桓南郡说:"用白布缠着棺材,竖起魂幡出丧。"殷荆州说:"把鱼投进深潭,把鸟放了让它飞。"接着又说事物处于危境的话语。桓南郡说:"在矛尖上淘米,在剑头上烧火做饭。"殷荆州说:"百岁老人攀爬干枯的树枝。"顾恺之说:"在井上的辘轳上睡着婴儿。"殷荆州有个参军也在座,说:"瞎子骑着马,半夜时分走到深水池子旁边。"殷荆州说:"出语侵害别人!"这是因为殷荆州瞎了一只眼的缘故。

1941年,毛泽东在《自由是必然的认识和世界的改造》一文中写道:

> 我们的老爷之所以是主观主义者,就是因为他们的一切革命图样,不论是大的和小的,总的和分的,都不根据于客观实际和不符合于客观实际。他们只有一个改造世界或改造中国或改造华北或改造城市的主观愿望,而没有一个像样的图样,他们的图样不是科学的,而是主观随意的,是一塌糊涂的。老爷们既然完全不认识这个世界,又妄欲改造这个世界,结果不但碰破了自己的脑壳,并引导一群人也

碰破了脑壳。老爷们对于中国革命这个必然性既然是瞎子，却妄欲充当人们的向导，真是所谓"盲人骑瞎马，夜半临深池"了。①

毛泽东在文中引用"盲人骑瞎马，夜半临深池"这一俗语，形容党内的主观主义者，不了解中国革命的实际，却在那里指手画脚地指导革命工作，是极其危险的。

民不畏死，奈何以死惧之

畏，惧怕；奈何，怎么，为什么。老百姓不怕死，怎么用死来吓唬他们呢？语出《老子》第七十四章：

> 老子曰：民不畏死，奈何以死惧之？若使民常畏死，而为奇者，吾得执而杀之，孰敢？常有司杀者杀。夫代司杀者杀，是谓代大匠斫。夫代大匠斫者，希有不伤其手者矣。

这段话大意是说，老百姓不怕死，为什么用死去威胁他们呢？假如使老百姓常怕死，对于为非作歹的人，我们就得抓来杀掉他们。谁还敢为非作歹？平常有专管杀人的机关才有权杀人，那些代替主管杀人的机关去杀人，就好像代替高明的木匠去砍木头，那代替高明的木匠砍木头的人，很少有不砍伤自己手指头的。

---

① 《毛泽东著作选读》下册，人民出版社1986年版，第486页。

1949 年 8 月 18 日,毛泽东在《别了,司徒雷登》一文中写道:

> 多少一点困难怕什么。封锁吧,封锁十年八年,中国的一切问题都解决了。中国人死都不怕,还怕困难吗?老子说过:"民不畏死,奈何以死惧之。"美帝国主义及其走狗蒋介石反动派,对于我们,不但"以死惧之",而且实行叫我们死。闻一多等人之外,还在过去的三年内,用美国的卡宾枪、机关枪、迫击炮、火箭炮、榴弹炮、坦克和飞机炸弹,杀死了数百万中国人。现在这种情况已近尾声了,他们打了败仗了,不是他们杀过来而是我们杀过去了,他们快要完蛋了。留给我们多少一点困难,封锁、失业、灾荒、通货膨胀、物价上升之类,确实是困难,但是比起过去三年来已经松了一口气了。过去三年的一关也闯过了,难道不能克服现在这点困难吗?没有美国就不能活命吗?[①]

当中国人民的革命事业即将取得胜利的时候,帝国主义妄图以封锁加剧中国革命的困难,毛泽东借用老子的这句话,警告帝国主义和反动派:中国人民为了取得彻底胜利,连死都不怕,还怕困难吗?中国人民的革命事业是一定要胜利的。

民 贵 君 轻

民众要比君王尊贵。语出《孟子·尽心下》:

---

① 《毛泽东选集》第四卷,人民出版社 1991 年版,第 1496 页。

> 孟子曰:"民为贵,社稷次之,君为轻。是故得乎丘民而为天子,得乎天子为诸侯,得乎诸侯为大夫。诸侯危社稷,则变置。牺牲既成,粢盛既絜,祭祀以时,然而旱干水溢,则变置社稷。"

这段话大意是,孟子说:"民众是最尊贵的,代表国家的谷神和土神其次,君王为最轻微。所以,当得到下民拥护的做天子,而得到天子欢心的才能做诸侯,得到诸侯欢心的才能做大夫。诸侯如违背了国家,危害地方,那就要改立。就如祭品丰盛,祭品洁净,祭祀按时举行,但仍然遭受旱灾水灾,那就改立土神谷神。"

1958年8月,毛泽东在修改陆定一的《教育必须与生产劳动相结合》一文时加写了一段话:

> 中国教育史有人民性的一面。孔子的有教无类,孟子的民贵君轻,荀子的人定胜天,屈原的批判君恶,司马迁的颂扬反抗,王充、范缜、柳宗元、张载、王夫之的古代唯物论,关汉卿、施耐庵、吴承恩、曹雪芹的民主文学,孙中山的民主革命,诸人情况不同,许多人并无教育专著,然而上举那些,不能不影响对人民的教育,谈中国教育史,应当提到他们。①

在这段话中,毛泽东把孟子的"民贵君轻"和孔子的"有教无类"、荀子的"人定胜天"等进步思想,相提并论,都提高到人民性的高度加以肯定,评价很高。

---

① 《毛泽东文集》第七卷,人民出版社1999年版,第398页。

明 哲 保 身

　　明哲，明智，深明事理。原指明智的人不参与可能危及自身的事；现用以形容不顾集体，只想保持个人利益，回避原则斗争的庸俗作风。语出《诗经·大雅·烝民》：

　　　　肃肃王命，仲山甫将之。邦国若否，仲山甫明之。既明且哲，以保其身。夙夜匪解，以事一人。

　　这几句诗是说，王命严肃不可抗，山甫执行很顺当。全国政事好和坏，山甫心里最亮堂。知识渊博又明理，保全节操永留芳。日夜工作不松懈，全心全意事周王。
　　《诗经·大雅·烝民》共八章，是西周名将尹吉甫为仲山甫写的颂歌。这是其中的一章，诗中"既明且哲，以保其身"，后世演变成"明哲保身"这一成语。
　　1937年9月7日，毛泽东在《反对自由主义》一文中指出：

　　　　事不关己，高高挂起；明知不对，少说为佳；明哲保身，但求无过。这是第三种。①

　　毛泽东在文中把"明哲保身"列为自由主义的十一种表现中的第三种，严厉地批评了那种只顾自己安危，不顾集体利益，斥

────────────

① 《毛泽东选集》第二卷，人民出版社1991年版，第359页。

斤计较个人得失,对不良现象不敢进行斗争的自由主义作风。

明足以察秋毫而不见舆薪

秋毫,鸟兽在秋天新长出的细毛,比喻细小的东西;舆薪,一车柴。能够敏锐地看见细小的事物,而看不见一车柴。语出《孟子·梁惠王上》:

> 齐宣王问曰:"齐桓、晋文之事,可得闻乎?"孟子对曰:"仲尼之徒,无道桓、文之事者,是以后世无传焉;臣未之闻也。无以,则王乎?"曰:"德何如,则可以王矣?"曰:"保民而王,莫之能御也。"
>
> 曰:"若寡人者,可以保民乎哉?"曰:"可。"曰:"何由知吾可也?"曰:"臣闻之胡龁曰,王坐于堂上,有牵牛而过堂下者,王见之,曰:'牛何之?'对曰:'将以衅钟。'王曰:'舍之!吾不忍其觳觫,若无罪而就死地。'对曰:'然则废衅钟与?'曰:'何可废也?以羊易之!'不识有诸?"
>
> 曰:"有之。"曰:"是心足以王矣!百姓皆以王为爱也,臣固知王之不忍也。"王曰:"然,诚有百姓者。齐国虽褊小,吾何爱一牛?即不忍其觳觫,若无罪而就死地,故以羊易之也。"曰:"王无异于百姓之以王为爱也。以小易大,彼恶知之?王若隐其无罪而就死地,则牛羊何择焉?"王笑曰:"是诚何心哉?我非爱其财而易之以羊也。宜乎百姓之谓我爱也。"曰:"无伤也,是乃仁术也!见牛未见羊也。君子之于禽兽也:见其生,不忍见其死;闻其声,不忍食其肉,是以君

子远庖厨也。”

王说曰：“《诗》云：‘他人有心，予忖度之。’夫子之谓也。夫我乃行之，反而求之，不得吾心。夫子言之，于我心有戚戚焉。此心之所以合于王者，何也?”曰：“有复于王者曰：‘吾力足以举百钧，而不足以举一羽；明足以察秋毫之末，而不见舆薪。’则王许之乎?”

曰：“否。”曰“今恩足以及禽兽，而功不至于百姓者，独何与? 然则一羽之不举，为不用力焉；舆薪之不见，为不用明焉；百姓之不见保，为不用恩焉。故王之不王，不为也，非不能也。”曰：“不为者与不能者之形，何以异?”曰：“挟太山以超北海，语人曰：‘我不能。’是诚不能也。为长者折枝，语人曰：‘我不能。’是不为也，非不能也。故王之不王，非挟太山以超北海之类也；王之不王，是折枝之类也。”

这段话大意是，齐宣王问道：“齐桓公、晋文公（称霸诸侯）的事情，可以讲给我听听吗?”孟子回答道：“孔子的门徒没有谈论齐桓公、晋文公事情的，因此后世没有传下来，我也就没有听说过。一定要我讲的话，那就谈谈用仁德统一天下的道理好吗?”宣王问：“仁德怎样就可以统一天下呢?”孟子回答道：“爱抚百姓而统一天下，就没有谁能阻挡得住他。”

宣王问：“像我这样的国君，可以做到爱抚百姓吗?”孟子说：“可以。”宣王问：“从哪里知道我可以呢?”孟子说：“我在胡龁那里听说过这样一件事：(有一次)大王坐在堂上，有个人牵着牛从堂下经过，大王见了，问：‘把牛牵到哪里去?’(那人)回答说：‘要用它祭钟。’大王说：‘放了它! 我不忍心看它惊惧哆嗦的样子，像这么毫无罪过就被拉去杀掉。’(那人)问：‘那么就不要祭钟了吗?'大王说:'怎么可以不要呢?用羊替代它!'不知是否有这件事?"

宣王说:"有这回事。"孟子说:"凭这样的心肠就足以统一天下啦!(用羊代牛祭钟)百姓都以为大王是出于吝啬,我本来就知道大王是不忍心啊。"宣王说:"是这样,确实有这样议论的百姓。齐国虽然狭小,我怎么吝惜一条牛呢? 就是因为不忍心看到它惊惧哆嗦的样子,毫无罪过就被拉去杀掉,所以才用羊去替代它的。"孟子说:"大王不要责怪百姓以为您吝啬。用小羊换下大牛,他们哪能理解您的做法?(因为)大王如果可怜牲畜无辜被杀,那么牛和羊有什么区别呢?"宣王笑着说:"这到底是一种什么样的心理呢? 我并非吝惜钱财而以羊换牛啊。也难怪百姓要说我吝啬了。"孟子说:"没什么关系,这正是仁德的表现方式呢!(因为当时您只)看到了牛而没有看到羊啊。君子对于禽兽:看到它们活蹦欢跳的,就不忍心看见它们死去;听到它们哀叫悲鸣,就不忍心再吃它们的肉。正因为这样,君子要把厨房安在离自己较远的地方。"

宣王高兴地说:"《诗》中说:'别人想什么,我能猜得出。'正像说的老先生啊。我做了这件事,反过来推求为什么这么做,自己心里也闹不明白。先生这番话,使我心里有点开窍了。这样的心理之所以符合王道,又是为什么呢?"孟子说:"假如有个人向大王禀告说:'我的力气足以举起三千斤的东西,却举不起一片羽毛;我的视力足以看清秋天野兽毫毛的尖端,却看不见一车子的柴禾。'大王会相信这话吗?"宣王说:"不会。"(孟子)说:"如今(大王的)恩惠足以施行到禽兽身上了,而功德却体现不到百姓身上,偏偏是什么原因呢? 显然,一片羽毛举不起来,是因为不肯用力气;一车的柴禾看不见,是因为不肯用目力;百姓不被您爱抚,是因为不肯施恩德啊!所以大王未能做到用仁德统一天下,是不去做,而不是不能做啊!"宣王问:"不去做和不能做的表现形式,凭什么去区别呢?"孟子说:"用胳膊挟着泰山跳越北海,对人说:'我办不到。'这是真的不能。给年长的人弯腰行礼,对人说:'我办不到。'这就是不去做,而不是不能做。所以,大王没有做到用仁德统一天下,不属于挟着泰山跳越北海一类;大王没有做到用仁德统一天下,这是属于为长者弯腰行礼一类。"

1939 年 9 月 24 日,毛泽东在《同美国记者斯诺的谈话》中写道:

> 中国早已有实际上的统一战线,在大多数人民的心中、口中、文字中、行动中,也已有了名义上的统一战线,这就是说,在大多数人的心中、口中、文字中、行动中,已有了名义上与实际上的统一战线。但是,在一小部分人中间,他们也许实际上承认了统一战线,而在名义上却是不愿承认的,在他们的口头上与文字上是没有什么统一战线的。我们从前对于这些人的这样一种态度,称之为阿 Q 主义,因为在鲁迅先生小说中所描写的那个阿 Q,就是天天说自己对、自己胜利,而人家则总是不对、总是失败的。在阿 Q 主义者看来,似乎是没有什么统一战线的。你不信,可以去看看鲁迅先生的《阿 Q 正传》。

> 中国有一小部分人,历来很愿意学习希特勒。大家知道,希特勒曾经有一个时期说过这样的话,他说:"苏联只是一个名称,世界上实际没有这个国家。"可是,希特勒也有因为受了教育而发生某种觉悟的时候,就是当着今年八月二十三日的那一天,他忽然发现不但名义上有了苏联,而且实

际上有了苏联了。中国的若干阿Q主义者中间,我想很有一些可能进步的人,如果说,他们现在还不承认有所谓统一战线甚至于有所谓共产党存在的话,那末,谁也不能排除,于将来的某年某月某日,他们也能在名义上、实际上都承认共产党与统一战线的存在。中国从前有一个圣人,叫做孟子,他曾说:"明足以察秋毫之末,而不见舆薪"。这句话,形容现在的阿Q主义者,是颇为适当的。①

毛泽东在和斯诺的谈话中,讲到当时的一部分阿Q主义者,对于已经形成的抗日民族统一战线,仍然顽固地采取不承认态度,甚至不承认共产党的存在。这种鸵鸟政策,毛泽东引用孟子"明足以察秋毫之末,而不见舆薪"加以批评,可谓一针见血。后来事情的发展证实了这一点。

① 《毛泽东文集》第二卷,人民出版社1993年版,第239—240页。

N

南 辕 北 辙

亦作"南其辕而北其辙"。辕,车辕子,车前头夹住牲口的两根长木;辙,车轮子碾的痕迹。本来要往南走而车子却向北行。典出《战国策·魏策四》：

> 魏王欲攻邯郸,季梁闻之,中道而返,衣焦不申,头尘不去,往见王曰："今者臣来,见人于大行,方北面而持其驾,告臣曰：'我欲之楚。'臣曰：'君之楚,将奚为北面?'曰：'吾马良。'曰：'马虽良,此非楚之路也。'曰：'吾用多。'臣曰：'用虽多,此非楚之路也。'曰：'吾御者善。'此数者愈善而离楚愈远耳。今王动欲成霸王,举欲信于天下。恃王国之大,兵之精锐,而攻邯郸,以广地尊名,王之动愈数,而离王愈远耳。犹至楚而北行也。"

这则寓言是说,魏国国君魏安釐王想出兵攻伐赵国。季梁听到这个消息,马上从半路上赶回来,衣服打皱,也来不及整一整,风尘满面,也来不及洗一洗,就赶去见魏王,说："我在太行山下遇到一个赶着车向北走的人,告诉我说:'我要去楚国。'我问他:'你要去楚国,为什么要向北呢?'他说:'我的马好。'我说:'你的马虽然好,但这不是去楚国的路啊!'他又说:'我的路费很充足。'我说:'你的路费虽然多,但这不是去楚国的路啊!'他又说:'给我驾车的人本领很高。'他不知道方向错了,赶路的条件越好,离楚国的距离就会越远。现在大王动不动就想称霸诸侯,办什么事都想取得天下的信任,依仗自己国家强大,军队精锐,而去攻打邯郸,想扩展地盘抬高声威,岂不知您这样的行动越多,距离统一天下为王的目标就越远。这正像要去楚国却向北走的行为一样啊!"

魏安釐王听了季梁讲的这则寓言故事,明白了一个重要的道理,便决心停止伐赵。以上史事,概括为成语"南其辕而北其辙",后来在流传过程中,逐渐简化为"南辕北辙",并引申出另一个成语"背道而驰",意义和"南辕北辙"相同。

1938年5月,毛泽东在《论持久战》一文中指出:

> 要胜利,就要坚持抗战,坚持统一战线,坚持持久战。然而一切这些,离不开动员老百姓。要胜利又忽视政治动员,叫做"南其辕而北其辙",结果必然取消了胜利。①

毛泽东在这里引用"南其辕而北其辙"这一成语,说明革命方向的重要性。当时的革命大方向是抗日,只有充分发动人民群众,进行一场人民战争,才能取得抗日战争的胜利。

---

① 《毛泽东选集》第二卷,人民出版社1991年版,第480—481页。

P

盘 古 开 天 地

盘古,我国古代神话中开天辟地首出创世的人。古代神话说,盘古氏开天辟地,以后才有世界。后用以表示有史以来,后比喻创立伟大事业。典出北宋李昉等《太平御览二·三国吴徐整〈三五历纪〉》:

> 天地混沌如鸡子,盘古生其中。万八千岁,开天辟地,阳清为天,阴浊为地,盘古在其中。一日九变,神于天,圣于地。天日高一丈,地日厚一丈,盘古日长一丈。如此万八千岁,天数极高,地数极厚,盘古极长。故天去地九万里。

这则神话大意是说,天地混沌如鸡蛋一样的时候,盘古就从其中生化了出来。当盘古活到一万八千岁的时候,第一件事情就是开天辟地,其使清轻者上升以为天,重浊者下沉以为地,而盘古在天地的中间。一日九变,盘古比天还玄妙,比地还聪明。天每天增高一丈,地每天增厚一丈,盘古每天增长一丈。就这样维持了一万八千年,所以天数极高,地数极厚,盘古极其长大。

因而天与地相距九万里。

1935 年 12 月 27 日,毛泽东在《论反对日本帝国主义的策略》一文中说:

> 讲到长征,请问有什么意义呢？我们说,长征是历史纪录上的第一次,长征是宣言书,长征是宣传队,长征是播种机。自盘古开天地,三皇五帝到于今,历史上曾经有过我们这样的长征吗?①

毛泽东在文中用"盘古开天地"这一则寓言,说明长征是我国历史纪录的第一次,是开天辟地的伟大事业。

---

① 《毛泽东选集》第一卷,人民出版社 1991 年版,第 149—150 页。

七十而从心所欲，不逾矩

逾，超越；矩，规矩，指周礼。人到了七十岁就想怎么做就怎么做，而不超越周礼的规范。语出《论语·为政》：

> 子曰："吾十有五而志于学，三十而立，四十而不惑，五十而知天命，六十而耳顺，七十而从心所欲，不逾矩。"

这段话大意是，孔子说："我十五岁立志于学习，三十岁能够自立，四十岁能不被外界事物所迷惑，五十岁懂得了天命，六十岁能正确对待各种言论，不觉得不顺，七十岁能随心所欲的做事，而不越出规矩。"

在这里，孔子自述了他学习和修养的过程。这一过程，是一个随着年龄的增长，思想境界逐步提高的过程。就思想境界来讲，可分为三个阶段：十五岁到四十岁是学习领会的阶段；五十、六十岁是安身立命的阶段，也就是不受环境左右的阶段；七十岁是主观意识和做人的规则融合为一的阶段。

1956 年 11 月 15 日，毛泽东在《在中国共产党第八届中央委员会第二次全体会议上的讲话》中说：

> 青年要犯错误，老年就不犯错误呀？孔夫子说，他七十岁干什么都合乎客观规律了，我就不相信，那是吹牛皮。[1]

同年 12 月 5 日，毛泽东在中南海接见毛远耀、毛远翔兄弟。毛泽东在谈话中回忆着童年的生活和故乡的往事，又谈了不少国内外大事。最后，毛泽东说：

> 孔子说，七十不逾矩。我说，不一定。因为人的经验总是不足的。孔子又说，三十而立，我说，也靠不住。三十几岁还吊儿郎当。缺乏帮助人的思想，是不正派的人，别人犯了错误，你去幸灾乐祸，这就是宗派。倒是没犯过错误的人，容易犯错误，因为他的尾巴翘得太高了。[2]

孔子总结自己的人生经验，是有真知灼见的。因此他的这些话流传下来，并被广泛地应用着。但他的话未免说得有些绝对，而且这只是他自己的经验，不一定适合每一个人的情况。

毛泽东在中共八大二次会议的讲话中，讲到了青年人犯错误，老年人也会犯错误，批评孔子说的"他七十岁干什么都合乎

---

[1] 黄丽镛：《毛泽东读古书实录》，上海人民出版社 1994 年版，第 228 页。

[2] 赵志超：《毛泽东和他的父老乡亲》，湖南文艺出版社 1992 年版，第 266 页。

规律了"，"是吹牛皮"；在和毛远耀兄弟的谈话中，他还批评了孔子说的三十而立"靠不住"，因为"三十几岁还吊儿郎当"，这大概是对这两兄弟的宽慰和勉励。

奇文共欣赏，疑义相与析

奇妙的文章共同欣赏，疑难的文义一同剖析。典出东晋陶渊明《移居二首》之一：

> 昔欲居南村，非为卜其宅。闻多素心人，乐与数晨夕。
> 怀此颇有年，今日从兹役。弊庐何必广，取足蔽床席。
> 邻曲时时来，抗言谈在昔。奇文共欣赏，疑义相与析。

这首诗译成现代汉语是这样的：

从前想移到南村居住，不是为了卜占住宅的凶吉。听说南村有许多心地素朴的人，我乐意与他们共处朝夕。向往此事已有多个年头，如今搬迁才称心如意。破旧的房屋何必广大，只要能遮蔽住床席。邻居们常常来造访，高谈阔论那过往的事迹。奇妙的文章共同欣赏，疑难的文义共同剖析。

陶渊明（365 或 372 或 376—427），字元亮，一说名潜，字渊明，东晋浔阳柴桑（今江西九江）人，我国古代伟大的现实主义诗人。有诗文 130 余篇。清陶澍注《靖节先生集》是较好的注本。

陶渊明原居柴桑县的柴桑里，因遭火灾，移居南里的南村。《移居二首》就是移居后不久的作品。

这是第一首，写迁居南村后邻里交往过从之乐。"奇文共欣赏"二句,出色地描写了诗人的高尚意趣和切磋求知的形象,成为后来知识分子以文会友的箴言,是传世的警句。

1975年3月22日,中国人民解放军军事科学院院长贺诚的女儿贺礼荣给中共中央副主席、国务院副总理邓小平写信,要求给他的父亲分配工作。5月17日,毛泽东在中央军委一九七五年五月十六日建议贺诚任总后勤部副部长的请示报告及其附件上批示道:

> 奇文共欣赏,疑义相与析。
>
> 贺诚无罪,当然应予分配工作。过去一切诬蔑不实之词,应予推倒。①

毛泽东在这里引用"奇文共欣赏,疑义相与析",指对贺诚的"污蔑不实之词",风趣幽默;"应予推倒",平反坚决,表现了他对受迫害干部的关怀和同情。

杞 人 忧 天

杞,周朝初年分封的一个诸侯国,在今河南杞县一带。杞国有个人担心天要塌下来,比喻无根据或不必要的忧虑。典出《列子·天瑞》:

---

① 《建国以来毛泽东文稿》第十三册,中央文献出版社1998年版,第432页。

杞国有人，忧天地崩坠，身亡（wú）所寄，废寝食者。又有忧彼之所忧者，因往晓之曰："天，积气耳，亡处亡气。若屈伸呼吸，终日在天中行止，奈何忧崩坠乎？"

其人曰："天果积气，日月星宿（xiù）不当坠耶？"晓之者曰："日月星宿亦积气中之有光耀者；只使坠，亦不能有所中伤。"

其人曰："奈地坏何？"晓者曰："地积块耳，充塞四虚，亡处亡块。若躇（chú）步跐（cǐ）蹈，终日在地上行止，奈何忧其坏？"

其人舍然大喜，晓之者亦舍然大喜。

这则寓言故事大意是说，杞国有一个人，害怕天塌地陷，自己无处存身，急得睡不着觉，也吃不下饭。又有个人替他忧虑担心，便去开导他说："天不过是积聚起来的气体，没有什么地方没有气体。你的一俯一仰，一呼一吸，整天在天空气体里面活动，为什么还担心它会塌下来呢？"

这个人说："天如果真是气体，那么，日月星辰不是都要掉下来吗？"去开导他的那个人说："日月星辰也不过是气体中会发光的罢了；即使掉下来，对人也不会有什么损伤。"

这人又说："那地坏了又怎么办呢？"那人说："大地是土块积成的，土块塞满了四方，没有什么地方没有土块。不管你走着站着，整天都在地上活动，为什么还担心地会崩坏呢？"

这个人听了，立刻消除了忧虑，十分高兴；那个人因为解除了这个杞人的担心，也十分高兴。

《列子》，相传是战国时期郑国人列御寇所作，原书早已散佚。今本《列子》，共8篇，大约是晋人搜集先秦诸子及其他杂书拼凑而成。可能还有一部分原书的残余,其中保存了大量的寓言故事和神话传说。《杞人忧天》就是其中最有名的一个。这则寓言嘲笑了那种整天怀着根本不必要的担心和无穷的忧虑的庸人。

1962 年 1 月 14 日,毛泽东在会见一个兄弟国家政府访华代表团时说:

> 有斗争,斗争是有困难的。有一件事是肯定的,天是塌不下来的。过去河南有个小国叫杞国,那里的人怕天塌下来,杞人忧天,不该怕的他也怕。①

毛泽东借"杞人忧天"这个寓言故事,说明国际共运出现的一些问题,担心是多余的,就像"杞人忧天"一样。

黔 驴 之 技

又作"黔驴技穷"。黔,今贵州一带。黔地的驴子本领有限。比喻拙劣的伎俩而本领有限。典出唐柳宗元《三戒·黔之驴》。原文如下:

> 黔无驴,有好事者船载以入。至则无可用,放之山下。虎见之,庞然大物也,以为神,蔽林间窥之。稍出近之,慭(yìn)慭然,莫相知。

---

① 陈晋:《毛泽东之魂》,吉林人民出版社 1993 年版,第 216 页。

他日，驴一鸣，虎大骇，远遁；以为且噬已也，甚恐。然往来视之，觉无异能者；益习其声，又近出前后，终不敢搏。稍近，益狎，荡倚冲冒。驴不胜怒，蹄之。虎因喜，计之曰："技止此耳！"因跳踉（liáng）大㘎（hǎn），断其喉，尽其肉，乃去。

这则寓言是说，黔这个地方原本没有驴子，有个喜好多事的人用船运去了一头。运到后却没有什么用处，便把它放置在山下。老虎见到它，（一看）（原来）是个巨大的动物，把它当作神奇的东西，于是隐藏在树林中偷偷看它。老虎渐渐地走出来接近它，十分小心谨慎，不知道它是什么东西。

有一天，驴子一声长鸣，老虎非常害怕，远远地逃走；认为驴子将要咬自己，非常恐惧。然而老虎来来往往地观察它，觉得驴子好像没有什么特殊的本领似的；渐渐地习惯了它的叫声，又靠近它前前后后地走动；但老虎始终不敢和驴子搏击。慢慢地，老虎又靠近了驴子，碰擦倚靠、冲撞冒犯它。驴非常愤怒，用蹄子踢老虎。老虎因此而欣喜，心想："（驴子的）本领只不过如此罢了！"于是跳跃起来，大声吼叫，咬断驴的喉咙，吃完了它的肉，才离去。

1942 年 9 月 7 日，毛泽东在《一个极其重要的政策》一文写道：

柳宗元曾经描写过的"黔驴之技"，也是一个很好的教训。一个庞然大物的驴子跑进贵州去了，贵州的小老虎见了很有些害怕。但到后来，大驴子还是被小老虎吃掉了。我们八路军新四军是孙行者和小老虎，是很有办法对付这个日本妖精或日本驴子的。①

———————

① 《毛泽东选集》第三卷，人民出版社 1991 年版，第 883 页。

柳宗元（773—819），字子厚，河东解（今山西运城西南解州镇）人，唐代文学家、思想家。有《柳河东集》。

《黔之驴》是一则富于哲理意味的寓言故事。作者用以比喻那些恃宠骄傲而又无真才实学的官僚，劝人们要有自知之明。毛泽东在《一个极其重要的政策》中运用这个典故，把驴子比作貌似强大的日本帝国主义，把老虎比作八路军和新四军等革命力量，并说要实行精兵简政，以利于对付敌人。

茕茕孑立，形影相吊

茕（qióng）茕，孤独的样子；孑（jié），孤单；吊，安慰，怜悯。孤孤单单只有自己的身体和影子互相安慰，形容无依无靠，非常孤独。典出西晋李密《陈情表》：

> 臣以险衅，夙遭闵凶。生孩六月，慈父见背；行年四岁，舅夺母志。祖母刘愍臣孤弱，躬亲抚养。臣少多疾病，九岁不行，零丁孤苦，至于成立。既无叔伯，终鲜兄弟。门衰祚薄，晚有儿息。外无期功强近之亲，内无应门五尺之僮。茕茕孑立，形影相吊。而刘夙婴疾病，常在床蓐。臣侍汤药，未曾废离。

这段话大意是说，我因为命运不好，幼年时就遭到不幸。生下来只有六个月，父亲就去世了；长到四岁的时候，舅父强迫我的母亲改嫁。祖母刘氏怜惜我孤单弱小，亲自加以抚养。我小时候经常生病，九岁还不能走路，孤独无靠，直到长大成人。既没有叔叔伯伯,也没有哥哥弟弟,门庭衰微没有福泽,很晚才得到儿子。外面没有比较亲近的亲戚,家里没有照管门户的僮仆。孤单无靠地独立生活,只有和自己的影子相互作伴。而祖母刘氏很早就为疾病所纠缠,经常卧病在床,我侍奉饮食医药,从来没有离开过她。

李密(224—287),密又作"宓",字令伯,西晋犍为武阳(今四川彭山东)人。少师事谯周,以文学著称。后仕蜀汉为尚书郎。蜀汉亡后,晋武帝征为太子洗马,他写了这篇《陈情表》,以祖母老病,无人奉养为由,辞不就任。祖母死后才就任官汉中太守。不久,因怀怨免官,卒于家。他这篇《陈情表》写的凄婉情深,十分动人。"茕茕孑立,形影相吊"用以形容自己从小孤苦伶仃,无依无靠。

1949年8月18日,毛泽东在《别了,司徒雷登》一文中写道:

> 人民解放军横渡长江,南京的美国殖民政府如鸟兽散。司徒雷登大使老爷却坐着不动,睁起眼睛看着,希望开设新店,捞一把。司徒雷登看见了什么呢?除了看见人民解放军一队一队地走过,工人、农民、学生一群一群地起来之外,他还看见了一种现象,就是中国的自由主义者或民主个人主义者们也大群地和工农兵学生等人一道喊口号,讲革命。总之是没有人去理他,使得他"茕茕孑立,形影相吊",没有什么事做了,只好挟起皮包走路。①

司徒雷登(1876—1962),美国人,生于中国杭州。1905年

---

① 《毛泽东选集》第四卷,人民出版社1991年版,第1496页。

开始在中国传教,1919 年起任美国在中国兴办的燕京大学的校长。1946 年 7 月 11 日,出任美国驻中国大使,积极支持国民党反动政府进行反人民内战。1949 年 4 月南京解放后,司徒雷登留在南京观望。同年 8 月 2 日,由于美帝国主义阻挠中国人民革命胜利的一切努力都已彻底失败,司徒雷登不得不悄然离开中国。

毛泽东在这篇文章中引用"茕茕孑立,形影相吊"一语,用来形容南京解放以后,美国大使空前孤立的情况,十分准确、生动。

取 而 代 之

之,指示代词,他。夺取他的地位、权利而代替他。语出西汉司马迁《史记·项羽本纪》:

> 项籍者,下相人也,字羽。初起时,年二十四。其季父项梁。梁父即楚将项燕,为秦将王翦所戮者也。项氏世世为楚将;封于项,故姓项氏。
>
> 项籍少时,学书不成,去学剑,又不成。项梁怒之。籍曰:"书足以记名姓而已。剑一人敌,不足学,学万人敌。"于是项梁乃教籍兵法,籍大喜,略知其意,又不肯竟学。
>
> 项梁尝有栎阳逮,乃请蕲狱掾曹咎书抵栎阳狱掾司马欣,以故事得已。项梁杀人,与籍避仇于吴中,吴中贤士大夫皆出项梁下。每吴中有大徭役及丧,项梁常为主办,阴以兵法部勒宾客及子弟,以是知其能。
>
> 秦始皇帝游会稽,渡浙江,梁与籍俱观。籍曰:"彼可

取而代也!"梁掩其口,曰:"毋妄言,族矣!"梁以此奇籍。
籍长八尺余,力能扛鼎,才气过人,虽吴中子弟,皆已惮
籍矣。

这段话大意是说,项籍是下相(今江苏宿迁西南)人,字羽。
当初起义的时候,年方二十四岁。他的叔父是项梁。项梁的父
亲是楚国的大将项燕,就是被秦将王翦围困逼迫下自杀的。项
氏世世代代做楚国的大将,被封在项(今河南项城)地,所以
姓项。

项籍小时候,曾读书识字,没有学成;又去学习剑术,也没有
学成。项梁很生他的气。项籍却说:"读书,能够用来记姓名就
行了;剑术,也只能敌一个人,不值得学。我要学习能敌万人的
本事。"于是项梁就教项籍兵法,项籍非常高兴;可是刚刚懂得了
一点儿兵法的大意,又不肯学到底了。

项梁曾经因罪案受牵连,被栎阳县逮捕入狱,他就请蕲县狱
掾曹咎给栎阳典狱官司马欣写信说情,事情才得以了结。后来
项梁又杀了人,为躲避仇人,他和项籍一起逃到吴中郡。吴中郡
有才能的士大夫,本事都比不上项梁。每当吴中郡有大规模的
徭役或大的丧葬事宜时,项梁经常做主办人,并暗中用兵法部署
组织宾客和青年,借此来了解他们的才能。

秦始皇游览会稽郡渡浙江时,项梁和项籍一块儿去观看。
项籍说:"那个人,我可以取代他!"项梁急忙捂住他的嘴,说:"不
要胡说,要满门抄斩的!"项梁从此很看重项籍。项籍身高八尺
多,力气能够举起大鼎,才气过人。虽然是吴中弟子,都已敬畏
项羽了。

1949 年 6 月 30 日,毛泽东在《论人民民主专政》一文中

写道：

　　"你们太刺激了。"我们讲的是对付国内外反动派即帝
国主义者及其走狗们，不是讲对付任何别的人。对于这些
人，并不发生刺激与否的问题，刺激也是那样，不刺激也是
那样，因为他们是反动派。划清反动派和革命派的界限，揭
露反动派的阴谋诡计，引起革命派内部的警觉和注意，长自
己的志气，灭敌人的威风，才能孤立反动派，战而胜之，或取
而代之。①

　　当秦始皇东游渡钱塘江时，围观的项羽看到他威风凛凛，不
可一世的样子，竟脱口而出："彼可取而代之也。"出语惊人，表现
出项羽的性格和抱负。后来浓缩成"取而代之"的成语，广泛
应用。

　　毛泽东在文中引用"取而代之"的成语，表明了我们坚决推
翻官僚资产阶级和地主阶级专政的政权，并用以工农联盟为基
础的人民民主专政代替它。

---

　　① 《毛泽东选集》第四卷，人民出版社 1991 年版，第 1473 页。

R

人非圣贤，孰能无过

圣贤，圣人和贤人，旧称智慧超群、才能出众的人；孰，谁。语出清汤彬《汤子遗书》卷一。意思是：人又不是圣人和贤人，谁能没有过错呢。表现这种意思的话最早见于春秋鲁国左丘明《左传·宣公二年》：

晋灵公不君：厚敛以雕墙；从台上弹人，而观其辟丸也；宰夫胹熊蹯不熟，杀之，置诸畚，使妇人载以过朝。赵盾、士季见其手，问其故，而患之。将谏，士季曰："谏而不入，则莫之继也。会请先，不入，则子继之。"三进，及溜，而后视之，曰："吾知所过矣，将改之。"稽首而对曰："人谁无过？过而能改，善莫大焉。《诗》曰：'靡不有初，鲜克有终。'夫如是，则能补过者鲜矣。君能有终，则社稷之固也，岂惟群臣赖之。又曰：'衮职有阙，惟仲山甫补之。'能补过也。君能补过，衮不废矣。"

这段话大意是说，晋灵公不遵守做国君的规则，大量征收赋税来满足奢侈的生活。他从高台上用弹弓射行人,观看他们躲避弹丸的样子。厨师没有把熊掌炖烂,他就把厨师杀了,放在筐里,让宫女们用头顶着经过朝堂。大臣赵盾和士季看见露出的死人手,便询问厨师被杀的原因,并为晋灵公的无道而忧虑。他们打算规劝晋灵公,士季(对赵盾)说:"如果您去进谏而国君不听,那就没有人能接着进谏了。让我先去规劝,他不接受,您就接着去劝。"士季去见晋灵公时往前走了三次,到了屋檐下,晋灵公才抬头看他,并说:"我已经知道自己的过错了,打算改正。"士季叩头回答说:"哪个人能不犯错误呢,犯了错误能够改正,没有比这是更大的好事了。《诗·大雅·荡》说:'事情容易有好开端,但很难有个好结局。'如果这样,那么,弥补过失的人就太少了。您如能始终坚持向善,那么国家就有了保障,而不止是臣子们有了依靠。《诗·大雅·烝民》又说:'天子有了过失,只有仲山甫来弥补。'这是说周宣王能补救过失。国君能够弥补过失,君位就不会失去了。"

左丘明,鲁国人,春秋时史学家。或谓与孔子同时,或在其前。传曾任鲁国太史。据《春秋》作《左传》,又传《国语》亦出其手。

《左传》,旧传春秋时鲁国人左丘明撰。编年体春秋史。亦称《左氏春秋》、《春秋左传》。记载从鲁隐公元年(前722)至悼公四年(前464)的史事,对于东周王朝及各诸侯国的兴亡以及奴隶主贵族的没落都有记载,还保存了一些夏、商、周的一些事迹和传说。文字优美,记述委曲详明,刻画人物细致生动,是我国最早的史学和文学名著。

1957年7月8日,毛泽东在对上海各界人士的讲话中说:

我们每一个同志，都有一点毛病，那有没有毛病的呢？"人非圣贤，孰能无过"，总要讲错一点话，办错一点事，就是什么官僚主义之类。这些东西往往是不自觉的。①

毛泽东在讲话中引用此语，意在说明不犯错误的人是没有的，错误力求犯得少些，犯了错误则力求迅速、彻底地改正。错误一经改正，也就变成正确的了。

人 定 胜 天

人定，人谋，人的主观努力；天，泛指自然界。人的力量可以战胜自然。语出西汉司马迁《史记·伍子胥传》：

人众者胜天。

《逸周书·文传》：

兵强胜人，人强胜天。能制其有者，则能制人之有。

南宋刘过《龙洲集·襄阳歌》：

人定兮胜天，半壁久无胡日月。

---

① 黄丽镛：《毛泽东读古书实录》，人民出版社 2012 年版，第195页。

金刘祁《归潜志》十二：

> 人定亦能胜天。

1936 年，毛泽东在《辩证唯物论教程》一书的批注中说：

> 生产力与生产关系的矛盾即社会内部的矛盾，给予决定的影响于社会与自然的矛盾，即所谓人定胜天。从有劳动工具之产生以来，就是如此的。[①]

毛泽东在读到该书讲解资本社会的发展中，"主要的东西、决定的东西，是生产力和资本主义生产关系的矛盾"时，批注了上面一些话，强调了人的因素的重要作用。

人 浮 于 事

浮，超越。指人员过多，超过实际工作的需要。语出《礼记·坊记》：

> 故君子与其使食浮于人，宁使人浮于食。

郑玄注："食，谓禄也。在上曰浮。禄胜己则近浮，己胜禄则近廉。"原谓人的职位高过所得俸禄的等级，即廉以自守之意。

[①] 《毛泽东哲学批注集》，中央文献出版社 1988 年版，第 105—106 页。

后多用人浮于事指人员过多或人多事少。

1961 年 6 月 22 日,毛泽东在《致邓小平》的信中写道：

> 另外工人减二千万,人民公社三级人员已有规定,如能坚决妥善实行,则一个人浮于事的严重问题就可以解决了。①

毛泽东这封信是谈精简机构的,从中央、省、地、县,一直到人民公社,都有精简指标,中心是解决人浮于事、"减少官僚主义,提高工作效率"的问题,至今仍有现实意义。

人之患在好为人师

患,毛病。人的毛病在于喜欢做别人的老师。指为人不谦虚,出言不恭敬,摆出一副教训别人的面孔,或夸夸其谈,好当教师爷。语出《孟子·离娄上》：

> 孟子曰："人之患在好为人师。"

这句话大意是,孟子说："人的毛病在于喜欢做别人的老师。"

孟子一语道破古今文人通病。毛病就在于资格不够而"好"为人师,所以,真正有真才实学的为人师表不在此列。这是我们

---

① 《毛泽东书信选集》,人民出版社 1983 年版,第 583 页。

应当加以区分的。不然的话，谁还敢加入教师的队伍，去做"人类灵魂的工程师"呢？

1940年1月，毛泽东在《新民主主义论》一文写道：

> 对于全国先进的文化工作者，我们的东西，只当作引玉之砖，千虑之一得，希望共同讨论，得出正确结论，来适应我们民族的需要。科学的态度是"实事求是"，"自以为是"和"好为人师"那样狂妄的态度是决不能解决问题的。我们民族的灾难深重极了，惟有科学的态度和负责的精神，能够引导我们民族到解放之路。真理只有一个，而究竟谁发现了真理，不依靠主观的夸张，而依靠客观的实践。只有千百万人民的革命实践，才是检验真理的尺度。我想，这可以算作《中国文化》出版的态度。①

毛泽东在文中引用此语，说明为人不谦虚，狂妄自大，好做别人的老师，对事物不实事求是，是不能解决中国文化的发展问题的。

人而无信，不知其可

信，信誉。人如果不讲信誉，真不知道那怎么可以。指人不讲信誉是不行的。语出《论语·为政》：

---

① 《毛泽东选集》第二卷，人民出版社1991年版，第662—663页。

> 子曰："人而无信,不知其可也。"

这两句话大意是,孔子说:"一个人如果不讲信用,那是根本不可以的。"

1936 年 12 月 28 日,毛泽东在《关于蒋介石声明的声明》一文中写道:

> 蒋氏已因接受西安条件而恢复自由了。今后的问题是蒋氏是否不打折扣地实行他自己"言必信,行必果"的诺言,将全部救亡条件切实兑现。全国人民将不容许蒋氏再有任何游移和打折扣的余地。蒋氏如欲在抗日问题上徘徊,推迟其诺言的实践,则全国人民的革命浪潮势将席卷蒋氏以去。语曰:"人而无信,不知其可。"蒋氏及其一派必须深切注意。①

这是在西安事变和平解决之后毛泽东发表的声明中的几句话,目的在于敦促蒋介石放弃向解放区的进攻,团结一致抗日。

人固有一死,或轻如鸿毛,或重于泰山

人本来就有一死,有的人死得很有意义,比泰山还重,有的人死得毫无价值,比鸿毛还轻。语出西汉司马迁《报任少卿书》:

---

① 《毛泽东选集》第一卷,人民出版社 1991 年版,第 247 页。

仆之先人，非有剖符丹书之功，文史星历，近乎卜祝之间，固主上所戏弄，倡优畜之，流俗之所轻也。假令仆伏法受诛，若九牛亡一毛，与蝼蚁何异？而世又不与能死节者比，特以为智穷罪极，不能自免，卒就死耳。何也？素所自树立使然。人固有一死，死有重于泰山，或轻于鸿毛，用之所趋异也。

这段话大意是说，我的祖先，也没有什么功臣能获得御赐的丹书铁券，掌管文史、星象和历法的史官，其地位也就在巫师、卜祝之间吧，本来就是供帝王逗个乐的，帝王养一个史官，就好比养个把妓女戏子，所以一般人也不把史官放在眼里。在这种情况下，我如果接受死刑的处罚，不过是九牛掉一毛的事，我死了，与死掉一只蚂蚁又有什么不同呢？世俗的人当然不会把我看作为尊严而死的人，他们会认为这个人真蠢，居然犯下这样不可饶恕的死罪！我如果选择死，结果不就是这样吗？还能怎样呢？我这毫无建树的一生在人家看来，死了也就死了！人都会死，有的人死了，他的人格却能像泰山那样重，而有的人的死，就好像一根羽毛那样轻，那是因为他们的活法不一样。

1944年9月8日，毛泽东在《为人民服务》一文中写道：

人总是要死的，但死的意义有不同。中国古时候有个文学家叫做司马迁的说过："人固有一死，或重于泰山，或轻于鸿毛。"为人民利益而死，就比泰山还重；替法西斯卖力，替剥削人民和压迫人民的人去死，就比鸿毛还轻。张思德同志是为人民利益而死的,他的死是比泰山还要重的。[1]

人的世界观、价值观、生死观是紧密相连的,各类人物有所不同,古今中外,概莫能外。大体来说,可分两类。一类人是为国、为民、为他人,可以"杀身成仁","舍生取义","毫不利己,专门利人",他们的死就是重于泰山。毛泽东在文中引用司马迁关于人死的意义不同的议论,赞扬张思德"为人民利益而死"重于泰山。另一类人则相反,他们是专门利己,毫不利人,甚至损人利己,他们的信条是"人不为己,天诛地灭",这是一切腐朽阶级的生死观,他们的死,在无产阶级看来就是轻如鸿毛。在当今人们的世界观、价值观、生死观错位或者说缺失的情况下,毛泽东的话很有意义。

人 莫 予 毒

莫,没有;予,我;毒,侵害。没有谁能威胁和危害我,即谁也不能把我怎么样。语出春秋鲁国左丘明《左传·僖公二十八年》:

晋侯闻之,而后喜可知也,曰:"莫予毒也已。"

春秋时晋楚两国城濮之战,楚国统帅子玉因战败自杀,晋文公听到这个消息,说了"莫予毒也已"这句话。因为当时是晋楚争霸,楚国被晋国打败,战后不久,晋国就成为霸主。

---

[1] 《毛泽东选集》第三卷,人民出版社 1991 年版,第 1004 页。

1939 年 6 月 30 日，毛泽东在《反对投降活动》一文中写道：

> 投降派的投降阴谋和分裂阴谋即使一时得势，最后也必被人民揭穿而受到制裁。中华民族的历史任务是团结抗战以求解放，投降派欲反其道而行之，无论他们如何得势，如何兴高采烈，以为天下"莫予毒也"，然而他们的命运是最后一定要受到全国人民的制裁的。①

1940 年 1 月，毛泽东在《新民主主义论》一文中也用了这一成语：

> 中国有一句老话："有饭大家吃。"这是很有道理的。既然有敌大家打，就应该有饭大家吃，有事大家做，有书大家读。那种"一人独吞"、"人莫予毒"的派头，不过是封建主的老戏法，拿到二十世纪四十年代来，到底是行不通的。②

毛泽东在文章中运用"人莫予毒"一语，批判蒋介石为首的国民党反动派的独裁政治。

人 亡 政 息

息，停止。原意是为政在于得人，得其人则政行，不得其人

---

①、② 《毛泽东选集》第二卷，人民出版社 1991 年版，第 573、683 页。

则政废。后来以"亡"作死亡解,指某一执政者死了,他生前所施行的政治措施便随之废弃。语出《礼记·中庸》:

> 哀公问政。子曰:"文武之政,布在方策。其人存,则其政举;其人亡,则其政息。"

这几句话是说,鲁哀公问怎样治理国家。孔子说:"周文王和周武王的政令,都布列在典籍上。他们健在的时候,其政治效验就显著;他们死了,他们制定的政治措施也就废弃了。"

1945年7月1日至4日,褚辅成、黄炎培、冷遹、傅斯年、左舜生、章伯钧等六位国民参政员飞抵延安访问。在几天的交谈中,有一次,毛泽东问黄炎培的感想怎么样?黄炎培说:我生六十多年,耳闻的不说,所亲眼看到的,真所谓"其兴也浡焉","其亡也忽焉",一人,一家,一团体,一地方,乃至一国,不少单位都没有能跳出这周期律的支配力。一部历史,"政怠宦成"的也有,"人亡政息"的也有,"求荣取辱"的也有,总之没有能跳出这周期律。中共诸君从过去到现在,我略略了解的了,就是希望找出一条新路,来跳出这周期律的支配。毛泽东说:

> 我们已经找到新路,我们能跳出这周期律。这条新路,就是民主。只有让人民来监督政府,政府才不敢松懈。只有人人起来负责,才不会人亡政息。①

---

① 《毛泽东年谱(1893—1949)》中卷,人民出版社、中央文献出版社1993年版,第609—610页。

毛泽东在和民主人士黄炎培的谈话中,针对近百年来从晚清到民国各军阀政权兴灭的周期律,指出中国共产党已经找到一条新路,这就是"民主"。让人民监督政府,政府不懈怠,不腐化,才不会人亡政息。

人世难逢开口笑

开口笑,指极其愉快。人生在世难得碰到极其愉快的事情。语出唐杜牧《九日齐山登高》:

> 江含秋影雁初飞,与客携壶上翠微。
> 尘世难逢开口笑,菊花须插满头归。
> 但将酩酊酬佳节,不用登临恨落晖。
> 古往今来只如此,牛山何必独沾衣。

杜牧(803—853),字牧之,京兆万年(今陕西西安)人,唐文学家。有《樊川文集》。

杜牧的这首纪游诗,写于唐武宗会昌五年(845)诗人任池州刺史时。重阳佳节,诗人和朋友带着酒,登上池州城东南的齐山有感而发。诗中"尘世难逢开口笑",写他面对秋天的山光水色,脸上露出了难得的笑容。

1963年春,毛泽东在《贺新郎·读史》词写道:

> 人猿相揖别。只几个石头磨过,小儿时节。铜铁炉中翻火焰,为问何时猜得?不过几千寒热。人世难逢开口笑,

上疆场彼此弯弓月。流遍了,郊原血。　　一篇读罢头飞雪,但记得斑斑点点,几行陈迹。五帝三皇神圣事,骗了无涯过客。有多少风流人物?盗跖庄屩[按:应作蹻]流誉后,更陈王奋起挥黄钺。歌未竟,东方白。①

　　毛泽东在这首宏观地评论历史的词中,援引杜牧"尘世难逢开口笑",并将"尘世"改为"人世",来写个人感受,用以概括人类过去的历史充满了各种苦难和战争,可谓点铁成金了。

人贵有自知之明

　　明,明察事物的能力。人最可宝贵的是能够客观地认识、评介自己。

　　参见"峣峣者易折,皦皦者易污"。

人 云 亦 云

　　云,说;亦,也。人家怎么说,自己也跟着怎么说。形容没有主见,随声附和别人。语出金蔡松年《槽声同彦高赋》:

　　　槽床过竹春泉句,他日人云我亦云。

---

① 《毛泽东诗词集》,中央文献出版社1995年版,第145—146页。

1958 年 11 月，毛泽东在《记者头脑要冷静》一文中说：

> 记者的头脑要冷静，要独立思考，不要人云亦云。这种思想方法，首先是各新华分社和人民日报的记者、北京的编辑部要有。不要人家讲什么，就宣传什么，要经过考虑。①

当时正值"大跃进"的高潮，毛泽东的这些话是针对记者不深入调查研究，不加分析跟风跑的情况而讲的。

日薄西山，气息奄奄，人命危浅，朝不虑夕

薄，迫近；浅，指时间短。太阳靠近西山，将要落下，老人只有一丝气息，将要断绝，寿命不长了，死亡就在旦夕。语出西晋李密《陈情表》：

> 伏惟圣朝以孝治天下，凡在故老，犹蒙矜育，况臣孤苦，特为尤甚。且臣少仕伪朝，历职郎署，本图宦达，不矜名节。今臣亡国贱俘，至微至陋，过蒙拔擢，宠命优渥，岂敢盘桓，有所希冀？但以刘日薄西山，气息奄奄，人命危浅，朝不虑夕。臣无祖母，无以至今日，祖母无臣，无以终余年。

这段话的大意是说，我想圣朝是以孝道来治理天下的，凡是

---

① 《毛泽东新闻工作文选》，新华出版社 1983 年版，第 212 页。

故旧老人，尚且受到怜惜抚育，何况我的孤苦尤其严重呢？再说我年轻的时候曾经做过蜀汉的郎官，本来希望能够得到更为显达的官职，并不自以为清高。我现在是卑贱的亡国之俘，实在微不足道，承蒙得到提拔，而且恩命十分优厚，怎敢徘徊观望而有什么另外的企求呢？只因为祖母刘氏已是像太阳将要下山的人，生命不可能维持太长的时间，已经处于朝不保夕的境地。我如果没有祖母抚养，就不可能活到今天，如果祖母没有我的照顾，也不能够安度她的晚年。

1940 年 1 月，毛泽东在《新民主主义论》中引用了这一成语：

> 共产主义是无产阶级的整个思想体系，同时又是一种新的社会制度。这种思想体系和社会制度，是区别于任何别的思想体系和任何别的社会制度的，是自有人类历史以来，最完全最进步最革命最合理的。封建主义的思想体系和社会制度，是进了历史博物馆的东西了。资本主义的思想体系和社会制度，已有一部分进了博物馆（在苏联）；其余部分，也已"日薄西山，气息奄奄，人命危浅，朝不虑夕"，快进博物馆了。惟独共产主义的思想体系和社会制度，正以排山倒海之势，雷霆万钧之力，磅礴于全世界，而葆其美妙之青春。[①]

这是毛泽东对历史发展变化的概括和展望，表现了他的伟大革命理想。

---

① 《毛泽东选集》第二卷，人民出版社 1991 年版，第 686 页。

如倒啖蔗，渐入佳境

蔗，甘蔗；佳境，美好的境界。像倒着吃甘蔗一样，逐渐进入美好的境界。典出南朝宋刘义庆《世说新语·排调》：

> 顾长康啖甘蔗，先食尾，人问所以，云："渐至佳境。"

顾长康（约 345—406），即顾恺之，小字虎头，晋陵无锡（今江苏无锡）人，东晋著名画家。上面是关于他的一则逸闻轶事。大意是说，顾长康吃甘蔗，先吃梢，人们问他这样吃的原因，他说："逐渐吃到最美好的地方。"而《晋书·顾恺之传》则作："恺之每食甘蔗，恒自尾至本，人或怪之。曰：'渐入佳境。'"将"至"字改为"入"字，"渐入佳境"便成为成语，表示兴趣逐渐浓厚。

1957 年 8 月 4 日，毛泽东在《致林克》的信中写道：

> 请找列宁《做什么？》、《四月提纲》（一九一七年）两文给我一阅。我这几天感冒未好，心绪不宁，尚不想读英文。你不感到寂寞吧？你可看点理论书。你需要学理论。兴趣有，似不甚浓厚，应当培养。慢慢读一点，引起兴趣，如倒啖蔗，渐入佳境，就好了。供参考。①

林克（1925—1996），江苏常州人。1949 年毕业于燕京大学

---

① 《毛泽东书信选集》，人民出版社 1983 年版，第 530 页。

经济系,1946 年参加中国共产党,1949 年初至 1954 年秋先后任
新华通信社记者、翻译、编辑、组长等职,1954 年秋至 1966 年任
毛泽东办公室秘书,教毛泽东学英语。在这封信中,毛泽东引用
这一成语,劝林克逐渐增加学习理论的兴趣。

如 鱼 得 水

像鱼得到水一样。比喻有所凭借,也比喻得到和自己最相
投合的人或适合的环境。语本《三国志·蜀志·诸葛亮传》:

> 于是与亮情好日密。关羽、张飞等不悦。先主解之曰:
> "孤之有孔明,犹鱼之有水也。愿诸君勿复言。"羽、飞乃止。

元末明初罗贯中《三国演义》第三十九回《荆州城公子三求
计　博望坡军师初用兵》:

> 却说玄德自得孔明,以师礼待之。关、张二人不悦,曰:
> "孔明年幼,有甚才学? 兄长待之太过! 又未见其真实效
> 验。"玄德曰:"吾得孔明,犹鱼之得水也。两弟勿复多言。"
> 关张见说,不言而退。

1957 年 7 月 8 日,毛泽东在上海中苏友好大厦对上海各界
人士的讲话中说:

> 刘备得了孔明,说是"如鱼得水",确有其事,不仅小说

上那么写,历史上也那么写,也像鱼跟水的关系一样。群众就是孔明,领导者就是刘备。一个领导,一个被领导。[①]

毛泽东在讲话中引用此语,意在说明群众是智慧和力量的源泉,强调领导必须密切联系群众。

如鱼饮水,冷暖自知

亦作"如人饮水,冷暖自知"。自己直接经历过的,自己最了解。禅宗比喻内心的悟证。唐裴休集《黄檗山断际禅师传心法要》:

> 明于言下忽然默契,便礼拜云:"如鱼饮水,冷暖自知,某甲在五祖会中,枉用三十年工夫。"

北宋释道原《景德传灯录四·袁州蒙山道明禅师》:

> 某甲虽在黄梅随众,实未省自己面目。今蒙指授入处,如人饮水,冷暖自知。今行者,即是某甲师也。

南宋岳珂《桯史·记龙眠海会图》:

---

① 黄丽镛:《毛泽东读古书实录》,上海人民出版社 1994 年版,第235—236 页。

至于有法无法，有相无相，如鱼饮水，冷暖自知。

1959 年 9 月 7 日，毛泽东在《致胡乔木》的信写道：

诗难，不易写，经历者如鱼饮水，冷暖自知，不足为外人道也。①

毛泽东在致胡乔木的信中引用此语，谈自己写诗的体会，可谓夫子自道，很有说服力。

如日之升，如月之恒

恒（gèng），月上弦。像太阳刚刚升起，像月亮逐渐圆满。比喻正处在兴旺时期，也比喻有强大的生命力和广阔的发展前途。旧时常用来祝寿或祝愿人的事业发展。语出《诗经·小雅·天保》：

如月之恒，如日之升；如南山之寿，不骞（qiān）不崩；如松柏之茂，无不尔或承。

这几句诗是说，你像上弦月渐满，又像太阳正东升；你像南山寿无穷，江山万年不亏崩；你像松柏长茂盛，子子孙孙相传承。

《天保》是《诗经·小雅》中的篇名。这首诗是西周时大臣召

---

① 《毛泽东诗词集》，中央文献出版社 1996 年版，第 244—245 页。

公致政于周宣王之时祝福宣王亲政的诗。该诗中连用了九个"如"字："天保定尔，以莫不兴。如山如皋，如冈如陵，如川之方至，以莫不增……如月之恒，如日之升，如南山之寿，不骞不崩，如松柏之茂，无不尔或承。"有祝贺福寿延绵不绝之意。所以，旧时常用作祝寿的话，祝贺福寿绵长。

1950 年 5 月 19 日，毛泽东在《致张维》的信中说：

> 令堂大人八十大寿，无以为赠，写了几个字，借寄庆贺之忱。

《毛泽东书信选》在"写了几个字"处注释道："指毛泽东为祝贺张维母亲八十寿辰书写的'如日之升，如月之恒'八个字。"[①]

张维(1898—1975)，湖南浏阳人。毛泽东在湖南第一师范读书时的同学。1949 年 9 月起在上海第二军医大学任教授。早年和新中国成立后与毛泽东有较多的交往。令堂，对母亲尊称，张维的母亲名王福庆。

毛泽东在信中引用"如日之升，如月之恒"成语，来为张维母亲祝寿，既表现了对老人的尊敬，又表现了对老同学的友谊。

如来佛的手掌

如来，佛的别名。梵语多陀阿伽陀。意为如实道来而成正觉。又为释迦牟尼十种法号的第一种。《金刚经》："如来者，无所从来，

---

① 《毛泽东书信选》，人民出版社 1983 年版，第 388 页。

亦无所去,故名如来。"如来佛的手掌,比喻广大无边。典出明吴承恩《西游记》第七回《八卦炉中逃大圣　五行山下定心猿》:

> 佛祖道:"你除了长生变化之法,再有何能,敢占天宫胜境?"大圣道:"我的手段多哩!我有七十二般变化,万劫不老长生。会驾筋斗云,一纵十万八千里。如何坐不得天位?"佛祖道:"我与你打个赌赛:你若有本事,一筋斗打出我这右手掌中,算你赢,再不用动刀兵苦争战,就请玉帝到西方居住,把天宫让你;若不能打出手掌,你还下界为妖,再修几劫,却来争吵。"

> 那大圣闻言,暗笑道:"这如来十分好呆!我老孙一筋斗去十万八千里。他那手掌,方圆不满一尺,如何跳不出去?"急发声道:"既如此说,你可做得主张?"佛祖道:"做得,做得!"伸开右手,却似个荷叶大小。那大圣收了如意棒,抖擞神威,将身一纵,站在佛祖手心里,却道声:"我出去也!"你看他一路云光,无影无形去了。佛祖慧眼观看,见那猴王风车子一般相似不住,只管前进。大圣行时,忽见有五根肉红柱子,撑着一股青气。他道:"此间乃尽头路了。这番回去,如来作证,灵霄宫定是我坐也。"又思量说:"且住!等我留下些记号,方好与如来说话。"拔下一根毫毛,吹口仙气,叫:"变!"变作一管浓墨双毫笔,在那中间柱子上写一行大字云:"齐天大圣到此一游。"写毕,收了毫毛。又不庄尊,却在第一根柱子根下撒了一泡猴尿。翻转筋斗云,径回本处,站在如来掌内道:"我已去,今来了。你教玉帝让天宫与我。"如来骂道:"我把你这个尿精猴子!你正好不曾离了我掌哩!"大圣道:"你是不知。我去到天

尽头,见五根肉红柱,撑着一股青气,我留个记在那里,你敢和我同去看么?"如来道:"不消去,你只自低头看看。"那大圣睁圆火眼金睛,低头看时,原来佛祖右手中指写着"齐天大圣到此一游"。大指丫里,还有些猴尿臊气,大圣吃了一惊道:"有这等事,有这等事!我将此字写在撑天柱子上,如何却在他手指上?莫非有个未卜先知的法术。我决不信,不信!等我再去来!"

好大圣,急纵身又要跳出,被佛祖翻掌一扑,把这猴王推出西天门外,将五指化作金木水火土五座联山,唤名"五行山",轻轻的把他压住。众雷神与阿傩、迦叶一个个合掌称扬道:"善哉,善哉!"

1938 年 5 月,毛泽东在《论持久战》一文中写道:

> 如果把世界性的围棋也算在内,那就还有第三种敌我包围,这就是侵略阵线与和平阵线的关系。敌以前者来包围中、苏、法、捷等国,我以后者反包围德、日、意。但是我之包围好似如来佛的手掌,它将化成一座横亘宇宙的五行山,把这几个新式孙悟空——法西斯侵略主义者,最后压倒在山底下,永世也不得翻身。①

毛泽东在文中把国内外的反法西斯统一战线比作如来佛的手掌,把德、意、日法西斯比作孙悟空,说明世界各国人民一定会战胜法西斯侵略者。

----

① 《毛泽东选集》第二卷,人民出版社 1991 年版,第 472—473 页。

S

三 十 而 立

立,指"立于礼",即能够实行周礼,站得住脚。三十岁就能按周礼办事。语出《论语·为政》:

> 子曰:"吾十有五而志于学,三十而立……"

后以"三十而立"谓人在三十岁前后有所成就。
详见"七十而从心所欲,不逾矩"。

三 盈 三 虚

盈,满;虚,空。语出东汉王充《论衡·讲瑞篇》:

> 正卯在鲁,与孔子并。孔子之门,三盈三虚,唯颜渊不去,颜渊独知孔子圣也。夫门人去孔子归少正卯,不徒不能知孔子之圣,又不能知少正卯,门人皆惑。子贡曰:"夫少正

卯,鲁之闻人也。子为政,何以先之?"孔子曰:"赐,退。非
尔所及。"夫才能知佞若子贡,尚不能知圣,世儒见圣,自谓
能知之,妄也!

　　这段话大意是说,少正卯在鲁国,与孔子齐名。孔子的
门徒几次满堂,几次跑光。只有颜渊不离开孔子,唯独颜渊
知道孔子是位圣人。弟子们离开孔子归附少正卯,说明他们
不仅不能识别孔子是圣人,同时也不能识别少正卯的邪佞,
弟子们都糊涂了。子贡说:"少正卯,是鲁国有名望的人,您
执政以后,为什么首先要杀他呢?"孔子说:"端木赐,你走开
吧。这不是你所能懂得的事。"像子贡那样一位有才能有智
慧的人,尚且不能识别圣人,俗儒见到圣人,自称能够识别,
太荒诞了!

　　王充(27—约97),字仲任,会稽上虞(今浙江上虞)人,东汉
哲学家。著有《论衡》85篇,疾虚妄,求实证,抨击当时迷信思想,
主张今优于古,皆卓有所见。

　　1953年9月16日至18日,毛泽东在中央人民政府委员会
第二十七次会议上的讲话说:

　　　　关于孔夫子的缺点,我认为就是不民主,没有自我批
　　评的精神……"吾自得子路而恶声不入于耳","三盈三
　　虚","三月而诛少正卯",很有些恶霸作风,法西斯气味。①

　　毛泽东在文中借用"三盈三虚"这个历史故事,批评不民主

---

① 《毛泽东著作专题摘编》,中央文献出版社2003年版,第2277页。

的作风。

山雨欲来风满楼

山雨就要来了,满楼都是呼啸的风。后比喻重大事件发生前的紧张情势。语出唐许浑《咸阳城东楼》:

一上高楼万里愁,蒹葭杨柳似汀洲。
溪云初起日沉阁,山雨欲来风满楼。
鸟下绿芜秦苑夕,蝉鸣黄叶汉宫秋。
行人莫问当年事,故国东来渭水流。

这是一首纪游诗,写诗人在秋天的傍晚登上咸阳古城楼观赏风景,见太阳西沉,乌云滚来,凉风阵阵,于是即兴作诗《咸阳城东楼》(一题作《咸阳城西楼晚眺》)。三四两句是传世名句。"溪云初起日沉阁,山雨欲来风满楼",将云、日、雨、风四个同性同类的"俗"字连用在一处,而四者的关系是如此的清晰,如此的自然,如此的流动,却又颇极错综辉映之妙。云起日落,雨来风满,一层推进一层,很自然地展现在人们的面前,使人如身临其境。"山雨欲来风满楼"形象地写出了暴风雨来临前的征兆,后人多借用到政治斗争的形势紧迫、或突发事件的暴发前夕等方面的先兆。

许浑(? —约858),字用晦,一作仲晦,祖籍安州安陆,寓居润州丹阳(今江苏丹阳),遂为丹阳人。唐代诗人。

1943年7月11日,毛泽东在《中共"七七"宣言在重庆被扣》

一文中写道：

> 关于撤退河防，包围边区，准备进攻一事，原来是秘密进行的。但因调兵遣将，运输络绎，造成山雨欲来风满楼的紧张形势，已经闹得中外皆知，国民党宣传机关虽然还是讳莫如深，但是已经无法掩盖云。[①]

毛泽东在文中借用"山雨欲来风满楼"一语，比喻国民党调集军队，准备进攻陕甘宁边区的紧张形势，史称第三次反共高潮。

舍得一身剐，敢把皇帝拉下马

舍得，原作"拼着"；剐，把人体割碎。拼着身体被割碎，敢于把皇帝从马上拉下来。比喻一种大无畏的英雄气概。语出清曹雪芹《红楼梦》第六十八回《苦尤娘赚入大观园　酸凤姐大闹宁国府》：

> 凤姐说："……谁知偏不称我的意，偏偏儿的打嘴，半空里跑出一个张华来告了一状！我听见了，吓的两夜没合眼儿，又不敢声张，只得求人去打听这张华是什么人，这样大胆。打听了两日，谁知是个无赖的花子。小子们说：'原是二奶奶许了他的。他如今急了，冻死饿死，也是个死；现在

[①] 《毛泽东新闻工作文选》，新华出版社1983年版，第231页。

有这个理,他抓住,纵然死了,死的倒比冻死饿死还值些,怎么怨的他告呢?这事原是二爷做的太急了——国孝一层罪,家孝一层罪,背着父母私娶一层罪,停妻再娶一层罪。俗语说:'拼着一身剐,敢把皇帝拉下马。'他穷疯了的人,什么事做不出来?况且他又拿着这满理,不告等请不成?嫂子说:我就是个韩信,张良,听了这话,也就把智谋吓回去了!你兄弟又不在家,又没个人商量,少不得拿钱去垫补。谁知越使钱越叫人拿住刀靶儿,越发来讹。我是'耗子尾巴上长疮——多少脓血儿'!所以又急又气,少不得来找嫂子!"

尤氏贾蓉不等说完,都说:"不必操心,自然要料理的。"贾蓉又道:"那张华不过是穷急,故舍了命才告。咱们如今想了一个法儿,竟许他些银子,只叫他应个妄告不实之罪,咱们替他打完了官司,他出来时,再给些银子就完了。"凤姐儿咂着嘴儿,笑道:"难为你想!怨不得你顾一不顾二的,做出这些事来。原来你竟是这么个有心胸的,我往日错看了你了!若你说的这话,他暂且依了,且打出官司来,又得了银子,眼前自然了事。这些人既是无赖的小人,银子到手,三天五天就光了,他又来找事讹诈,再要叨登起来,咱们虽不怕,终久耽心。搁不住他说:既没毛病,为什么反给他银子?"

贾蓉原是个明白人,听如此一说,便笑道:"我还有个主意:'来是是非人,去是是非者',这事还得我了才好。……"

《红楼梦》中这一段王熙凤和贾蓉母子的对话,讲的是贾琏瞒着凤姐偷娶了尤二姐,凤姐怕影响自己的地位,就找着并怂恿尤二姐原定婚的前夫张华去告状,然后又害死张华,逼得尤二姐吞金自尽。"拼着一身剐，敢把皇帝拉下马"，是王熙凤表示自己的决心和勇气。

1957年3月10日，毛泽东在《同新闻出版界代表的谈话》中说：

> 俗话说得好："舍得一身剐，敢把皇帝拉下马。"鲁迅是真正的马克思主义者，是彻底的唯物主义者。真正的马克思主义者，彻底的唯物论者，是无所畏惧的。①

1957年3月12日，毛泽东在《在中国共产党全国宣传工作会议上的讲话》中说：

> 彻底的唯物主义者是无所畏惧的，我们希望一切同我们共同奋斗的人能够勇敢地负起责任，克服困难，不要怕挫折，不要怕有人议论讥笑，也不要怕向我们共产党人提批评建议。"舍得一身剐，敢把皇帝拉下马"，我们在为社会主义、共产主义而斗争的时候，必须有这种大无畏的精神。在共产党人方面，我们要给这些合作者创造有利的条件，要同他们建立同志式的良好的共同工作关系，要团结他们一起奋斗。②

毛泽东在这两次讲话中都引用了"舍得一身剐，敢把皇帝拉下马"这一俗语，说明我们共产党是彻底的唯物主义者，在为社会主义、共产主义奋斗的时候，是无所畏惧的，具有为革命牺牲一切的精神，并要团结一切人一起奋斗。

---

① 《毛泽东文集》第七卷，人民出版社1999年版，第263页。
② 《毛泽东文集》第七卷，人民出版社1999年版，第275—276页。

盛名之下，其实难副

盛，盛大；副，相称。名气过大了，实际情况往往难以相称。语出东汉李固《遗黄琼书》：

> 常闻语曰："峣峣者易折，皦皦者易污"。阳春之曲，和者必寡。盛名之下，其实难副。

参见"峣峣者易折，皦皦者易污"。

逝 者 如 斯 夫

逝者，指消失的光阴；斯，此，指代河水；夫，啊，语尾助词。消失的时光像流去的河水一样啊。语出《论语·子罕》：

> 子在川上曰："逝者如斯夫！不舍昼夜。"

这两句话大意是说，孔子站在岸上望着奔流不息的河水说："消逝的时光就像这河水一样啊！日日夜夜不停地流去。"

1956年6月，毛泽东写下著名的《水调歌头·游泳》：

> 才饮长沙水，又食武昌鱼。万里长江横渡，极目楚天舒。不管风吹浪打，胜似闲庭信步，今日得宽余。子在川上

曰：逝者如斯夫！　　　风樯动，龟蛇静，起宏图。一桥飞架南北，天堑变通途。更立西江石壁，截断巫山云雨，高峡出平湖。神女应无恙，当惊世界殊。①

1956 年 5 月 31 日，毛泽东从武昌游过长江到达汉口。3 日，再次游长江一个小时。

水调歌头，词牌名，水调本为一曲子，歌头是曲子开头部分。才饮长江水，又食武昌鱼，三国吴孙皓时欲从南京迁都到武昌，民谣曰："宁饮建业水，不食武昌鱼。"子在川上曰，《论语·子罕篇》："逝者如斯夫，不舍昼夜！"指时间如河水飞逝。一桥飞架，指武汉长江大桥，该桥为长江上第一座由中国人自己建造的桥梁，是 20 世纪 50 年代重大工程之一，于 1955 年开工，1957 年建成通车。当时正在施工中，故说"宏图"。天堑，南北朝时陈朝的孔范，称长江为天堑，见《南史·孔范传》。西江石壁，指计划中的长江三峡大坝。巫山云雨，巫山有神女峰。宋玉《高唐赋》，称楚襄王梦见神女，神女说她"旦为行云，暮为行雨"。

毛泽东在这首词中，写 1956 年畅游长江时所见景色和愉快心情，自然地借用了"子在川上曰，逝者如斯夫"原句入词，巧妙贴切，而含义更深远。

士别三日，应当刮目相看

原作"刮目相待"。刮目，擦拭眼睛，表示去掉老看法。男子（或有才能的人）分别三天，应当擦拭眼睛来看待。是说进步很

---

① 《毛泽东诗词集》，中央文献出版社 1996 年版，第 95—96 页。

快,必须用新眼光看待。典出西晋陈寿《三国志·吴书·周瑜鲁肃吕蒙传》裴松之注引《江表传》:

> 初,权谓蒙及蒋钦曰:"卿今并当涂掌事,宜学问以自开益。"蒙曰:"在军中常苦多务,恐不容复读书。"权曰:"孤岂欲卿治经为博士邪?但当令涉猎见往事耳。卿言多务,孰若孤?孤少时历《诗》、《书》、《礼记》、《左传》、《国语》,惟不读《易》。至统事以来,省三史、诸家兵书,自以为大有所益。如卿二人,意性朗悟,学必得之,宁当不为乎?宜急读《孙子》、《六韬》、《左传》、《国语》及三史。孔子言:'终日不食,终夜不寝以思,无益,不如学也。'光武当兵马之务,手不释卷。孟德亦自谓老而好学。卿何独不自勉勖邪?"
>
> 蒙始就学,笃志不倦,其所览见,旧儒不胜。后鲁肃上代周瑜,过蒙言议,常欲受屈。肃拊蒙背曰:"吾谓大弟但有武略耳,至于今者,学识英博,非复吴下阿蒙。"蒙曰:"士别三日,即更刮目相待……"

这段话的大意是说,起初,孙权对吕蒙和另一位将领蒋钦说,你们现在都当权管事,应当在学问上有所长进。吕蒙说军务繁忙,没有时间读书。孙权便现身说法,以自己的繁重国务和读书情况进行开导,并援引孔子之言和刘秀"手不释卷"、曹操"老而好学"相勉励。吕蒙自此立志读书,手不释卷,他所读的书,有的连从前的学者也没有读过。后来周瑜亡故,鲁肃代其统兵,上任时走访吕蒙,常常在论辩中理屈词穷。鲁肃用手抚摸着吕蒙的脊背说:"老弟于今学识渊博,不是过去的吴下阿蒙了。"吕蒙说:"与男子分别三天,就要用新眼光来看待他……"

这是个写吕蒙接受孙权劝告，刻苦攻读兵书、史籍，获得很大收益的故事。

吕蒙（178—220），字子明，汝南富陂（今安徽阜南东南）人，三国时东吴大将。15 岁开始随姐夫出征。孙策很赏识他。孙权继位后，任横野中郎将，随孙权攻略各地，多有战功。但他"少不修书卷，每陈大事，常口占为笺疏"。于是孙权劝他读书，他从此"笃志不倦，其所览见，旧儒不胜"，学识大有长进，更加有勇有谋。曾随周瑜、鲁肃、程普等在赤壁大破曹操。周瑜死后，鲁肃接任东吴统帅，在如何对待关羽的问题上，吕蒙为鲁肃筹划"五策"。后来吕蒙代鲁肃成了东吴统帅，领兵作战，几乎战无不胜，特别是袭杀关羽、夺回荆州一战，为东吴立了大功。

毛泽东十分赞赏吕蒙作为一个武将而能勤奋读书的精神。1958 年 9 月，他到安徽视察工作，同行的有民主人士张治中和时任公安部长的罗瑞卿。在火车上，毛泽东正读《三国志·吕蒙传》，闲谈时说：

> 吕蒙是行伍出身，没有文化，很感不便，后来孙权劝他读书，他接受了劝告，勤读苦读，以后当了东吴的统帅。现在我们的高级军官中，百分之八九十都是行伍出身，参加革命后才学文化的，他们不可不读《三国志》的《吕蒙传》。[①]

稍后不久，当年 10 月 25 日，毛泽东复信给他的老同学周世钊，对他受任湖南省副省长新职进行鼓励，说：

---

① 余湛邦：《张治中将军随同毛泽东巡视大江南北的日子》，1983 年 12 月 13 日《团结报》。

你的勇气,看来比过去大有增加。士别三日,应当刮目相看了。①

毛泽东在信中借用"士别三日,应当刮目相看"这个典故,说明周世钊变化之大,进步之快,相信周世钊一定能胜任新职。

实 事 求 是

实事求是,原指真诚地依据事实以探求古书真意。后引申为用以表示具体调查研究实际情况,达到正确地了解和处理。典出东汉班固著《汉书·景十三王传·河间献王传》:

河间献王德,以孝景前二年立。修学好古,实事求是。从民得善书,必为好写与之,留其真,加金帛赐以招之。繇是四方道术之人不远千里,或有先祖旧书,多奉以奏献王者,故得书多,与汉朝等。

这段话大意是说,河间国的献王刘德,是汉景帝二年(前155)册封的。他喜欢学习研究,好读古书,认真地探求古书真意。从民间得到一些珍贵优异的古代图书刻本和写本,一定要把它认真地抄写一遍,抄本送给原藏书者,把正本留下来,还用黄金和丝绸来招揽好书。因此各地有道德有学问的人不远千里,把先祖留下来的古书,大多拿来奉献给献王刘德,所以他得

_____

① 《毛泽东书信选集》,人民出版社 1983 年版,第 548 页。

到的古书特别多,与汉朝中央政府相等。

班固(32—92),字孟坚,扶风安陵(今陕西咸阳东)人,东汉史学家、文学家。曾为兰亭令史,转迁为郎,点校秘书。奉诏完成其父班虎所撰《史记后传》,历二十余年,修成《汉书》,继司马迁之后,整齐了纪传体史书的形式,并开创了"包举一代"的断代史体例。善作赋,有《两都赋》等。又著有《白虎通义》。后人辑有《班兰台集》。

《汉书》,100 篇,分 120 卷。我国第一部纪传体断代史。

河间(今河北献县一带)是西汉初年封的同姓王诸侯国,其国主献王刘德是西汉景帝刘启第三子。他喜好搜集整理古书,研究学问,核实考证真伪,许多学者称赞他治学严谨。班固在《汉书》中为他立传时,在传文的开头对他的总评价是"修学好古,实事求是"。颜师古注说:"各得事实,每求真是也。……真,正也。"意思是称赞他研究学问,搜集整理资料,根据事实,考证真伪,求得正确的解释。

毛泽东对我国史书十分熟悉,自然就注意到了刘德其人其事。他在自己的著作中多次运用实事求是这一成语,并对它进行了科学的阐释。1938 年 10 月 14 日,毛泽东在中国共产党第六届中央委员会扩大的第六次全体会议上的政治报告《论新阶段》中,讲到中国共产党党员在民族战争中的模范作用时说:

> 共产党员应是实事求是的模范,又是具有远见卓识的模范。因为只有实事求是,才能完成确定的任务;只有远见卓识,才能不失前进的方向。因此,共产党员又应成为学习的模范,他们每天都是民众的教师,但又每天都是民众的学

生。只有向民众学习，向环境学习，向友党友军学习，了解了他们，才能对于工作实事求是，对于前途有远见卓识。[①]

毛泽东在这几句话中，一连用了三个"实事求是"，强调了共产党员应是实事求是的模范这一重要思想。

《改造我们的学习》是1941年5月19日毛泽东在延安干部会议上所作的报告。在报告中，毛泽东明确提出将我们全党学习方法和学习制度改造一下。为说明这个意思，他将两种对立的态度对照着讲：

第一种：主观主义的态度。

在这种态度下，……其中许多人是做研究工作的，但是他们对于研究今天的中国和昨天的中国一概无兴趣，只把兴趣放在脱离实际的空洞的"理论"研究上。许多人是做实际工作的，他们也不注意客观情况的研究，往往单凭热情，把感想当政策。这两种人都凭主观，忽视客观实际事物的存在。或作演讲，则甲乙丙丁、一二三四的一大串；或作文章，则夸夸其谈的一大篇。无实事求是之意，有哗众取宠之心。……

第二种：马克思列宁主义的态度。

……在这种态度下，就是要有目的地去研究马克思列宁主义的理论，要使马克思列宁主义的理论和中国革命的实际运动结合起来，是为着解决中国革命的理论问题和策略问题而去从它找立场，找观点，找方法的。这种态度，就

---

① 《毛泽东选集》第二卷，人民出版社1991年版，第522—523页。

是有的放矢的态度。"的"就是中国革命,"矢"就是马克思列宁主义。我们中国共产党人所以要找这根"矢",就是为了要射中国革命和东方革命这个"的"的。这种态度,就是实事求是的态度。"实事"就是客观存在着的一切事物,"是"就是客观事物的内部联系,即规律性,"求"就是我们去研究。……这种态度,有实事求是之意,无哗众取宠之心。这种态度,就是党性的表现,就是理论和实际统一的马克思列宁主义的作风。①

毛泽东在报告中批判主观主义的态度,其本质就是单"凭主观,忽视客观实际事物的存在",而其动机则是"无实事求是之意,有哗众取宠之心"。他还引用明人解缙的一副对子"墙上芦苇,头重脚轻根底浅;山间竹笋,嘴尖皮厚腹中空"来为主观主义者画像,讽刺十分辛辣。而马克思列宁主义的态度,"就是实事求是的态度"。这种态度,与主观主义的态度正好相反,"有实事求是之意,无哗众取宠之心"。特别是他根据马克思列宁主义的基本原理对实事求是的古意加以改造,作出了科学的解释:"'实事'就是客观存在着的一切事物,'是'就是客观事物的内在联系,即规律性,'求'就是我们去研究。"实事求是的科学内涵,就是具体调查研究实际情况,探求事物发展的规律性,认识事物的本质,从而做到正确地了解和处理,既不扩大也不缩小。从此,"实事求是"便成了马克思列宁主义的活的灵魂和中国共产党理论联系实际的代名词,也成了毛泽东思想的精髓。

---

① 《毛泽东选集》第三卷,人民出版社 1991 年版,第 799—801 页。

识时务者为俊杰

时务，形势发展的潮流；俊杰，杰出的人物。能够认清当时的形势才是杰出的人物。语出《三国志·蜀志·诸葛亮传》：

> 时先主屯新野。徐庶见先主，先主器之，谓先主曰："诸葛孔明者，卧龙也，将军岂愿见之乎？"陈寿注引《襄阳记》曰：
>
> 刘备访世事于司马德操。德操曰："儒生俗士，岂识时务？识时务者在乎俊杰。此间自有伏龙、凤雏。"

这段话大意是说，当时刘备的军队驻扎在新野县。徐庶去拜见刘备，刘备很器重他，徐庶对刘备说："诸葛孔明是一条卧龙，将军可愿意去见他吗？"陈寿在这里有一条注释引了《襄阳记》的话说：刘备拜访司马德操征求他对时局的看法。司马德操说："一般的读书人和平庸的人，难道懂得时势的潮流？能够认清时势发展的趋势，是杰出的人物。这里就有伏龙（诸葛亮）、凤雏（徐庶）。"

1940年1月，毛泽东在《新民主主义论》一文中写道：

> 旧三民主义在旧时期内是革命的，它反映了旧时期的历史特点。但如果在新时期内，在新三民主义已经建立之后，还要翻那老套；在有了社会主义国家以后，要反对联俄；在有了共产党之后，要反对联共；在工农已经觉悟并显示了

自己的政治威力之后，要反对农工政策；那末，这就是不识时务的反动的东西了。一九二七年以后的反动，就是这种不识时务的结果。语曰："识时务者为俊杰。"我愿今日的三民主义者记取此语。①

毛泽东在文中引用"识时务者为俊杰"一语，说明在新时期内，只有认清形势发展的潮流，放弃旧三民主义，才是"识时务的俊杰"，否则就会愚蠢的失败。

十年树木，百年树人

培育树木需要十年，培育人才需要百年。比喻培养人才是长远之计，也指培养人才很不容易。语出《管子·权修》：

> 一年之计，莫如树谷；十年之计，莫如树木；终身之计，莫如树人；一树一获者，谷也；一树十获者，木也；一树百获者，人也。我苟种之，如神用之。举事如神，唯王之门。

这段话的意思是说，作一年的打算，最好是种植五谷；作十年的打算，最好是种植树木；作终身的打算，最好是培育人才。种谷，是一种一收；种树，是一种十收；培育人才，则是一种百收的事情。如果我们注重培育人才，其效用将是神奇的；而如此举事收得神效的，只有王者之门才能够做到。

---

① 《毛泽东选集》第二卷，人民出版社1991年版，第693页。

管仲（？—前645），即管敬仲。名夷吾，字仲，颍上（颍水之滨）人，春秋初期政治家。曾任齐相，帮助齐桓公成为春秋时第一个霸主。

《管子》，春秋时期齐国政治家、思想家管仲及管仲学派的言行事迹。大约成书于战国至秦汉时期。刘向编定《管子》时共86篇，今本实存76篇，其余10篇仅存目录。分为八类：《经言》9篇，《外言》8篇，《内言》7篇，《短语》17篇，《区言》5篇，《杂篇》10篇，《管子解》4篇，《管子轻重》16篇。书中《韩非子》、贾谊《新书》和《史记》所引《牧民》、《山高》、《乘马》诸篇，学术界认为是管仲遗说。《立政》、《幼宫》、《枢言》、《大匡》、《中匡》、《小匡》、《水地》等篇，学术界认为是记述管仲言行的著述。《心术》上下、《白心》、《内业》等篇另成体系，当是管仲学派、齐法家对管仲思想的发挥和发展，学术界也有人认为是宋钘、尹文的遗著。

1957年10月9日，毛泽东在《关于农业问题》一文中写道：

无产阶级没有自己的庞大的技术队伍和理论队伍，社会主义是不能建成的。我们要在这十年内（科学规划也是十二年，还有十年），建立无产阶级知识分子的队伍。我们的党员和党外积极分子都要努力争取变成无产阶级知识分子。各级特别是省、地、县这三级要有培养无产阶级知识分子的计划，不然，时间过去了，人还没有培养出来。中国有句古话，"十年树木，百年树人"。百年树人，减少九十年，十年树人。十年树木是不对的，在南方要二十五年，在北方要更多的时间。十年树人倒是可以的。我们已经过了八年，加上十年，是十八年，估计可能基本上造成工人阶级的有马克思主义思想的专家队伍。十年以后就扩大这个队伍，提高这个队伍。①

　　毛泽东在文中引用"十年树木，百年树人"的名言，并把"百年树人"改为"十年树人"，说明要培养无产阶级知识分子的计划，只要工作做好了，无产阶级自己的庞大的技术队伍和理论队伍，就有可能在短时间培养出来。

树 倒 猢 狲 散

　　猢狲，猴子。树倒了，树上的猴子也就散了。比喻核心人物一倒台，依附他的人也就随之而散。典出宋庞元英《谈薮·曹咏妻》：

　　　　曹咏侍郎妻硕人厉氏，余姚大族女，始嫁四明曹秀才，与夫不相得，仳离而归，乃适咏。时尚武弁。不数年以秦桧之姻党易文阶，骤擢，至徽猷阁。守鄞，元夕张灯，州治大合乐宴饮，曹秀才携众来观，见硕人服用精丽，左右供侍备极尊严，谓其母曰："渠乃合在此中居，享如此富贵，吾家岂能留？"叹息久之。咏日益显，为户部侍郎，尹京。桧之姐，咏贬新州而亡。硕人领二子取丧归葬，二子复不肖，家贫荡析至不能给朝晡。赵德老观文亦厉氏婿，硕人从父妹也，怜其老且无聊，招置四明里第养之终身。硕人闲出访

---

① 《毛泽东文集》第七卷，人民出版社1999年版，第309—310页。

亲旧,过故夫曹秀才家,门庭整洁,花竹蓊茂,顾侍婢曰:
"我当时能自安于此,岂有今日?"因泣下数行。二十年间
夫妻更相悔羡,世态翻复不可料如此。方咏盛时,乡里奔
走承迎惟恐后,独硕人之兄厉德斯不然。咏帅越时,德斯
为里正,咏风邑官胁治百端,冀其祈己,竟不屈。桧之甫
阻,乃遣介致书于咏,启封乃《树倒猢狲散赋》一篇。洎新
州之行,又以十诗赠行,其一云:"断尾雄鸡不畏牺,凭依掇
祸复何疑。八千里路新州瘴,归骨中原是几时?"咏得诗愤
极,然无如之何。

这则故事说,宋朝时有一个女子厉氏,先嫁给一个姓曹的秀
才,后嫁给武夫曹咏。当时奸相秦桧当权,曹咏巴结上秦桧的一
个亲戚,逢迎拍马,因而飞黄腾达,官至户部侍郎、京兆尹。其妻
弟厉德斯很不以为然。秦桧死后,厉德斯差人给曹咏送去一封
信,打开一看,是一篇《树倒猢狲散赋》;曹咏被贬到新州,赴新州
前,厉德斯写了十首诗为他送行,其中一首是这样的:"断尾雄鸡
不畏牺,凭依掇祸复何疑。八千里路新州瘴,归骨中原是几时?"
曹咏后死于贬所。

1940 年 1 月 12 日,毛泽东在《为皖南事变发表的命令和谈
话》一文中说:

> 帝国主义战争现时已到发生大变化的前夜,一切依靠
> 帝国主义过活的寄生虫,不论如何蠢动于一时,他们的后台
> 总是靠不住的,一旦树倒猢狲散,全局就改观了。[①]

---

① 《毛泽东选集》第二卷,人民出版社 1991 年版,第 774 页。

　　毛泽东在文中引用"树倒猢狲散"这一俗语，说明在帝国主义战争已经到了发生重大变化的前夜，依靠帝国主义过活的走狗卖国贼，也只能苟延残喘了；帝国主义一旦倒台，他们就会一哄如鸟兽散。

四 十 而 不 惑

　　惑，迷惑。四十岁就能不受迷惑。语出《论语·为政》：

　　　　子曰："吾十有五而志于学，三十而立，四十而不惑……"

　　这几句话大意是，孔子说："我十五岁立志学习（周礼），三十岁能按周礼办事，四十岁能不受（违反周礼的言行的）迷惑……"
　　详见"七十而从心所欲，不逾矩"。

四海之内皆兄弟

　　旧称天下的人都亲如兄弟。现在也指世界人民亲如兄弟。典出《论语·颜渊》：

　　　　司马牛忧曰："人皆有兄弟，我独亡。"子夏曰："商闻之矣：'死生有命，富贵在天。'君子敬而无失，与人恭而有礼，四海之内，皆兄弟也。君子何患乎无兄弟也？"

这段话大意是，司马牛忧愁地说："别人都有兄弟，唯独我没有。"子夏说："我听说过：'死生有命，富贵在天。'君子只要（做事情）严肃认真而不出差错，对人恭敬而合乎周礼，那么，天下的人就都是自己的兄弟了。君子还愁没有兄弟吗？"

司马牛（？—前481），姓司马，名耕，字子牛，孔子的学生。子夏（前507—？），姓卜，名商。孔子的学生。相传《诗》、《春秋》等儒家经典是由他传授下来的。

这段话从司马牛感叹自己没有哥哥和弟弟，引出子夏对于兄弟的议论，由骨肉同胞引申为天下情同兄弟的人们，表示彼此关系的亲密友好，是中华民族的一种美德。

1958年5月16日，毛泽东为中共八大二次会议印发第二机械工业部党组关于同苏联专家关系的报告写了一个批语。毛泽东拟了一个题目：《四海之内皆兄弟》。全文如下：

这是一个好文件，值得一读。请小平同志立即印发大会同志们。凡有苏联专家的地方，均应照此办理，不许有任何例外。苏联专家都是好同志，有理总是讲得通的。不讲理，或者讲得不高明，因而双方隔阂不通，责任在我们方面。就共产主义者队伍说来，四海之内皆兄弟，一定要把苏联同志，看作自己人。大会之后，根据总路线同他们多谈，政治挂帅，尊重苏联同志，刻苦虚心学习。但又一定要破除迷信，打倒贾桂！贾桂（即奴才）是谁也看不起的。①

---

① 《毛泽东外交文选》，中央文献出版社、世界知识出版社1994年版，第315页。

小平，即邓小平，当时任中共中央总书记、国务院副总理。

第二机械工业部党组 1958 年 5 月 14 日向毛泽东、中共中央报告说，他们在担负一项建设任务时，开始时主要依靠苏联专家，而苏联专家对我国国情和我国的方针政策了解不够，在共同设计中，"彼此之间有些争论，因此在一些技术问题上扭来扭去，各执一词，形成了两股劲"。现在两股劲拧成了一股劲，正如一位苏联专家所说，"这是中苏友谊的结晶"。毛泽东在批语中，指出要把苏联专家当作亲兄弟来对待，表现出一种国际主义的宽广革命情怀，同时又告诫中国同志，要破除迷信，解放思想，敢想敢做，不要盲从，所以他最后提出"打倒贾桂！"因为"贾桂（即奴才）是谁也看不起的"。

四体不勤，五谷不分

四体，四肢，两手和两脚；勤，劳，辛苦；五谷，古时指稻、黍、稷、麦、菽。指不参加劳动，分不清常见的农作物。语出《论语·微子》：

> 子路从而后，遇丈人，以杖荷蓧（diào）。子路问曰："子见夫子乎？"丈人曰："四体不勤，五谷不分，孰为夫子？"植其杖而芸。子路拱而立。止子路宿，杀鸡为黍而食（sì）之，见（xiàn）其二子焉。
>
> 明日，子路行以告。子曰："隐者也。"使子路反见之。至，则行矣。子路曰："不仕无义。长幼之节，不可废也；君臣之义，如之何其废之？欲洁其身而乱大伦。君子之仕也，

行其义也。道之不行，已知之矣。"

这段话大意是说，子路跟随孔子周游列国，有一天落在了后面，遇到一位老人，用拐杖扛着除草的竹制农具。子路问道："您见到我的老师了吗？"老人说："四肢不劳动，五谷分不清，谁是老师？"说完便把拐杖插在地上，锄起草来。子路恭敬地拱手站在一边。于是老人便留下子路住宿，杀鸡做饭款待他食用，还介绍自己的两个儿子来见子路。

第二天，子路赶上孔子一行，并把自己昨天的经历告诉了孔子。孔子说："这是一位隐士。"让子路返回去再拜见他。子路返回去时，老人却已离家出走。子路只好对他的两个儿子说："不做官是不合乎道义的。长幼之间的关系都不可废弃，君臣之间的大义又怎么可以废弃呢？一个人想洁身自好却搞乱了最重要的伦常关系，君子做官，是为了推行道义。至于理想的主张难以实行，那是我们早已知道的了。"

1964年2月13日，春节，毛泽东在人民大会堂召开教育工作座谈会。刘少奇、邓小平、彭真、陆定一等16人参加。在谈到孔子办学时，毛泽东说：

孔夫子只有六门课程：礼、乐、射、御、书、数，教出颜回、曾子、子思、孟子四大贤人。毛泽东指出：孔夫子的教学也有问题，没有工业、农业，是四体不勤，五谷不分，这不行。①

① 陈晋：《毛泽东的文化性格》，中国青年出版社1999年版，第214页。

　　荷蓧丈人是一位乱世的隐者。他对于孔子周游列国而不重视农业生产很不满意,"四体不勤,五谷不分"八个字击中了孔子办教育的要害。毛泽东在 1964 年春节座谈会上,指出孔子办学的缺点,就是只能培养"四体不勤,五谷不分"的学生,教育脱离生产劳动,这样的培养目标是不行的,必须进行教育革命。

T

太公钓鱼，愿者上钩

太公，指周初的吕尚，即姜子牙。周文王初见他时说："吾太公望子久矣！"因号为太公望。比喻心甘情愿地上圈套。典出元无名氏《武王伐纣平话》卷中：

> 当日，姜尚西走至岐州南四十里地，虢（guó）县南十里，有渭水河岸，有磻（pán）溪之水。姜尚因命守时，直钩钓渭水之鱼，不用香饵之食，离水面三尺，尚自言曰："负命者上钩来！"
>
> 姜尚自叹曰："吾今鬓发苍苍，未遇明主！"尚止北望岐州，想文王是仁德之君；吾在此直钩钓鱼，数载并无一人来相顾。我有心兴周破纣安天下，吾待离了此个明君，恐无似西伯侯有仁德。且守天时。

《武王伐纣平话》，元至治年间刊行的讲史话本，分上、中、下三卷，讲述周武王讨伐殷纣王的故事，杂以传说，内容文字，皆甚简率。

1949 年 8 月 18 日，毛泽东在《别了，司徒雷登》一文中写道：

> 美国人在北平，在天津，在上海，都洒了些救济粉，看一看什么人愿意弯腰拾起来。太公钓鱼，愿者上钩。嗟来之食，吃下去肚子要痛的。①

毛泽东在文中借用"太公钓鱼，愿者上钩"这个流传很广的民间故事，揭露帝国主义在中国施舍的"救济"是一种"圈套"，谁要是弯腰拾起来，就会上"圈套"，就得跟帝国主义走。这就揭穿了帝国主义的阴险、狡诈，有助于一部分对帝国主义抱有不切实际幻想的人醒悟。

螳螂捕蝉，黄雀在后

螳螂、蝉，皆昆虫名；黄雀，鸟名。螳螂捕捉蝉，却不知道黄雀在它的后面要啄食它。比喻贪图眼前利益，却不知道将有后患。典出西汉刘向《说苑·正谏》：

> 吴王欲伐荆，告其左右曰："敢有谏者，死！"舍人有少孺子者，欲谏不敢，则怀丸操弹，游于后园，露沾其衣，如是者三旦。吴王曰："子来，何苦沾衣如此？"对曰："园中有树，树上有蝉，蝉高居悲鸣饮露，不知螳螂在其后也；螳螂委身曲附，欲取蝉，而不知黄雀在其旁也；黄雀延颈，欲啄螳螂，而

---

① 《毛泽东选集》第四卷，人民出版社 1991 年版，第 1495 页。

不知弹丸在其下也。此三者，皆务欲得其前利，而不顾其后之有患也。"吴王曰："善哉！"乃罢其兵。

这个寓言故事大意是，春秋时，吴国的国王寿梦想进攻楚国，告诉他身旁亲信的人说："胆敢劝阻我的，处死！"侍从官中有个年轻的人，想去劝阻，却又不敢，就怀揣弹子手拿弹弓，在后园游逛，露水浸湿了他的衣裳，这样进行三个早上。吴王说："你过来，何苦把衣裳弄湿到这个样子？"年轻的侍从官回答："园中有棵树，树上有一只蝉，蝉趴在高处声调悠扬地叫着、喝着露水，不知道螳螂就在它的后面啊；螳螂把身子贴紧树干弯着前腿去接近，想捕捉蝉，可是不知道黄雀就在它的旁边啊；黄雀伸着脖子，想啄螳螂，可是不知道弹弓就在它的下面啊！这三个动物都想追求它的眼前利益，可是却不顾身后的灾祸啊！"吴王说："对啊！"于是，就停止了对楚国的用兵。

刘向（约前77—前6），原名更生，字子政。刘邦弟楚元王刘交的四世孙。汉宣帝时任散骑谏议大夫，成帝时更名向，任光禄大夫，校阅经传、诗赋、诸子等书籍，写成《别录》一书，为我国最早分类目录。另外著有《新序》、《说苑》、《列女传》等书。

这则寓言故事最早出自《庄子·山木》，随后的《吴越春秋》记载的是吴王阖闾伐齐的事，时间比刘向记载的寿梦"欲伐荆"晚得多，所以采用了刘向的记载。故事的主题和结构虽然和"鹬蚌相持，渔人得利"相似，但历来颇为人们所喜欢，并用来警告那些只顾眼前利益，不计后果的愚蠢行为。

1943年7月12日，毛泽东在《质问国民党》一文说：

> 你们不应该打边区，你们不可以打边区。"鹬蚌相持，

渔人得利"，"螳螂捕蝉，黄雀在后"，这两个故事，是有道理。①

毛泽东在文中借用"鹬蚌相持，渔人得利"、"螳螂捕蝉，黄雀在后"的寓言故事，说明在抗战关头，国民党发动反攻高潮，进攻边区，只能危害中华民族利益，使日本侵略者坐收渔利。

天下大势，分久必合，合久必分

天下大势，分久必合，合久必分，全中国的总形势或总趋势，分裂久了必然走向统一，统一久了必然引起分裂。语出元末明初罗贯中《三国演义》第一回：

> 话说天下大势，分久必合，合久必分：周末七国分争，并入于秦；及秦灭之后，楚、汉分争，又并入于汉；汉朝自高祖斩白蛇而起义，一统天下，后来光武中兴，传至献帝，遂分为三国。推其致乱之由，殆始于桓、灵二帝。桓帝禁锢善类，崇信宦官。及桓帝崩，灵帝即位，大将军窦武、太傅陈蕃，共相辅佐；时有宦官曹节等弄权，窦武、陈蕃谋诛之，机事不密，反为所害，中涓自此愈横。

这段话大意是，话说天下大的形势，分裂久了必然走向统一，统一久了必然又要分裂。周朝末年七国争雄（即"战国七

---

① 《毛泽东选集》第三卷，人民出版社1991年版，第905页。

雄":魏、赵、韩、齐、楚、秦、燕),最后秦国统一了天下;秦国灭亡以后,就是著名的楚汉之争,结果汉国战胜了楚国;汉朝是从汉高祖刘邦斩白蛇起义开始,然后统一了天下,后来经过刘秀的"光武中兴",传到了汉献帝,又被分成了魏、蜀、吴三足鼎立的状态。要说汉朝衰败的原因,还得从汉桓帝、汉灵帝说起。汉桓帝关押好人,宠信太监。后来汉桓帝死了,汉灵帝即位,由大将军窦武和太傅陈蕃,一起辅佐他。当时有太监曹节玩弄权术,窦武和陈蕃就密谋杀他,没想到这事让他知道了,反而让他给害了,从此太监们就更加专横了。

罗贯中(约 1330—约 1400),名本,号湖海散人,山西太原人。一说钱塘(今浙江杭州)或庐陵(今江西吉安)人。元末明初小说家。著有《三国志通俗演义》、《隋唐志传》、《三遂平妖传》等。

《三国演义》,一百二十回,长篇历史小说。故事起于刘备、关羽、张飞桃园结义,终于王濬平吴,描写了东汉末年和整个三国时期封建集团之间的矛盾和斗争。全书用浅近的文言,结构宏大,人物众多,情节曲折,是我国历史小说中的著名作品。

1936 年 9 月 8 日,毛泽东在《致邵力子》的信中说:

> 《三国演义》云:天下大势,合久必分,分久必合。弟与先生分十年矣,今又有合的机会,先生其有意乎?①

邵力子(1881—1967),浙江绍兴人。国民党著名人物,1924年国共第一次合作时,属国民党左派,1936 年任国民党陕西省政

---

① 《毛泽东书信选集》,人民出版社 1983 年版,第 54—55 页。

府主席，一度执行蒋介石的剿共政策，受到毛泽东的批评。1949年为国民党政府和平谈判代表团成员，参加国共和谈，后留北京未返。新中国成立后，曾任全国人大常委会委员、政协全国委员会常务委员。

毛泽东在信的最后引用"天下大势，合久必分，分久必合"的话，摒弃机械的历史循环论，说明国共第二次合作势在必行，颇具新意。

1955年10月15日，毛泽东在《同日本国会议员访华团的谈话》中说：

> 所谓天下大事，就是解放、独立、民主、和平友好、人类进步。天下大势，"分久必合，合久必分"。中国有本小说叫《三国演义》，一开头就是这两句话。这也是我们过去犯错误的一条，因为老是"分久必合，合久必分"，就搞不成什么事情了。①

毛泽东在谈话中引用"分久必合，合久必分"这两句俗语，表示了对当时世界上分成对抗的两大阵营的不满，主张要把"解放、独立、民主、和平友好、人类进步"作为主轴，真可谓高瞻远瞩，至今仍不失其指导意义。

1956年3月4日，毛泽东在《加快手工业的社会主义改造》一文中说：

> 你们说，在手工业改造高潮中，修理和服务行业集中生

① 《毛泽东文集》第六卷，人民出版社1999年版，第484页。

产,撤点过多,群众不满意。这就糟糕!现在怎么办?"天下大势,分久必合,合久必分。"①

毛泽东在这次讲话中也引用了"天下大势,分久必合,合久必分"的话,"撤点过多",也就是合得太多,群众不方便,所以"群众不满意",还可以再分,也就是"合久必分"。

天不变,道亦不变

道,我国古代哲学的通用语,意义相当于"道理"、"道路"或"法则"、"规律"。语出《汉书·董仲舒传》:

> 道之大原出于天,天不变,道亦不变。是以禹继舜,舜继尧,三圣相受而守一道亡救弊之政也,故不言其所损益也。

这几句话大意是说,道的根本是从天来的,天不变,道也就不变。所以禹继承了舜的道,舜继承了尧的道,这三位圣人相传而遵守一个道,是因为没有必要采取救弊的措施。所以不说他们所废除和增加啊。

董仲舒(前179—前104),广川(今河北景县西南)人,西汉唯心主义哲学家。他提出了一套为封建统治服务的理论。他的"天人合一说",把天描绘成有意志、人格的上帝,是最高的主宰,

---

① 《毛泽东文集》第七卷,人民出版社1999年版,第11页。

而皇帝就是"天意"代表,因而皇帝就应该主宰一切。人要服从天意,就要服从皇帝,这样就把天和人沟通起来,建立了君权神授的学说。他在《举贤良对策》中所谓"天不变,道亦不变",就是说封建制度是上帝制定的,上帝的意志不会改变,封建制度也永远不会改变。这显然是一种形而上学的观点。

1937 年 8 月,毛泽东在《矛盾论》一文中指出:

> 所谓形而上学的或庸俗进化论的宇宙观,就是用孤立的、静止的和片面的观点去看世界。这种宇宙观把世界一切事物,一事物的形态和种类,都看成是永远彼此孤立和永远不变化的。……在中国,则有所谓"天不变,道亦不变"的形而上学的思想,曾经长期地为腐朽了的封建统治阶级所拥护。[1]

毛泽东在他的重要哲学著作《矛盾论》中引用"天不变,道亦不变"这一成语,作为唯物辩证法的对立面来参考。

天有不测风云,人有旦夕祸福

不测,无法预料;旦夕,早晚。比喻人的祸福像天气一样变化无常,无法预料。语出《元曲选·无名氏〈合同文字〉》:

> 天有不测风云,人有旦夕祸福。那小厮恰才无病,怎生下在牢里就有病。

---

[1] 《毛泽东选集》第一卷,人民出版社 1991 年版,第 300—301 页。

又清曹雪芹《红楼梦》第十一回《庆寿辰宁府排家宴　见熙凤贾瑞起淫心》：

> 凤姐听了，眼圈红了一会子，并说道："天有不测风云，人有旦夕祸福。"这点年纪，倘或因这病上有个长短，人生在世，还有什么趣儿呢！

1958 年 12 月 1 日，毛泽东在《关于帝国主义和一切反动派是不是真老虎的问题》一文中写道：

> 每一个人都是忧患与生俱来。学生们怕考试，儿童怕父母有偏爱，三灾八难，五痨七伤，发烧四十一度，以及"天有不测风云，人有旦夕祸福"之类，不可胜数。[①]

毛泽东在文中是说，人的忧患苦难是与生俱来的，且种类繁多，比如考试对学生是一种苦难，父母偏爱对孩子也是一种苦难，再加上佛教所指的水灾、火灾、风灾等三灾，影响修道成佛的作恶多端、安逸享受、盲哑残疾、自恃聪明才智等八种障碍，中医上的五劳（久视、久卧、久坐、久立、久行）和七伤（伤脾、伤肝、伤肾、伤肺、伤心、伤形、伤志），人生病高烧四十一度，这些外在的和自身的各种苦难和忧愁，人们都是无法避免的。再加上"天有不测风云，人有旦夕祸福"之类的偶然的而又是不可抗拒的因素，人们的苦难忧愁就更多了。毛泽东文中引用"天有不测风云，人有旦夕祸福"这句俗语，当然主要不是一般的谈这个人生

---

① 《毛泽东著作选读》下册，人民出版社 1986 年版，第 808 页。

问题,而是主要谈帝国主战争和一切反动派是不是真老虎的问题。在毛泽东看来,帝国主义和一切反动派也有两重性,它们既是真老虎,又是纸老虎。在他们取得政权以前和取得政权以后的一段时间内,"它们是生气勃勃的,是先进者,是真老虎"。随后它们逐渐走向自己的反面,"化为纸老虎","终究或将被人民所推翻"。革命人民,首先是共产党人,就是"要一个一个地解决人们面临的问题","使困难向顺利转化,使真老虎向纸老虎转化",不断地夺取革命的新胜利。

天低吴楚,眼空无物

吴楚,战国时的吴国和楚国,在今江苏和湖北一带,此泛指长江中下游地区。天低低地压着吴楚大地,眼里别的什么也看不见。语出元萨都剌《百字令·登石头城》:

> 石头城上,望天低吴楚,眼空无物。指点六朝形胜地,惟有青山如壁,连云樯橹,白骨纷如雪。一江南北,消磨多少豪杰! 寂寞避暑离宫,东风辇路,芳草年年发。落日无人松径里,鬼火高低明灭。歌舞尊前,繁华镜里,暗换青青发。伤心千古,秦淮一片明月。

萨都剌(约1307—1359后),字天锡,号直斋。答失蛮氏,回族人,一说蒙古人,元诗人、词人。

百字令,即念奴娇,词牌名。石头城,南京城的古称。这首词,以苏轼《念奴娇·赤壁怀古》词原韵,借助想象力,把历史和现实结合起来,上片怀古,写词人登上石头城的所见所闻,下片伤今,抒发历史兴亡之感,寄托人生无常之叹。上片中"天低吴楚,眼空无物",境界廓大。"吴楚",原指战国时的吴国和楚国,在今长江中下游地区。"空"和"无物",写出了天地之辽阔、山川之莽苍。意思是说,站在石头城上,一眼望去,只见苍天,空无所有。

1949 年 2 月 15 日,毛泽东在《四分五裂的反动派为什么还要空喊"全面和平"?》一文中写道:

> 虽然蒋介石、李宗仁和美国人对于这一手曾经作过各种布置,希望合演一出比较可看的双簧,但是结果却和他们的预期相反,不但台下的观众愈走愈稀,连台上的演员也陆续失踪。蒋介石在奉化仍然以"在野地位"继续指挥他的残余力量,但是他已丧失了合法地位,相信他的人已愈来愈少。孙科的"行政院"自动宣布"迁政府于广州",它一面脱离了它的"总统""代总统",另一面也脱离了它的"立法院""监察院"。孙科的"行政院"号召战争,但是进行战争的"国防部"却既不在广州,也不在南京,人们只知道它的发言人在上海。这样,李宗仁在石头城上所能看见的东西,就只剩下了"天低吴楚,眼空无物"。李宗仁自上月二十一日登台到现在下过的命令,没有一项是实行了的。①

毛泽东在文中借用萨都剌描写南京的两句诗"天低吴楚,眼空无物",形象而生动地说明了国民党反动派政权即将灭亡,只

---

① 《毛泽东选集》第四卷,人民出版社 1991 年版,第 1409—1410 页。

剩下个空空荡荡的首都南京城。

天若有情天亦老

天如果有感情，天也会因悲伤而衰老。常用以形容强烈的伤感情绪。语出唐李贺《金铜仙人辞汉歌》：

> 茂陵刘郎秋风客，夜闻马嘶晓无迹。
> 画栏桂树悬秋香，三十六宫土花碧。
> 魏官牵车指千里，东关酸风射眸子。
> 空将汉月出宫门，忆君清泪如铅水。
> 衰兰送客咸阳道，天若有情天亦老。
> 携盘独出月荒凉，渭城已远波声小。

这首诗译成现代汉语是这样的：

茂陵的刘邦已是秋风过客，夜里常闻马鸣天亮不见踪迹。
悬在画栏的桂花秋天飘香，三十六宫地上苔藓发亮碧绿。
魏官牵着车遥指千里洛阳，东关的烈风吹酸了双眸仙女。
唯有汉月空伴着出了宫门，想起君王流下如铅水的泪滴。
咸阳道衰败的兰草送客行，天如有情上天也会变得衰老。
荒凉月夜里独携盘出宫去，咸阳城已远去渭水波声渐小。
魏明帝青龙元年（233），诏宫官牵车到西京长安拆取汉武帝宫前的捧露盘仙人，欲立在魏宫前殿。宫官拆下盘，将要装车运往东京洛阳，仙人乃潜然泪下。唐元和八年（813），因病辞去奉礼郎的诗人李贺，正在由京赴洛途中，有感此事而作此诗。

　　此诗共十二句,可分三个部分:前四句慨叹韶华易逝,人生难久;中四句用拟人手法写金铜仙人初离汉宫时的凄婉情态;末四句写出城后途中情景。此诗是李贺的代表作之一,它设想奇特,又深沉感人,形象鲜明,而又奇幻多姿。其中"衰兰送客咸阳道,天若有情天亦老"二句,写兰花的衰枯是愁情所致,用衰兰的愁映衬金铜仙人的愁;凡是有情之物都会衰老枯谢。别看苍天日出月没,光景常新,亘古不变,假若他也有情的话,也照样会衰老。"天若有情天亦老",设想奇伟,有力地烘托了金铜仙人的艰难处境和凄苦的情怀,意境辽阔高远,感情执著深沉,是千古绝句。

　　1949 年 4 月,毛泽东写下《七律·人民解放军占领南京》:

> 钟山风雨起苍黄,百万雄师过大江。
> 虎踞龙盘今胜昔,天翻地覆慨而慷。
> 宜将剩勇追穷寇,不可沽名学霸王。
> 天若有情天亦老,人间正道是沧桑。①

　　1949 年 4 月 20 日,国民党拒绝在和平协定上签字。次日,毛泽东主席和朱德总司令发出《向全国进军的命令》,号召全军坚决彻底全部地歼灭中国境内的一切敢于抵抗的国民党反动派,解放全中国。中国人民解放军百万大军在西起江西湖口东至江苏江阴的一千余里的战线上,强渡长江,并于 23 日解放了国民党反动政府的首都南京。毛泽东兴奋地写下了《七律·人

---

① 《毛泽东诗词集》,中央文献出版社 1996 年版,第 74 页。

民解放军占领南京》一诗,其中"天若有情天亦老,人间正道是沧桑"两句,上句用李贺诗原句入诗。李贺诗原句的意思是,对于这样的人间恨事,天如果有感情的话,也要因悲伤而衰老。毛泽东借用李贺诗原句是说,天若有情,见到国民党反动派的黑暗统治,也要因痛苦而变衰老。紧接着下句说"人间正道是沧桑",意思是说深受反动派压迫的人民,自然要彻底推翻反动统治,完成翻天覆地的革命事业。

天 经 地 义

经,原则;义,正理。指天地间本应如此、不可更改的道理。也比喻理所当然、不容置疑。语出《左传·昭公二十五年》:

> 简子曰:"何谓礼?"对曰:"吉也。闻诸先大夫子产曰:'夫礼,天之经也,地之义也,民之行也。天地之经,而民实则之,则天之名,因地之性。'"

这是晋国大臣赵简子(赵鞅)和郑国执政子太叔(游吉)的一段对话。大意是,赵简子问子太叔:"什么叫礼?"子太叔回答说:"礼就是吉祥啊。听郑国从前的大夫子产(公孙侨)说:'礼,是天的法则,地的理数,民众的行为。天地的原则,而民众遵守它,遵循天的名称,根据地的本性。'"

1945 年 4 月 24 日,毛泽东在《论联合政府》一文中写道:

> 只有经过民主主义,才能到达社会主义,这是马克思

主义的天经地义。而在中国，为民主主义奋斗的时间还是长期的。没有一个新民主主义的联合统一的国家，没有新民主主义的国家经济的发展，没有私人资本主义经济和合作社经济的发展，没有民族的科学的大众的文化即新民主主义文化的发展，没有几万万人民的个性的解放和个性的发展，一句话，没有一个由共产党领导的新式的资产阶级性质的彻底的民主革命，要想在殖民地半殖民地半封建的废墟上建立起社会主义社会来，那只是完全的空想。①

毛泽东在文中引用"天经地义"这一成语，说明中国革命分为新民主主义和社会主义两个阶段，而且必须经过前者才能到达后者的必然规律。

天 涯 海 角

涯，边际。指非常遥远的地方，也形容彼此相隔很远。语出唐韩愈《祭十二郎文》：

呜呼！汝病吾不知时，汝殁吾不知日；生不能相养以共居，殁不得抚汝以尽哀；敛不凭其棺，窆不临其穴；吾行负神明，而使汝夭，不孝不慈，而不得与汝相养以生，相守以死；一在天之涯，一在地之角，生而影不与吾形相依，死而魂不

---

① 《毛泽东选集》第三卷，人民出版社1991年版，第1060页。

与吾梦相接。吾实为之，其又何尤！彼苍者天，曷其有极。

这段话大意是说，唉！你患病我不知道时间，你去世我不知道日子；你活着时我不能和你生活在一起互相照顾，你去世了我不能抚摸你的遗体表达我的哀思；入殓时我不能靠在你棺木旁，下葬时我不能亲临你墓穴边；我的行为背负了神明，而使你年少夭折。我对上不孝，对下不慈，我既不能和你互相照顾共同生活，又不能和你相互陪伴一同去死；如今一个在天之边，一个在地之角，活着时你的影子不能与我的形体相依偎，死后你的魂灵不能和我在梦里相聚会。这实在是我造成的，又能怨恨谁呢！那苍苍的上天啊，我的痛苦何时才有尽头！

"天涯地角"后来演变为"天涯海角"。南宋张世南《游宦纪闻》卷六："今之远宦及远服贾者，皆曰天涯海角。"后多用以形容极遥远的地方。

1947年10月10日，毛泽东在《中国人民解放军宣言》中说：

> 本军对于蒋方人员，并不一概排斥，而是采取分别对待的方针。这就是首恶者必办，胁从者不问，立功者受奖。对于罪大恶极的内战祸首蒋介石和一切坚决助蒋为恶、残害人民、而为广大人民所公认的战争罪犯，本军必将追寻他们至天涯海角，务使归案法办。①

毛泽东在文中引用"天涯海角"这一成语，以显示中国人民解放军和广大人民群众严惩战争罪犯、将革命进行到底的决心。

---

① 《毛泽东选集》第四卷，人民出版社1991年版，第1238页。

投我以木桃，报之以琼瑶

你送给我木桃，我以琼瑶作回报。比喻彼此间的馈赠和回报。语出《诗经·卫风·木瓜》：

> 投我以木瓜，报之以琼琚。匪报也，永以为好也。
> 投我以木桃，报之以琼瑶。匪报也，永以为好也。
> 投我以木李，报之以琼玖。匪报也，永以为好也。

这首诗大意是说，姑娘送我大木瓜，我拿琼琚回报你。不是为了答谢你，表示永远好到底。

姑娘送我大木桃，我拿宝石回报你。不是为了答谢你，表示永远好到底。

姑娘送我大木李，我拿琼玖回报你。不是为了答谢你，表示永远好到底。

《诗经》，中国最早的诗歌总集。编成于春秋时期，共 305 篇，分为风、雅、颂三大类：《风》有十五国风，是各地的民歌；《雅》有《大雅》、《小雅》；《颂》有《周颂》、《鲁颂》、《商颂》。大抵是周初至春秋中叶的作品，产生于今陕西、河南、山西、山东及湖北等地。《诗经》对中国两千多年的文学发展有着深远的影响。

1965 年 6 月 26 日，毛泽东在《致章士钊》的信中写道：

> 大作收到，义正词严，敬服之至。古人云：投我以木桃，报之以琼瑶。今奉上桃杏各五斤，晒纳为盼！投报相反，尚

乞谅解。①

　　毛泽东在信中借用"投我以木桃，报之以琼瑶"，并虔诚地说"投报相反，尚乞谅解"，表示了对章士钊的尊重和感谢。"投报相反"，是投桃报李之意，则出自《诗经·大雅·抑》："投我以桃，报之以李。"那么，毛泽东和章士钊到底有什么"投报相反"的友谊呢？原来还有一个"十年还债"的有趣故事：

　　章士钊（1882－1973），字行严，号孤桐，湖南长沙人。清代秀才，清末任上海《苏报》主笔。辛亥革命后曾任广东军政府秘书长，在段祺瑞执政府中任司法总长兼教育总长，曾任大学教授、大学校长、律师等职，1949 年为南京国民党政府和平谈判代表团成员。中华人民共和国成立后，曾任政务院法制委员会委员，全国人民代表大会常务委员会委员，中央文史研究馆馆长等职。章士钊先生是中国现代著名的政论家、政治活动家和学者，是一位经历和思想都十分丰富而又产生过重要影响的人物。

　　1963 年的一个冬天，毛泽东读完英文后，和章含之散步，闲谈中忽然想起了自己 1920 年向章士钊借的 2 万银元。他说了事情经过，对章含之说："你回去告诉行老（章士钊字行严，毛经常称他行老），我从现在开始要还他这笔欠了近 50 年的债，一年还 2 000 元人民币，10 年还两万。"

　　"是有这回事吗？"

　　章含之如听传奇一般，回家问父亲。章士钊哈哈大笑："确有其事，主席竟还记得！"

---

　　① 《毛泽东书信选集》，人民出版社 1983 年版，第 601 页。

没过几天，毛泽东的秘书果然送来了 2 000 元人民币。并说："以后每年春节送上 2 000 元。"

"这怎么行？"章士钊十分不安地对章含之说："主席当真还债了。你下次去主席那儿教英文，就说我不能收此厚赠，当时的银元是募集来的，我自己也拿不出这笔巨款。"

当章含之把父亲关照的话带给毛泽东时，毛泽东笑了，说："你也不懂我这是用我的稿费给行老一点生活补助啊？他给我们共产党的帮助哪里是我能用人民币偿还的呢？你们那位老人家一生无钱，但总自己掏腰包帮助别人，我要是明说给他补助，他这位老先生的脾气我知道，是不会收的。所以我说还债。你就告诉他，我毛泽东说的，欠的账是无论如何要还的。这个钱是从我的稿酬中付的。"

从此，每年农历正月初二这天，毛泽东的秘书总会送 2 000 元到章士钊家中。章士钊要推也推不掉。

吐 握 之 劳

吐握，吐哺握发。哺，指口中所含的食物。语出西汉司马迁《史记·鲁周公世家》：

> 后武王既崩，成王少，在强葆之中。周公恐天下闻武王崩而畔，周公乃践阼代成王摄行政当国。管叔及其群弟流言于国曰："周公将不利于成王。"周公乃告太公望、召公奭曰："我之所以弗辟而摄行政者，恐天下畔周，无以告我先王太王、王季、文王。三王之忧劳天下久矣，于今而后成。武

王蚤终，成王少，将以成周，我所以为之若此。"于是卒相成王，而使其子伯禽代就封于鲁。周公戒伯禽曰："我文王之子，武王之弟，成王之叔父，我于天下亦不贱矣。然我一沐三捉发，一饭三吐哺，起以待士，犹恐失天下之贤人。子之鲁，慎无以国骄人。"

这段话大意是说，后来武王去世，成王幼小，尚在襁褓之中。周公怕天下人听说武王死而背叛朝廷，就登位替成王代为处理政务，主持国家大政。管叔和他的诸弟在国中散布流言说："周公将对成王不利。"周公就告诉太公望、召公奭（shì）说："我之所以不避嫌疑代理国政，是怕天下人背叛周室，没法向我们的先王太王、王季、文王交代。三位先王为天下之业忧劳甚久，现在才刚成功。武王早逝，成王年幼，只是为了完成稳定周朝之大业，我才这样做。"于是终究辅佐成王，而命其子伯禽代自己到鲁国封地。周公告诫伯禽说："我是文王的儿子，武王的弟弟，成王的叔父，在全天下人中我的地位不算低了。但我却洗一次头要三次握起头发，吃一顿饭三次吐出正在咀嚼的食物，起来接待贤士，这样还怕失掉天下贤人。你到鲁国之后，千万不要因有国土而骄慢于人。"

后《韩诗外传》卷三引作"一沐三握发，一饭三吐哺"，遂以"吐哺握发"形容礼贤下士、求贤心切。汉王褒《圣主得贤臣颂》："昔周公躬吐握之劳，故有圄空之隆。"又缩简为"吐握之劳"。

1949 年 12 月 2 日，毛泽东在《致柳亚子》的信中写道：

十一月四日信早已收到，因忙迟复为歉。车中信未见，厚意敬领。题字册便时当代询，周公确有吐握之劳，或且忘记了。文史机关事大略亦因此,便当询之。①

毛泽东在这封不足 100 字的短信中,答复了柳亚子三件事:他致毛泽东的两封信的下落、题字册(即柳亚子于 1946 年送请毛泽东等题字的《羿楼纪念册之一》)和文史机关事(即筹备建立中央文史研究馆一事)。这些事是柳亚子写了信托周恩来转交毛泽东的,或许是周恩来忘了。毛泽东借用周公旦的"吐握之劳"来评价周恩来,不仅两人姓氏暗合,巧妙绝伦;而且毛泽东以"公"称周恩来,表达了他对周恩来的敬重;而"吐握之劳"又恰如其分地概括了周恩来为国为民忘我工作、鞠躬尽瘁的精神,十分贴切。这个典故的运用,可谓一石三鸟,精当至极。

---

① 《毛泽东书信选集》,人民出版社 1983 年版,第 352 页。

亡羊补牢，犹未为晚

亡，丢失；牢，牲口圈；犹，还。羊丢了，赶紧修补羊圈，还不算晚。比喻出了差错后要及时补救。典出《战国策·楚策四》：

庄辛谓楚襄王曰："君王左州侯，右夏侯，辇从鄢陵君与寿陵君，专淫逸侈靡，不顾国政，郢都必危矣！"

襄王曰："先生老悖乎？将以为楚国祆祥乎？"

……

庄辛至，襄王曰："寡人不能用先生之言，今事至于此，为之奈何？"

庄辛对曰："臣闻鄙语曰：'见兔而顾犬，未为晚也；亡羊而补牢，未为迟也。'臣闻汤、武以百里昌，桀、纣以天下亡。今楚国虽小，绝长续短，犹以数千里，岂特百里哉？

"王独不见夫蜻蛉乎？六足四翼，飞翔乎天地之间，俯啄蚊虻（méng）而食之，仰承甘露而饮之，自以为无患，与人无争也。不知夫五尺童子，方将调饴胶丝，加己乎四仞之上，而下为蝼蚁食也。

　　"夫蜻蛉其小者也，黄雀因是以。俯噣白粒，仰栖茂枝，鼓翅奋翼，自以为无患，与人无争也。不知夫公子王孙，左挟弹，右摄丸，将加己乎十仞之上，以其颈为招。昼游乎茂树，夕调乎酸咸。倏乎之间坠于公子之手。"

　　……

　　襄王闻之，颜色变作，身体战慄。于是乃以执珪而授之为阳陵君，与淮北之地也。

　　这段话大意是，庄辛对楚襄王说："大王左边有州侯，右边有夏侯，摆驾出外，又有鄢陵君和寿陵君跟着，一味贪图享乐，奢侈浪费，不关心国家大事，国都郢城必定要危险了！"

　　楚襄王说："先生是糊涂了？你是楚国的不祥之兆吧？"

　　……

　　庄辛一到，襄王说："我当初没有听先生的忠告，如今事情搞到这种地步，如何是好？"

　　庄辛回答说："我听俗话说：'看见兔子，回头招呼狗，并不算晚；羊儿逃掉，修补羊圈，也不算迟。'我听说从前商汤和周武王，凭那区区百里的地方兴旺起来；夏桀和商纣拥有整个天下，结果反而灭亡了。现在楚国虽然不大，方圆还有几千里，可不止百里啊！

　　"大王难道不曾看到蜻蜓吗？它六只脚，四只翅膀，在空中飞来飞去。俯身啄着蚊子和苍蝇吃，仰头吸着甜美的露水喝，自以为不会有什么灾难，也没有与别人争夺什么啦！哪晓得五尺高的小孩，正在调糖浆、胶网丝，把它从两三丈高的地方粘下来，丢给蚂蚁吃了。

　　"蜻蜓还算小的哩。那黄雀也是这样。低下头来啄食谷米，仰着身子躲在树丛里栖息，扑扑翅膀，随意飞翔，自以为不会有什么灾难，跟谁也没有争夺呀！哪里晓得，公子王孙左手挟弓，右手捏丸，把它从七八丈高的地方射了下来。白天还在树丛里飞着、玩着，晚上就给拌上油盐酱醋了。很快就从公子的手里坠落下来了。"

......

楚襄王听了这番话，脸色顿变，浑身发抖。这样一来他就把白玉礼器授予庄辛，封庄辛为阳陵君，并攻下了淮河以北的地方。

在这则寓言故事中，庄辛针对楚襄王宠信小人，不理国政，被秦军攻破郢都的事实，用兔与犬、羊与牢、蜻蜓与虻、黄雀、黄鹄与少年等一系列的生动比喻，说明居安忘危、乐而忘忧是自取灭亡的原因。比喻从远到近，层层深入，触目惊心，终于使楚襄王大为振动，于是，封庄辛为阳陵君，采用他的计划，收复了淮北一带地方。

1941 年 1 月 20 日，毛泽东在《为皖南事变发表的命令和谈话》中指出：

> 老实说，我们的让步是有限度的，我们让步的阶段已经完结了。他们已经杀了第一刀，这个伤痕是很深重的。他们如果还为前途着想，他们就应该自己出来医治这个伤痕。"亡羊补牢，犹未为晚。"这是他们自己性命交关的大问题，我们不得不尽最后的忠告。[1]

---

[1] 《毛泽东选集》第二卷，人民出版社 1991 年版，第 776 页。

毛泽东在本文中,揭露国民党反动派发动"皖南事变"、围剿新四军的罪恶行径之后,要求国民党当局做几件事来补救。他借用"亡羊补牢,犹未为晚"这则寓言故事,进行"最后的忠告",并且指出:"如果他们怙恶不悛,继续胡闹,那时,全国人民忍无可忍,把他们抛到茅厕里去,那就悔之无及了。"

往者不可谏,来者犹可追

往者,过去的事;谏,规劝,使改正错误。过去的事不可挽回了,将来的事还来得及改正。语出《论语·微子》:

> 楚狂接舆歌而过孔子曰:"凤兮,凤兮!何德之衰?往者不可谏,来者犹可追。已而,已而!今之从政者殆而!"
> 孔子下,欲与之言。趋而辟之,不得与之言。

这段话大意是说,楚国的狂人接舆唱着歌从孔子的车旁经过,他唱道:"凤凰呀!凤凰呀!为什么你的德行竟如此衰败?已往的事情不可挽回,未来的却还来得及补救。算了吧,算了吧!现在从政的人物都很危险!"

孔子下车,想和他谈谈,他却赶快避开,使孔子没有能够和他谈。

也许这个楚国狂人接舆的形象有点滑稽可笑,但是他所唱的内容却是非常深刻的,尤其是"往者不可谏,来者犹可追"这两句话,其意思和孔子在《八佾》篇里所说的"成事不说,遂事不谏,既往不咎"差不多。"往者不可谏"就是"遂事不谏"。用我们今天的话来说，那就是过去了的就让它过去了吧，关键是要把握未来。"来者犹可追"就是指要把握未来。

"往者不可谏，来者犹可追"，在我们处理个人生活中的事情或总结人生道路上的成败得失等方面，也是很有意义的借鉴。人生不应该总是为过去所发生的遗憾之事而愧恨或叹息，吸取教训之后就可以避免重犯曾经犯过的错误。

1949 年 12 月，由刘少奇介绍，毛泽东、李维汉及张庆孚等人做历史见证人，党中央批准李达为中共正式党员。在李达诚恳申请入党时，毛泽东向他指出：

> 早年离开了党，这在政治上摔了一跤，是个很大的损失，往者不可谏，来者犹可追。

毛泽东表示，同意李达重新入党，不要候补期，并愿意做他的历史证明人。[①]

李达（1890—1966），湖南零陵人，教育家、哲学家。曾任湖南大学、武汉大学校长。他是中国共产党的创始人之一，在早期创建中国共产党和宣传马克思主义方面作出过贡献。大革命失败后自动脱党，从事教学和研究，继续宣传马克思主义。解放后，他向党中央申请重新入党，得到批准。在接受他重新入党时，毛泽东和他谈话，引用了"往者不可谏，来者犹可追"的话，表示对他脱党的既往不咎，希望他对党的事业作出新的贡献。战友的体贴、安慰和勉励之情溢于言表。

---

① 陈力新、陈梅彬：《毛泽东同志和李达同志的友谊》，1978 年 12 月 23 日《光明日报》。

味 同 嚼 蜡

味道像嚼蜡一样。比喻没有味道，没意思。多指诗文和说话枯燥无味。语出《楞严经》卷八：

> 我无欲心，应汝行事，当横陈时，味同嚼蜡。

又清叶燮《原诗·内篇下》：

> 若徒以富丽为工，本无奇意，而饰以奇字，本非异物，而加以异名别号，味同嚼蜡。展诵未竟，但觉不堪。此乡里小儿之技，有识者不屑为也。

1965 年 7 月 21 日，毛泽东在《致陈毅》的信中说：

> 宋人多数不懂诗是要用形象思维的，一反唐人规律，所以味同嚼蜡。①

毛泽东在文中引用"味同嚼蜡"一语，批评宋诗枯燥无味。

为渊驱鱼，为丛驱雀

为，替；渊，深水潭；从，丛林；雀，原作爵，二字古通。把鱼赶

---

① 《毛泽东书信选集》，人民出版社 1983 年版，第 608 页。

到深潭里，把鸟赶到丛林里。比喻残暴的统治使人民投向别国。典出《孟子·离娄上》：

> 孟子曰："桀、纣之失天下也，失其民也；失其民者，失其心也。得天下有道：得其民，斯得天下矣；得其民有道：得其心，斯得民矣；得其心有道：所欲与之聚之，所恶勿施尔也。民之归仁也，犹水之就下、兽之走圹也。故为渊驱鱼者，獭（tǎ）也；为丛驱爵者，鹯（zhān）也；为汤、武驱民者，桀与纣也。今天下之君有好仁者，则诸侯皆为之驱矣。虽欲无王，不可得已。"

这段话大意是，孟子说："桀和纣失天下，是由于失去了人民；失去人民，是由于失去了民心。得天下有办法：得到人民，就能得到天下了；得人民有办法：赢得民心，就能得到人民了；得民心有办法：他们想要的，就给他们积聚起来；他们厌恶的，不强加给他们，如此罢了。人民归向于仁，如同水往下方流、野兽奔向旷野一样。所以，替深水赶来鱼的是水獭；替树丛赶来鸟雀的是鹯鹰；替汤王、武王赶来百姓的，是夏桀和商纣。如果现在天下的国君有爱好仁德的，那么诸侯们就会替他把人民赶来。哪怕他不想称王天下，也不可能了。"

1935年12月27日，毛泽东在《论反对日本帝国主义的策略》一文中说：

> 组织千千万万的民众，调动浩浩荡荡的革命军，是今天的革命向反革命进攻的需要。只有这样的力量，才能把日本帝国主义和汉奸卖国贼打垮，这是有目共见的真理。因

此,只有统一战线的策略才是马克思列宁主义的策略。关门主义的策略则是孤家寡人的策略。关门主义"为渊驱鱼,为丛驱雀",把"千千万万"和"浩浩荡荡"都赶到敌人那一边去,只博得敌人的喝彩。①

毛泽东在文中引用"为渊驱鱼,为丛驱雀"这一俗语,比喻王明"左"倾关门主义的策略,把"千千万万"和"浩浩荡荡"的群众赶到敌人一边,强调了抗日统一战线的重要意义,批判了王明的关门主义。

此外,1930年1月5日,毛泽东在《星星之火,可以燎原》一文引述的"前委给中央的信"中说:

群众是一定归向我们的。屠杀主义固然是为渊驱鱼,改良主义也再不能号召群众了。②

这是说,当时的反革命势力采取血腥屠杀的手段,是吓不倒革命者的,相反却是"为渊驱鱼"——使群众归向革命队伍。

文 质 彬 彬

文,文采;彬彬,协调配合。形容人既有文采又很质朴。后多指人态度文雅,举止从容。后亦用来指文学作品的内容与形式的和谐统一。语出《论语·雍也》:

---

①② 《毛泽东选集》第一卷,人民出版社1991年版,第155、102页。

> 子曰："质胜文则野，文胜质则史。文质彬彬，然后
> 君子。"

这几句话大意是，孔子说："质朴多于文采，就像个乡下人，流于粗俗；文采多于质朴，就流于虚伪、浮夸。只有质朴和文采配合恰当，才是个君子。"

这段话言简意赅，确切地说明了文与质的正确关系和君子的人格模式，高度概括了孔子的文质思想。文与质是对立的统一，互相依存，不可分离。质朴与文采是同样重要的。孔子的文质思想经过两千多年的实践，不断得到丰富和发展，极大地影响了人们的思想和行为，产生了深远的影响。

1927 年 3 月，毛泽东在《湖南农民运动考察报告》一文中写道：

> 革命不是请客吃饭，不是做文章，不是绘画绣花，不能那样雅致，那样从容不迫，文质彬彬，那样温良恭俭让。革命是暴动，是一个阶级推翻一个阶级的暴烈的行动。农村革命是农民阶级推翻封建地主阶级的权力的革命。农民若不用极大的力量，决不能推翻几千年根深蒂固的地主权力。农村中须有一个大的革命热潮，才能鼓动成千成万的群众，形成一个大的力量。①

"文质彬彬"，是形容人的举止斯文，态度娴雅，做起事来从容不迫，表现一个人既有学问，又有风度。毛泽东在本文中，从

----

① 《毛泽东选集》第一卷，人民出版社 1991 年版，第 17 页。

"革命是暴动,是一个阶级推翻一个阶级的暴烈的行动"的性质,批驳了国民党右派和党内机会主义分子及一般人对湖南农民运动"糟得很"的谬论。

文武之道,一张一弛

文武,指周文王和周武王;张,紧张,拉紧弓弦;弛,松弛,放松弓弦。相传周文王和周武王处理政事像使用弓弦一样,有拉紧的时候,也有放松的时候。比喻治理国家要宽严结合,后也比喻工作的松紧、生活的劳逸要合理安排,适当调节。语出《礼记·杂记下》:

> 子曰:"……张而不弛,文武弗能也;弛而不张,文武弗为也。一张一弛,文武之道也。"

这段话大意是,孔子说:"紧张而不松弛,即使周文王、周武王也做不到;只松弛而不紧张,则周文王、周武王不会这样做;有紧张有松弛,这才是周文王、周武王治理民众的办法。"

1948年4月2日,毛泽东在《对晋绥日报编辑人员的谈话》中说:

> 《晋绥日报》在去年六月以后进行的反对右倾的斗争,是完全正确的。在反右倾的斗争中,你们作得很认真,充分地反映了群众运动的实际情况。对于你们认为错误的观点

和材料,你们采用编者按语的形式加以批注。你们的批注后来也有缺点,但是那种认真的精神是好的。你们的缺点主要是把弓弦拉得太紧了。拉得太紧,弓弦就会断。古人说:"文武之道,一张一弛。"现在"弛"一下,同志们会清醒起来。过去的工作有成绩,但也有缺点,主要是"左"的偏向。现在作一次全面的总结,纠正了"左"的偏向,就会做出更大的成绩来。①

毛泽东在谈话中指出:《晋绥日报》"去年(1947年)六月以后进行的反对右倾的斗争,是完全正确的","但也有缺点,主要是'左'的偏向"。他认为,在紧张的解放战争中,工作既不能"右",也不能"左",应当像周文王和周武王治理国家那样"一张一弛",宽严适度。当时的主要任务是,努力克服工作中"左"的倾向,这样,才能纠正错误,做出更大的成绩。

温 良 恭 俭 让

温,温和;良,善良;俭,节俭;让,谦让。现在多用以形容态度温和,举止文雅。语出《论语·学而》:

> 子禽问于子贡曰:"夫子至于是邦也,必闻其政,求之与,抑与之与?"子贡曰:"夫子温、良、恭、俭、让以得之。夫子之求之也,其诸异乎人之求之与?"

---

① 《毛泽东选集》第四卷,人民出版社1991年版,第1321页。

这段话大意是，子禽问子贡说："老师到了一个国家，总是预闻这个国家的政事。（这种资格）是他自己求得呢，还是人家国君主动给他的呢？"子贡说："老师温、良、恭、俭、让，所以才得到这样的资格，（这种资格也可以说是求得的），但他求的方法，或许与别人的求法不同吧？"

子禽，姓陈名亢，字子禽。郑玄所注《论语》说他是孔子的学生，但《史记·仲尼弟子列传》未载此人，故一说子禽非孔子学生。

子贡（前520—？），姓端木，名赐，字子贡，春秋末卫国人，比孔子小31岁，是孔子的学生。子贡善辩，孔子认为他可以做大国的宰相。据《史记》记载，子贡在卫国做了商人，家有财产千金，成了有名的商业家。

本文通过子禽与子贡的对话，把孔子的为人处世的品格勾画了出来。孔子之所以受到各国统治者的礼遇和器重，就在于孔子具备有温和、善良、恭敬、俭朴、谦让的道德品格。

1927年3月，毛泽东在《湖南农民运动考察报告》一文中写道：

> 革命不是请客吃饭，不是做文章，不是绘画绣花，不能那样雅致，那样从容不迫，文质彬彬，那样温良恭俭让。革命是暴动，是一个阶级推翻一个阶级的暴烈的行动。[1]

毛泽东在这篇文章中引用"温良恭俭让"一语，批驳革命当

---

[1] 《毛泽东选集》第一卷，人民出版社1991年版，第17页。

局缺乏斗争性,跟在帝国主义、军阀、贪官污吏、土豪劣绅后面诬蔑农民运动"糟得很"的谬论。

我劝天公重抖擞,不拘一格降人才

抖擞,振作精神;不拘一格,不拘守一定的规格,即不依照旧规格。我劝上天重新振作起来,不拘守一定的规格降下人才。后来比喻广纳人才之意。语出清龚自珍《己亥杂诗》第一百二十五:

> 九州生气恃风雷,万马齐喑究可哀。
> 我劝天公重抖擞,不拘一格降人才!

这首诗大意是说:

中国大地依靠风雷激荡,朝野臣民噤口不语是一种悲哀。

我奉劝天帝能重新振作精神,不拘守既定规格降下更多的人才!

龚自珍(1792—1841),一名巩祚,字璱人,号定盦,浙江仁和(今杭州)人,清思想家、文学家。有《定盦文集》。龚自珍道光九年(1829)年中进士,官礼部主事。道光十九年(1839)岁次己亥,龚自珍辞官返乡,后又北上迎接妻儿,在南北往来途中,感于清朝朝廷压抑、束缚人才的情况,作诗315首表达了变革社会的强烈愿望。

这是一首出色的政治诗。诗末自注:"过镇江,见赛玉皇及风神、雷神者,祷词万数,道士乞撰青词。"祷词,祈求神祇。这里是指求神的人。青词,道士斋醮用的一种文体,以朱笔写于青藤纸上,亦称"绿章"。这首诗借用"万马齐喑",比喻朝野噤声的死气沉沉的现实社会,呼吁依靠"风雷"激荡般的巨大力量,使中国变得生机勃勃,朝廷所应该做的就是破格荐用人才,只有这样,中国才有希望。

1945 年 5 月 31 日,毛泽东在《在中国共产党第七次全国代表大会上的结论》中讲到"党性与个性"时说:

> ……在我们党领导的解放区,不仅社会上的人都有人格、独立性和自由,而且在我们党的教育下,更发展了他们的人格、独立性和自由。这个问题,马克思在《共产党宣言》里讲得很清楚,他说:"每个人的自由发展是一切人的自由发展的条件。"不能设想每个人不能发展,而社会有发展,同样不能设想我们党有党性,而每个党员没有个性,都是木头,一百二十万党员就是一百二十万块木头。这里我记起了龚自珍写的两句诗:"我劝天公重抖擞,不拘一格降人才。"在我们党内,我想这样讲:"我劝马列重抖擞,不拘一格降人才。"不要使我们的党员成了纸糊泥塑的人,什么都是一样的,那就不好了。其实人有各种各样的,只要他服从党纲、党章、党的决议,在这个大原则下,大家发挥能力就行了。讲清楚这一点,对于党的进步,对于全体党员积极性的发挥是会有好处的。[①]

毛泽东在不同时期,多次运用龚自珍的这首诗,强调打破死

---

① 《毛泽东文集》第三卷,人民出版社 1996 年版,第 415—416 页。

气沉沉的局面,振作精神,广开言路,广纳人才。

卧榻之侧,岂容他人鼾睡

榻,床;鼾睡,呼呼大睡。在自己的卧床旁边,哪能容许外人呼呼大睡。比喻自己的利益范围决不允许外人侵犯。南宋岳珂《桯史·徐铉入聘》:

> 上谕之曰:"不需多言,江南亦何罪? 但天下一家,卧榻之侧,岂容他人鼾睡耶!"

南宋李焘《续资治通鉴长编·宋太祖纪》:

> 江南亦有何罪,但天下一家,卧榻之侧,容他人鼾睡乎?

1936 年 8 月 14 日,毛泽东在《致傅作义》的信中写道:

> 迩者李守信卓什海向绥进迫,德王不曾溥仪,蒙古傀儡国之出演,咄咄逼人。日本帝国主义卧榻之侧,岂容他人鼾睡! 先生北方领袖,爱国宁肯后人? 保卫绥远,保卫西北,保卫华北,先生之责,亦红军及全国人民之责也。今之大计,退则亡,抗则存;自相煎艾则亡,举国奋战则存。弟等频年呼吁,要求全国各界一致联合,共同抗日,组织国防政府、抗日联军。幸人心未死,应者日多,抗日图存,光明渐启。近日红军渐次集中,力量加厚,先生如能毅然抗战,弟等决

为后援。亟望互派代表,速定大计,为救亡图存而努力,知先生必有同心也。①

李守信,当时任伪蒙古军参谋部部长、伪蒙古军第一军军长。卓什海,即卓特巴扎普。当时任伪蒙古军副司令。德王,即德木楚克栋鲁普(1902—1966),内蒙古锡林郭勒盟正白旗人,王公。1936年5月,在侵华日军的策划下,任伪蒙古军政府总裁,充当日本帝国主义的傀儡。溥仪,即爱新觉罗·溥仪(1906—1967),清朝末代皇帝,辛亥革命后退位。1932年任日本帝国主义一手策划的伪满洲国执政,1934年改称"满洲国"皇帝。

1936年,在侵华日军的指挥下,伪蒙古傀儡政权派李守信、卓什海率兵向绥远进逼,严重威胁着西北和华北。此时,毛泽东当即致电当时的国民党绥远省政府主席傅作义,力陈形势:日军操纵下的德王无异于溥仪,其进攻气势咄咄逼人,对绥远他们是志在必得。日本帝国主义,正如宋太祖赵匡胤进兵围攻金陵时的情形一样:"卧榻之侧,岂容他人鼾睡?"毛泽东运用这个典故,明确地指出了日本帝国主义企图吞并中国的野心。在这野心下,无论是绥远还是其他省,都绝无在卧榻之下酣睡的可能。

无面目见江东父老

形容做错了事内心惭愧,不敢见人。典出西汉司马迁《史记·项羽本纪》:

---

① 《毛泽东书信选集》,人民出版社1983年版,第43页。

　　于是项王乃欲东渡乌江。乌江亭长檥(yǐ)船待,谓项王曰:"江东虽小,地方千里,众数十万人,亦足王也。愿大王急渡。今独臣有船,汉军至,无以渡。"项王笑曰:"天之亡我,我何渡为!且籍与江东子弟八千人渡江而西,今无一人还,纵江东父兄怜而王我,我何面目见之?纵彼不言,籍独不愧于心乎?"

　　这几句话大意是说,于是,项羽想要向东渡过乌江。乌江亭长正停船靠岸等在那里,对项羽说:"江东虽然小,但土地方圆有一千里,民众有几十万,也足够称王啦。希望大王快快渡江。现在只有我这儿有船,汉军到了,没法渡过去。"项王笑了笑说:"上天要灭亡我,我还渡乌江干什么!再说我和江东子弟八千人渡江西征,如今没有一个人回来,纵然江东父老兄弟怜爱我让我做王,我又有什么脸面去见他们?纵然他们不说什么,我项籍难道心中没有愧咎吗?"

　　1948年10月31日,毛泽东在为新华社撰写的评述《评蒋傅军梦想偷袭石家庄》中说:

　　蒋介石最近时期是住在北平,在两个星期内,由他经手送掉了范汉杰、郑洞国、廖耀湘三支大军。他的任务已经完毕,他在北平已经无事可做,昨日业已溜回南京。蒋介石不是项羽,并无"无面目见江东父老"那种羞耻心理。他还想活下去,还想弄一点花样去刺激一下已经离散的军心和人心。亏他挖空心思,想出了偷袭石家庄这样一条妙计。①

---

① 《毛泽东新闻工作文选》,新华出版社1983年版,第261—262页。

在文中,毛泽东用项羽失败自刎,从反面说明蒋介石不会自杀,还是要干到底的,让全党全军保持警惕。

吾恐季孙之忧,不在颛臾,而在萧墙之内

季氏,春秋时鲁国季孙氏。庄公季弟孝友的后代。萧墙,照壁屏风。指宫廷之内。我恐怕季孙氏的忧患,不在颛臾的入侵,而在宫廷之内。比喻祸乱从内部发生。语本《论语·季氏》:

> 季氏将伐颛臾。冉有、季路见于孔子曰:"季氏将有事于颛臾。"
> 孔子曰:"求!无乃尔是过与?夫颛臾,昔者先王以为东蒙主,且在邦域之中矣,是社稷之臣也。何以伐为?"
> 冉有曰:"夫子欲之,吾二臣者皆不欲也。"
> 孔子曰:"求!周任有言曰:'陈力就列,不能者止。'危而不持,颠而不扶,则将焉用彼相矣?且尔言过矣,虎兕(sì)出于柙(xiá),龟玉毁于椟(dú)中,是谁之过与?"
> 冉有曰:"今夫颛臾,固而近于费。今不取,后世必为子孙忧。"
> 孔子曰:"求!君子疾夫舍曰欲之而必为之辞。丘也闻有国有家者,不患贫而患不安,不患寡而患不均。盖均无贫,和无寡,安无倾。夫如是,故远人不服,则修文德以来之。既来之,则安之。今由与求也,相夫子,远人不服而不能来也,邦分崩离析而不能守也;而谋动干戈于邦内。吾恐

季孙之忧，不在颛臾，而在萧墙之内也。"

这段话大意是说，季氏将要讨伐颛臾。冉有、子路去见孔子说："季氏快要攻打颛臾了。"

孔子说："冉求，这不就是你的过错吗？颛臾从前是周天子让它主持东蒙的祭祀的，而且已经在鲁国的疆域之内了，是国家的臣属。为什么要讨伐它呢？"

冉有说："季孙大夫想这样做，我们两个人都不愿意。"

孔子说："冉求，周任曾经说：'尽自己的力量担当你的职务，实在做不好就辞职。'如果（季孙氏）有了危险你不去扶助，跌倒了你不去搀扶，那么，还用助手干什么呢？而且你说的话错了。老虎、犀牛从笼子里跑出来，龟甲、玉器在匣子里毁坏了，这是谁的过错呢？"

冉有说："现在颛臾城墙坚固，而且离（季孙氏）的费邑很近。现在不把它夺取过来，将来一定会成为子孙的忧患。"

孔子说："冉求，君子痛恨那种不说自己有野心，反而一定要找借口来掩饰的人。我听说，对于诸侯和大夫，不怕贫穷，而怕不安分守己；不怕人口少，而怕财富不均。因为财富均了，也就没有所谓贫穷；大家和睦，就不会感到人少；人安分守己了，也就没有倾覆的危险。这样做了，如果远方的人还不归服，就用仁、义、礼、乐招徕他们；已经来了，就让他们安心住下去。现在，你们两个人辅助季氏，远方的人不肯归服，而不能招徕他们；国内民心离散，你们不能保全；反而策划在国内使用武力。我只怕季孙的忧患不在颛臾，而在自己的内部呢！"

春秋时代，鲁国大夫季孙氏和鲁襄公矛盾日益加深，他怕附属鲁国的小国颛臾帮助鲁君收拾自己，便决定先发制人，要去讨伐颛臾。孔子的弟子冉有和子路在季孙氏家做家臣，他们在向孔子反映情况时，也主张讨伐颛臾。于是孔子说了上面那番话。"吾恐季孙之忧，不在颛臾，而在萧墙之内"一语，比喻忧患不是来自外部，而是来自自己内部，便是孔子观点的集中体现。

1941年1月20日，毛泽东在《为皖南事变发表的命令和谈话》中说：

> 如能实行以上十二条，则事态自然平复，我们共产党和全国人民，必不过为已甚。否则，"吾恐季孙之忧，不在颛臾，而在萧墙之内"，反动派必然是搬起石头打他们自己的脚，那时我们就爱莫能助了。①

毛泽东在文中引用此语，说明国民党如不能实行共产党提出的十二条建议，那么，忧患就不仅是来自外部日本帝国主义的侵略，也会来自内部，即遭到共产党和全国人民的反对。

五十而知天命

天命，天的意志和命令，一种天决定人类命运的观点。《书·大诰》："天命不僭(jiàn)。"五十岁就懂得了天命。语出《论

---

① 《毛泽东选集》第二卷，人民出版社1991年版，第775—776页。

语·为政》：

　　子曰："吾十有五而志于学，三十而立，四十而不惑，五十而知天命"。

　　这几句话大意是，孔子说："我十五岁立志学习（周礼），三十岁能按周礼办事，四十岁不受（违反周礼言行的）迷惑，五十岁就懂得了天命"。
　　详见"七十而从心所欲，不逾矩"。

贤者在位，能者在职

使有德行的人居于相当的官位，有才能的人担任一定的职务。典出《孟子·公孙丑上》：

> 孟子曰："仁则荣，不仁则辱；今恶辱而居不仁，是犹恶湿而居下也。如恶之，莫如贵德而尊士，贤者在位，能者在职。"

这几句话大意是，孟子说："仁爱的人就让他荣耀，不仁爱的人就让他受侮辱；现在是讨厌受辱而所作所为都是不仁的事，是像讨厌潮湿而居在低洼地。如果讨厌这种事，不如尊崇德行而又尊敬读书人，使有德行的人居于相当的官位，有才能的人担任一定的职务。"

这些话表现了孟子的人尽其才的思想。

1958年10月25日，毛泽东在《致周世钊》的信中说：

> 受任新职，不要拈轻怕重，而要拈重鄙轻。古人有云：

贤者在位，能者在职，二者不可得而兼。我看你这个人是可以兼的。①

孟子（约前372—前289），名轲，字子舆，邹（今山东邹城东南）人，战国中期儒家的代表人物。受业于孔伋（孔子孙）的门人。游齐、宋、滕、魏等国，曾为齐宣王客卿。他主张"法先王"，"复三代之政"；宣扬"万物皆备于我"的主观唯心论，天生的"性善"论，"五百年必有王者兴"的英雄史观，指出"劳心者治人，劳力者治于人，治于人者食人，治人者食于人"的剥削阶级思想。因而被历代统治者誉为仅次于孔子的"亚圣"。他的言论和思想记载在《孟子》一书中，共7篇。

《孟子·公孙丑上》，主要是孟子为各国诸侯及其卿相出谋划策的。孟子认为，要把国家治理好，没有内乱外患，关键在于以德为贵而尊重读书人，使有德行的人居于相当的官位，有才能的人担任一定的职务。自古以来，治国就是治吏，也就是人尽其才，干部任用得当。所以，孟子这个意见应当说是抓住了问题的关键，是很有见地的。

毛泽东在《致周世钊》的信中援引了孟子"贤者在位，能者在职"的话，接着话头一转，认为周世钊"是可以兼的"，换句话来说，就是周世钊既是"智者"，又是"能者"，是位德才兼备的干部。这样，毛泽东以自己对周世钊的了解和相知，对他进行了热情地鼓励，使周世钊能够树立信心，愉快地履行新的使命。

---

① 《毛泽东书信选集》，人民出版社1983年版，第548页。

心 悦 诚 服

悦,愉快,高兴;诚,真诚,真。心里很高兴,并且真心地信服。语出《孟子·公孙丑上》:

> 孟子曰:"以力假仁者霸,霸必有大国;以德行仁者王,王不待大。汤以七十里,文王以百里。以力服人者,非心服也,力不赡也;以德服人者,中心悦而诚服也,如七十子之服孔子也。《诗》云:'自西自东,自南自北,无思不服。'此之谓也。"

这段话大意是,孟子说:"凭借武力假托仁义的可以称霸,称霸必须具备大国的条件;依靠道德施行仁义的可以称王,称王不必要有大国的条件。商汤凭七十里见方的地方称王,文王凭百里见方的地方称王。靠武力使人服从,人们不是真心服从,只是力量不够(反抗)罢了;靠道德使人服从,人们心里高兴,是真心服从,就像七十位弟子敬服孔子那样。《诗经》上说:'从西从东,从南从北,无不心悦诚服。'就是说的这种情况。"

1955年下半年,毛泽东在《〈中国农村的社会主义高潮〉的按语》一文中说:

> 湖南省长沙县高山乡的经验,充分地告诉我们:建立贫农优势和由此去巩固地团结中农的必要性和可能性,以及如果不这样做,它的危险又会怎样。本文作者完全懂得

党的路线。做法也很对,先去完成紧急的增产任务,后去建立贫农的优势领导。结果,贫农扬眉吐气,中农也心悦诚服。①

毛泽东在这篇按语中指出,合作化运动中要按照农民的自觉与自愿,不要强迫,特别要使中农心悦诚服。

心 之 官 则 思

心,古人认为心是思维器官,故沿用为脑的代称。官,功能。脑子的作用在于思考。语出《孟子·告子上》:

> 曰:"耳目之官不思,而蔽于物。物交物,则引之而已矣。心之官则思,思则得之,不思则不得也。此天之所与我者。先拉乎其大者,则其小者弗能夺也。此为大人而已矣。"

这段话大意是,孟子说:"眼睛耳朵这类器官不会思考,所以被外物所蒙蔽,一与外物相接触,便容易被引入迷途。心这个器官则有思考的能力,一思考就会有所得,不思考就得不到。这是上天特意赋予我们人类的。所以,首先把心这个身体的重要部分树立起来,其他次要部分就不会被引入迷途。这样便可以成为君子了。"

1944 年 4 月 12 日,毛泽东在《学习和时局》一文中写道:

---

① 《中国农村的社会主义高潮》,人民出版社 1956 年版,第 358 页。

脑筋这个机器的作用,是专门思想的。孟子说:"心之官则思。"他对脑筋的作用下了正确的定义。凡事应该用脑筋好好想一想。俗话说:"眉头一皱,计上心来。"就是说多想出智慧。要去掉我们党内浓厚的盲目性,必须提倡思索,学会分析事物的方法,养成分析的习惯。①

毛泽东在文中引用"心之官则思"一语,说明凡事都要仔细观察,善于思考,学会分析事物的方法,养成分析问题、研究问题的习惯,才能把工作做好。

行 成 于 思

行,实践,办事。做事能够成功在于思考。语出唐韩愈《进学解》:

国子先生晨入太学,招诸生立馆下,诲之曰:"业精于勤,荒于嬉;行成于思,毁于随。"

这几句话大意是说,国子先生(韩愈自称)早上走进太学,召集学生们站立在学舍台阶下面,教导他们说:"学业的精进是由于勤奋,而荒废是由于游荡玩乐;德行的形成是由于思考,而败坏是由于因循随便。"

1942 年 2 月 8 日,毛泽东在《反对党八股》一文中写道:

———————————

① 《毛泽东选集》第三卷,人民出版社 1991 年版,第 948—949 页。

孔夫子提倡"再思"，韩愈也说"行成于思"，那是古代的事情。现在的事情，问题很复杂，有些事情甚至想三四回还不够。鲁迅说"至少看两遍"，至多呢？他没有说，我看重要的文章不妨看它十多遍，认真地加以删改，然后发表。文章是客观事物的反映，而事物是曲折复杂的，必须反复研究，才能反映恰当；在这里粗心大意，就是不懂得做文章的起码知识。①

毛泽东在文中引用韩愈"行成于思"的话，旨在说明无论做事、学习还是写文章，都要深思熟虑，才能少出毛病，少犯错误。

削 足 适 履

履，鞋子。把脚削小，使它适合鞋子的尺寸。比喻无原则地迁就凑合，愚蠢地生搬硬套。语出《淮南子·说林训》：

人莫欲学御龙，而皆欲学御马；莫欲学治鬼，而皆欲学治人：急所用也。解门以为薪，塞井以为白，人之从事，或时相似。水火相憎，错在其间，五味以和；骨肉相爱，谗贼间之，而父子相危。夫所以养而害所养，譬犹削足而适履，杀头而便冠。

这段话大意是说，人都不想学驾驭龙的技术，而想学御马的

---

① 《毛泽东选集》第三卷，人民出版社 1991 年版，第 844 页。

技术；都不想学习治理鬼的本领，而想学治理人的本事：这是为了急用。将门板卸下劈了当柴烧，将水井堵塞作碓臼，人们有时做的蠢事就像这样。水火不相容，但是装有水和食物的小鼎锅放在火上却能煮成五味俱全的美食；骨肉亲情，但被谗贼小人从中挑拨，父子就有可能互相危害。为贪养生之物而伤害生命，这就好像把大足去适合小的鞋子，又好像削尖脑袋去戴小帽子。

《淮南子》，西汉淮南王刘安等撰。《汉书·艺文志》著录为杂家，内篇 21，外篇 33；内篇论道，外篇杂说。今仅存内篇。内容大体归于道家的自然天道观，但亦糅合先秦各家学说。

1936 年 12 月，毛泽东在《中国革命战争的战略问题》一文中指出：

> 有一种人的意见是不对的，我们早已批驳了这种意见；他们说：只要研究一般战争的规律就得了，具体地说，只要照着反动的中国政府或反动的中国军事学校出版的那些军事条令去做就得了。他们不知道：这些条令仅仅是一般战争的规律，并且全是抄了外国的，如果我们一模一样地照抄来用，丝毫也不变更其形式和内容，就一定是削足适履，要打败仗。①

毛泽东在这文中引用"削足适履"这个成语，说明在吸收外国和别人经验的时候，要从实际出发，不能生搬硬套，否则就会犯错误。

---

① 《毛泽东选集》第一卷，人民出版社 1991 年，第 171—172 页。

学而时习之，不亦说乎

说，同"悦"。语出《论语·学而》：

> 子曰："学而时习之，不亦说乎！"

这两句话大意是，孔子说："学习（《礼》、《乐》、《诗》、《书》），又经常复习它，不也是令人高兴的事吗！"

1942年2月1日，毛泽东在《整顿党的作风》一文中说：

> 我幼年没有进过马克思列宁主义的学校，学的是"子曰学而时习之，不亦说乎"一套，这种学习的内容虽然陈旧了，但是对我也有好处，因为我识字便是从这里学来的。何况现在不是学的孔夫子，学的是新鲜的国语、历史、地理和自然常识，这些文化课学好了，到处有用。我们党中央现在着重要求工农干部学习文化，因为学了文化以后，政治、军事、经济哪一门都可学。否则工农干部虽有丰富经验，却没有学习理论的可能。①

毛泽东在文中引用"子曰学而时习之，不亦乐乎"一语，是说要想学习马克思列宁主义理论，就必须首先学习文化。他献身说法，说明自己幼年没有进过马克思列宁主义学校，自幼学的是

---

① 《毛泽东选集》第三卷，人民出版社1991年版，第818页。

儒家经典《论语》等，儒学虽然在内容上陈旧了，但他通过学习儒家经典学会了"识字"，即掌握了语言这个工具，以后在革命中便学得了马克思列宁主义。所以，他教导工农干部要学文化，"因为学了文化以后，政治、军事、经济哪一门都可学。否则工农干部虽有丰富经验，却没有学习理论的可能"。毛泽东强调学习文化的重要性的教导。是很有说服力的。

学 而 不 思

学习而不思考。语出《论语·为政》：

> 子曰："学而不思则罔，思而不学则殆。"

这两句话大意是，孔子说："只学习（《诗》、《书》、《礼》、《乐》），而不反省，就会毫无收获；只反省而不学习（《诗》、《书》、《礼》、《乐》）就会走上（违背周礼的）危险道路。"

孔子认为，在学习的过程中，学和思不能偏废是对的。但他的所谓思，并不是一般的思考、思维，而是自我反省，闭门思过。孔子所说的"见贤思齐焉，见不贤而内自省也"，"言思忠，事思敬"等话中"思"都是反省的意思。

德国哲学家、伦理学家泡尔生（1846—1908）《伦理学原理》讲到道德、哲学的开放时说："昔之开放时代，尚已，而今乃复见。其始袭于少年，今则渐波及普通人民。"

毛泽东读到这里，批注道：

我国二千年来之学者，皆可谓学而不思。

此吾国今时之现象。①

毛泽东在这则批语中说的"学而不思"，是一般意义上的学习和思考，与孔子所说显然有别。他认为学而不思就会迷惘，就要受骗。这可以说是对我国几千年的思想史、文化史切中要害的评论。

学 而 不 厌

厌，满足。努力学习而不满足。语出《论语·述而》：

子曰："默而识（zhì）之，学而不厌，诲人不倦，何有于我哉？"

这几句话大意是，孔子说："默默地记住（所学的知识），学习不觉得厌烦，教人不知道疲倦，上述三件事我有哪一件做到了呢？"

1938年10月14日，毛泽东在《中国共产党在民族战争中的地位》一文中写道：

学习的敌人是自己的满足，要认真学习一点东西，必须从不自满开始。对自己，"学而不厌"，对人家，"诲人不倦"，

---

① 《毛泽东早期文稿》，湖南人民出版社1990年版，第134页。

我们应取这种态度。①

"学而不厌"、"诲人不倦"是孔子对他的学生谈他治学和从事教学工作的经验总结,后来的用法是努力学习不怕疲劳,耐心教育别人而不知疲倦。

雪 中 送 炭

大雪天给人送取暖的炭。比喻在别人困难或急需的时候给予帮助。典出元脱脱《宋史·太宗纪》:

> (淳化四年二月己未朔)雨雪,大寒。遣中使赐孤老贫穷人米炭。

这是说,宋太宗赵炅淳化四年(993)二月,天降大雪,非常寒冷,赵炅派太监给京城的孤独老弱贫穷的人送去小米和煤炭。

南宋诗人范成大针对此事在《大雪送炭与芥隐》中讽刺说:

> 无因同拨地炉灰,想见柴荆晚未开。
> 不是雪中须送炭,聊装风景要诗来。

芥隐,姓龚,做过编修官,与诗人有交往,范成大的《石湖诗集》就是他校对的。诗大意是说:

---

① 《毛泽东选集》第二卷,人民出版社1991年版,第535页。

没有机缘在一起烤火叙怀，想来拜见又迟迟未把柴门打开。

不是您在大雪中需我送炭，姑且装模作样向我索要诗来。

1942 年 5 月，毛泽东在《在延安文艺座谈会的讲话》一文中写道：

> 什么是文艺工作中的普及和提高呢？这两种任务的关系是怎样的呢？普及的东西比较简单浅显，因此也比较容易为目前广大人民群众所迅速接受。高级的作品比较细致，因此也比较难于生产，并且往往比较难于在目前广大人民群众中迅速流传。现在工农兵面前的问题，是他们正在和敌人作残酷的流血斗争，而他们由于长时期的封建阶级和资产阶级的统治，不识字，无文化，所以他们迫切要求一个普遍的启蒙运动，迫切要求得到他们所急需的和容易接受的文化知识和文艺作品，去提高他们的斗争热情和胜利信心，加强他们的团结，便于他们同心同德地去和敌人作斗争。对于他们，第一步需要还不是"锦上添花"，而是"雪中送炭"。所以在目前条件下，普及工作的任务更为迫切。轻视和忽视普及工作的态度是错误的。①

毛泽东在文中引用"雪中送炭"这一典故，来形容当时广大工农群众不识字，无文化，迫切需要一个普遍的文化启蒙运动，所以普及工作尤为迫切和重要。

---

① 《毛泽东选集》第三卷，人民出版社 1991 年版，第 861—862 页。

言必信，行必果

信，守信用；果，坚决。原含贬义，指固执己见，盲目相信自己的言行。语出《论语·子路》：

> 子贡问曰："何如斯可谓之士矣？"子曰："行己有耻，使于四方，不辱君命，可谓士矣。"曰："敢问其次？"曰："宗族称孝焉，乡党称弟焉。"曰："敢问其次？"曰："言必信，行必果，硁（kēng）硁然小人哉！抑亦可以为次矣。"曰："今之从政者何如？"子曰："噫！斗筲（shāo）之人，何足算也。"

这段话大意是，子贡问道："怎样才可以叫做士？"孔子说："自己在做事时有知耻之心，出使外国各方，能够完成君主交付的使命，可以叫做士。"子贡又问："请问次一等的呢？"孔子说："宗族中的人称赞他孝顺父母，乡党们称他尊敬兄长。"子贡又问："请问再次一等的呢？"孔子说："说到一定做到，做事一定坚持到底，不问是非地固执己见，那是小人啊。但也可以说是再次一等的士了。"子贡又说："现在执政的人，您看怎样？"孔子说：

"哼！这伙器量狭小的卑鄙小人，算得了什么呢!"

1936 年 12 月 28 日,毛泽东在《关于蒋介石声明的声明》中写道:

> 蒋氏已因接受西安条件而恢复自由了。今后的问题是蒋氏是否不打折扣地实行他自己"言必信,行必果"的诺言,将全部救亡条件切实兑现。①

这是在西安事变和平解决之后毛泽东发表的声明,文中引用"言必信,行必果"这一成语,目的在于希望和敦促蒋介石信守诺言,兑现"改组国民政府"等六项条件,一致抗日。

言者无罪,闻者足戒

言者,说话的人;闻者,听话的人;戒,警惕。说话的人没有罪过,听话的人值得引为警戒。语出《毛诗序》:

> 上以风化下,下以风刺上,主文而谲谏,言之者无罪,闻之者足以戒,故曰风。

这几句话大意是说,皇帝用感化的方法教育臣子,臣子用感化的方法讽刺皇帝,讲究文词,用隐约的言词谏劝而不直言,这就叫做风。

---

① 《毛泽东选集》第一卷,人民出版社 1991 年版,第 247 页。

原指封建时代臣子对君主用委婉的语言或暗示的方式进行讽谏,进谏的人不会因说话而获罪,听话的人却从中得到警戒。

唐白居易《与元九书》:"言者无罪,闻者足戒,言者闻者,莫不两尽其心焉。"凝炼成流传后世的格言。

现指人民内部进行批评,批评者只要是善意的,即使说得不正确,也是无罪的,被批评者即使没有所说的缺点错误,也足以引为鉴戒。

1945 年 4 月 24 日,毛泽东在《论联合政府》一文中写道:

> 对于我们,经常地检讨工作,在检讨中推广民主作风,不惧怕批评和自我批评,实行"知无不言,言无不尽","言者无罪,闻者足戒","有则改之,无则加勉"这些中国人民的有益的格言,正是抵抗各种政治灰尘和政治微生物侵蚀我们同志的思想和我们党的肌体的唯一有效的方法。①

毛泽东在文中引用此语,说明人民内部进行批评时,批评者和被批评者应持的正确态度。

阳春白雪,下里巴人

阳春白雪,战国时楚国的高雅歌曲;下里、巴人,战国时楚国流行的民间歌曲。后来分别指代高雅的和通俗普及的文艺作

---

① 《毛泽东选集》第三卷,人民出版社 1991 年版,第 1096 页。

品。典出《文选·宋玉〈对楚王问〉》：

> 楚襄王问于宋玉曰："先生其有遗行欤？何士民众庶不誉之甚也？"
>
> 宋玉对曰："唯，然，有之。愿大王宽其罪，使得毕其辞。
>
> "客有歌于郢中者，其始曰《下里》、《巴人》，国中属（zhǔ）而和（hè）者数千人；其为《阳阿》、《薤（xiè）露》，国中属而和者数百人；其为《阳春》、《白雪》，国中属而和者，不过数十人；引商刻羽，杂以流徵（zhǐ），国中属而和者，不过数人而已。是其曲弥高，其和弥寡。故鸟有凤而鱼有鲲。凤皇上击九千里，绝云霓，负苍天，足乱浮云，翱翔乎杳冥之上。夫藩篱之鷃（yàn），岂能与之料天地之高哉？鲲鱼朝发昆仑之墟，暴鬐（qí）于碣石，暮宿于孟诸；夫尺泽之鲵（ní），岂能与之量江海之大哉！故非独鸟有凤而鱼有鲲也，士亦有之。夫圣人瑰意琦行，超然独处。夫世俗之民，又安知臣之所为哉！"

这段文字大意是，楚襄王问宋玉说："先生也许有不检点的行为吧？为什么士民百姓都那么不称赞你呢？"

宋玉回答说："嗯，是这样，有这种情况。希望大王宽恕我的罪过，允许我把话说完。"

"有个客人在郢都城里唱歌，起初他唱《下里》、《巴人》，都城里跟着唱的有几千人；后来他唱《阳阿》、《薤露》，都城里跟着唱的有几百人；等到他唱《阳春》、《白雪》，都城里跟着唱的不过几十人；最后当他由轻劲敏疾的商音渐渐减弱为平缓的羽音，中间夹杂着抑扬递续的徵音时，都城里跟着唱的，只不过几个人罢了。这样看来，歌曲越是高雅，和唱的人就越少。所以说鸟类中有凤凰，鱼类中有鲲鱼。凤凰展翅上飞九千里，穿过云霓，背负着青天，两脚搅乱浮云，翱翔在高远的蓝天之上。那篱笆下跳跃的鷃雀，怎么能和它一样想象天地的高大呢？鲲鱼早晨从昆仑山脚下出发，中午在渤海边的碣石山上晒脊背，晚上在孟诸过夜。那一尺来深的水泽里的鲵鱼，怎么能和它一样测知江海的广阔呢！所以说不光是鸟中有凤凰，鱼中有鲲鱼，士人之中也有杰出的人才。那圣人宏大的志向，美好的操行，超出常人独自存在，一般人又怎么能理解我的所作所为呢！"

1942年5月，毛泽东在《在延安文艺座谈会上的讲话》一文中写道：

> 任何一种东西，必须能使人民群众得到真实的利益，才是好的东西。就算你的是"阳春白雪"吧，这暂时既然是少数人享用的东西，群众还是在那里唱"下里巴人"，那末，你不去提高它，只顾骂人，那就怎样骂也是空的。现在是"阳春白雪"和"下里巴人"统一的问题，是提高和普及统一的问题。不统一，任何专门家的最高级的艺术也不免成为最狭隘的功利主义；要说这也是清高，那只是自封为清高，群众是不会批准的。①

毛泽东在文中引用"阳春白雪"比喻高深的只为少数人所享用的文艺作品，用"下里巴人"比喻通俗的为大众所喜闻乐见的文艺作品，强调把普及与提高统一起来。

———————————

① 《毛泽东选集》第三卷，人民出版社1991年版，第864—865页。

阳春白雪，和者盖寡

阳春白雪，战国时楚国的高雅歌曲。典出《文选·宋玉〈对楚王问〉》。和（hè），跟着唱；寡，少。唱阳春白雪高雅歌曲时，能够跟着唱的人一定很少。

参见"阳春白雪，下里巴人"。

峣峣者易折，皦皦者易污

峣（yáo）峣，山势高峻之状；皦（jiǎo）皦，玉石洁白之状。高而尖的东西容易折断，洁白的东西容易玷污。语出汉李固《遗黄琼书》：

> 闻已渡伊洛，近在万岁亭，岂即事有渐，将顺王命乎？
> 盖君子谓："伯夷隘，柳下惠不恭"，故传曰："不夷不惠，可否之间"。盖圣贤居身之所珍也。诚遂欲枕山栖谷，拟迹巢、由，斯则可矣。若当辅政济民，今其时也。自生民以来，善政少而乱俗多，必待尧舜之君，此为志士，终无时矣。
> 常闻语曰："峣峣者易折，皦皦者易污。"阳春之曲，和者必寡；盛名之下，其实难副。近鲁阳樊君，被征初至，朝迁设坛席，犹待神明；虽无大异，而言行所守，亦无所缺；而毁谤布流，应时折减者，岂非观听望深，声名太盛乎？自顷征聘之士，胡元安、薛孟尝、朱仲昭、顾季鸿等，其功业皆无所采。

是故俗论皆言处士纯盗虚声。愿先生弘此远谟,令众人叹服,一雪此言耳。

李固(94—147),字子坚,东汉汉中南郑(今陕西南郑)人,少年时就喜欢读书,常不远千里,步行求师,博览群书,广交朋友。汉顺帝时曾任议郎,但因议论政事,触犯权贵,被贬到地方做官;汉冲帝时又被提升为太尉(掌管全国军事),但到汉质帝时,终因反对专权,遭到杀害。有文集十二卷,但已流失。

《遗黄琼书》是作者给朋友黄琼的一封信。东汉后期,朝政纷乱,有识之士希望能聚集英才,参与治政,挽回颓势,因此纷纷向朝廷荐才。黄琼也被推荐,受汉顺帝之召,但他走到半路,托病不去了。李固平时很敬佩黄琼,听说后,就写信鼓励他积极参与国事,建立功业,来证明自己的实际才能,并指出有些欺世盗名之徒,被征后无所建树,使朝野失望,以此来激励和督促黄琼。后来黄琼果然对朝政起了相当作用,官至太尉、司空。信中古今引证,正反衬托,饱含激励劝勉之情,呼吁有美好名声的人,赶快投入到实际的事务中去,创建自己的真才实学。

1966 年 7 月 8 日,毛泽东在给江青的一封信中说:

我曾举了后汉人李固写给黄琼信中的几句话:峣峣者易折,皦皦者易污。阳春白雪,和者盖寡。盛名之下,其实难副。这后两句,正是指我。我曾在政治局常委会上读过这几句。人贵有自知之明。①

----

① 陈晋:《毛泽东读书笔记解析》,广东人民出版社 1996 年版,第1003 页。

毛泽东很喜欢李固写给黄琼的这封信,特别是其中的"峣峣者易折……其实难副"几句话。在一次政治局会议上,他读了这几句话。1966年7月8日的信中,毛泽东借这几句话自我解剖,是这封信的一个基本内容。而"人贵有自知之明",大概是他读这封信体会最深的一点。

此外,毛泽东还喜欢《后汉书》里的《陈寔传》、《李固传》、《黄琼传》。1965年,他曾把"三传"推荐给刘少奇、周恩来、邓小平、彭真、陈毅等党和国家的主要领导人阅读。

叶 公 好 龙

叶,旧读 shè。叶公,春秋时楚国贵族,名子高,封于叶(今河南叶县)。比喻表面上爱好某事物,真正面对某事物时,反而畏惧。典出西汉刘向《新序·杂事第五》:

> 叶公子高好(hào)龙,钩以写龙,凿以写龙,屋室雕文以写龙。于是天龙闻而下之,窥头于牖(yǒu),施(yì)尾于堂。叶公见之,弃而还走,失其魂魄,五色无主。是叶公非好龙也,好夫似龙而非龙者也。

这则寓言大意是说,叶公子高非常喜欢龙,他家里有要雕刻的地方就用钩刀、凿子刻上龙,房屋里也都雕刻上龙的花纹。天上的龙听说了,就下降到叶公的家里,把头伸进窗户里来探望,长长的尾巴伸展在堂上。叶公看到它以后,吓得转身就跑,好像掉了魂似的,脸色都变了。原来,叶公并非真的喜欢龙呀!他所喜欢的只不过是那些似龙非龙的东西罢了！

1927年3月，毛泽东在《湖南农民运动考察报告》中说：

> 湖南的右派领袖刘岳峙辈，与蒋、张诸公一个意见，都说："这简直是赤化了！"我想，这一点子赤化若没有时，还成个什么国民革命！嘴里天天说"唤起民众"，民众起来了又害怕得要命，这和叶公好龙有什么两样！①

毛泽东在《湖南农民运动考察报告》一文中，用"叶公好龙"来比喻大革命时期蒋介石打着"革命"的旗号，实则畏惧革命、反对革命。

一 代 天 骄

指成吉思汗。天骄，汉朝时匈奴自称为天之骄子，意思是匈奴是天所骄纵宠爱，所以很强盛。后泛称强盛的边地的少数民族或其首领。语出东汉班固《汉书·匈奴传》：

> 其明年，单于遣使遗汉书云："南有大汉，北有强胡。'胡'者，天之骄子也，不为小礼以自烦。今欲与汉闿大关，取汉女为妻，岁给遗我蘖酒万石，稷米五千斛，杂缯万匹，它如故约，则边不相盗矣。"汉遣使者报送其使，单于使左右难汉使者，曰："汉，礼义国也。贰师道前太子发兵反，何也？"

---

① 《毛泽东选集》第一卷，人民出版社1991年版，第42页。

使者曰："然。乃丞相私与太子争斗,太子发兵欲诛丞相,丞相诬之,故诛丞相。此子弄父兵,罪当笞,小过耳。孰与冒顿单于身杀其父代立,常妻后母,禽兽行也!"单于留使者,三岁乃得还。

这段话大意是说,第二年,单于派使者送给汉朝书信说:"南方有大汉朝,北方有强盛的匈奴。'胡'的意思是天之骄子,不为小的礼节自寻烦恼。现在我们想与汉朝大开边界,娶汉朝的女儿做妻子,每年汉朝送给我们一万石酒,五千斛粮食,各种布绢一万匹,其他方面像以前约定的那样,那么我们就不侵扰汉朝边界了。"汉朝派使者回报并送回匈奴的使者,单于让身边的人向汉朝使者问难,说:"汉朝,是讲礼义的国家。可贰师将军李广利说前太子起兵反叛,这是为什么呢?"汉朝使者回答道:"是有这么回事。只是那件事是丞相个人与太子争斗,太子起兵想杀了丞相,丞相诬告太子,所以杀了丞相。这是儿子玩弄父亲的军队,按罪应当鞭打他一顿,也只是小过错罢了。与冒顿单于亲自射杀生父,自立为单于,娶后母为妻子相比怎么样呢?那是禽兽的行为!"单于扣留汉朝使者,三年后才放回来。

成吉思汗(1162—1227),即元太祖。名铁木真,蒙古大汗、军事家。出身于蒙古部孛儿只斤氏族。13世纪初,统一蒙古各部,1206年被推为大汗,称成吉思汗,建立了统一的蒙古贵族政权。即位后,制定军事、政治、法律制度,对外大举用兵。1211年至1215年间向金国进攻,直到黄河北岸,占领中京(今北京);1219年发动蒙古军的第一次西征,攻灭了花剌子模,在喀勒喀河打败了斡罗思和钦察联军,版图扩大到中亚和南俄;1226年,率兵南下攻西夏,次年,在西夏病死。

1936年2月,毛泽东写了著名的词作《沁园春·雪》:

> 北国风光,千里冰封,万里雪飘。望长城内外,惟余莽
> 莽;大河上下,顿失滔滔。山舞银蛇,原驰蜡象,欲与天公试
> 比高。须晴日,看红妆素裹,分外妖娆。 江山如此多
> 娇,引无数英雄竞折腰。惜秦皇汉武,略输文采;唐宗宋祖,
> 稍逊风骚。一代天骄,成吉思汗,只识弯弓射大雕。俱往
> 矣,数风流人物,还看今朝。①

毛泽东在这首词中,上阕写北国壮丽之雪景,下阕抒革命之
豪情,一口气评论了中国历史上最著名的五位帝王:秦始皇、汉
武帝、唐太宗、宋太祖和成吉思汗。对他们总的评价是武功甚
盛,文治稍差,而成吉思汗似乎只有武功可以称道,所以说:"一
代天骄,成吉思汗,只识弯弓射大雕。"

一 言 以 蔽 之

蔽,遮,引申为概括;之,它。用一句话来概括它。语出《论
语·为政》:

> 子曰:"诗三百,一言以蔽之,曰:'思无邪。'"

这几句话大意是,孔子说:"《诗经》三百篇,可以用一句话来

---

① 《毛泽东诗词集》,中央文献出版社1996年版,第68—69页。

概括它,就是'思想纯正,不恶邪'。"

"诗三百":诗,指《诗经》一书,此书实有305篇,"三百"只是取其整数。"思无邪":见于《诗经·鲁颂·駉》末节说:

> "駉(jiōng)駉牡马,在坰(jiōng)之野。薄言駉者,有駰有騢(xiá),有驔(diàn)有鱼,以车祛祛。思无邪,思马斯徂(cú)。"

这几句诗译成现代汉语是,群马雄健大又高,放牧原野在远郊。请看骏马多么好,红色駰马灰白騢。黄脊驔马白眼鱼,身高体壮把车套。鲁公思虑是正道,马儿骏美能远跑。诗中的"思"作思想解。邪,指邪路。无邪,纯正之意。

1927年3月,毛泽东在《湖南农民运动考察报告》中写道:

> 农民在乡里造反,搅动了绅士们的酣梦。乡里消息传到城里来,城里的绅士立刻大哗。我初到长沙时,会到各方面的人,听到许多的街谈巷议。从中层以上社会至国民党右派,无不一言以蔽之曰:"糟得很。"即使是很革命的人吧,受了那班"糟得很"派的满城风雨的议论的压迫,他闭眼一想乡村的情况,也就气馁起来,没有法子否认这"糟"字。很进步的人也只是说:"这是革命过程中应有的事,虽则是糟。"总而言之,无论什么人都无法完全否认这"糟"字。[①]

毛泽东文中引用"一言以蔽之"一语,说明国民党右派及各方面的人士都在责难农民运动,用一句话来概括就是"糟得很"。

---

① 《毛泽东选集》第一卷,人民出版社1991年版,第15页。

一叶障目，不见泰山

障，遮；泰山，位居我国名山五岳之首，在山东省中部。比喻被细小的事物、暂时的现象所蒙蔽，因而看不到事物的全貌、主流和本质。原作"一叶蔽目，不见泰山"。语出《鹖冠子·天则》：

> 夫耳之主听，目之主明。一叶蔽目，不见泰山；两耳塞豆，不闻雷霆。

这几句话大意是说，耳朵是主管听的，眼睛是主管看的。一片树叶遮住眼睛，就会连泰山也看不见；两粒豆子塞住耳朵，就会连炸雷声也听不见。

鹖(hè)冠子，春秋时人，大约生活在齐威王、魏惠王时。隐居深山，以鹖羽为冠，故称鹖冠子。《汉书·艺文志》道家著录《鹖冠子》一篇，宋时增至十九篇。全书以道德为本旨，兼杂刑名阴阳之说。

后人解释此语时，以三国时期邯郸淳写的《笑林》最为有趣。他讲"一叶障目，不见泰山"的笑话说，楚地住着个穷书生，想发歪门邪道之财。书生记得读书时读过螳螂捕蝉故事，那螳螂藏在树叶后，一举成功。

于是他去找荫蔽螳螂的树叶。他真的发现一片螳螂藏于后的树叶，连忙摘下来，却不小心滑了手，那片树叶掉在一堆落叶当中了。书生将所有树叶装进箩筐之中，带回家一片片挡住自己眼睛做试验，并问妻子："你看得见我吗？"开始时妻子如实回答看得见，但是这穷书生不厌其烦地拿一箩筐树叶试验，妻子不耐烦了,就骗他道:"这片叶子荫蔽住你了,我看不见了。"穷书生如获至宝,认为这就是那片藏螳螂的神叶。

那书生带着那片树叶,跑到集市上挡住眼睛便拿商贩的货品。当然,书生立即被商贩抓住并交官了。县官一听案情,早笑得前仰后合,觉得书生愚蠢迟钝到幼稚可笑! 骂他真是"一叶障目,不见泰山!"狠揍一顿,把他赶回家去。

1938年5月,毛泽东在《论持久战》一文中写道:

> 然而速胜论者也是不对的。他们或则根本忘记了强弱这个矛盾,而单单记起了其他矛盾;或则对于中国的长处,夸大得离开了真实情况,变成另一种样子;或则拿一时一地的强弱现象代替了全体中的强弱现象,一叶障目,不见泰山,而自以为是。总之,他们没有勇气承认敌强我弱这件事实。他们常常抹杀这一点,因此抹杀了真理的一方面。①

毛泽东在文中引用"一叶障目,不见泰山"这一成语,批评了速胜论者片面地看问题,没有勇气承认敌强我弱这个事实。

一枕黄粱再现

枕,枕头;黄粱,小米。枕着枕头做一个虚无缥缈的梦。比喻虚幻的事和欲望的破灭,或指人想入非非。典出唐沈既济的传奇小说《枕中记》。

---

① 《毛泽东选集》第二卷,人民出版社1991年版,第458页。

《枕中记》的故事大意是，唐开元七年（719），卢生郁郁不得志，骑着青驹穿着短衣进京赶考，结果功名不就，垂头丧气。一天，旅途中经过邯郸，在客店里遇见了得神仙术的道士吕翁，卢生自叹贫困，道士吕翁便拿出一个瓷枕头让他枕上。卢生倚枕而卧，一入梦乡便娶了美丽温柔出身清河崔氏的妻子，中了进士，升为陕州牧、京兆尹，最后荣升为户部尚书兼御史大夫、中书令，封为燕国公。他的 5 个孩子也高官厚禄，嫁娶高门。卢生儿孙满堂，享尽荣华富贵。80 岁时，生病久治不愈，终于死亡。断气时，卢生一惊而醒，转身坐起，左右一看，一切如故，吕翁仍坐在旁边，店主人蒸的黄粱饭（小米饭）还没熟哩！即黄粱梦（黄粱一梦）的由来也是来于此了。小说讽刺了当时热衷功名的读书人，同时也宣扬了人生如梦的思想。明代剧作家汤显祖据此创作的《邯郸记》，将吕翁改为八仙之一的吕洞宾。

沈既济（约 750—约 797），唐吴县（今江苏苏州）人。博通群籍，史笔尤工。建中初，杨炎荐有良才，召拜左拾遗、史馆修撰。及炎得罪，亦坐贬处州司户参军。后入朝，位礼部员外郎，卒。有《建中实录》、《枕中记》、《任氏传》等。新、旧《唐书》有传。

1929 年秋，毛泽东写下《清平乐·蒋桂战争》：

> 风云突变，军阀重开战。洒向人间都是怨，一枕黄粱再现。　红旗跃过汀江，直下龙岩上杭。收拾金瓯一片，分田分地真忙。①

蒋桂战争，是 1929 年春蒋介石控制的国民党南京政府军队

---

① 《毛泽东诗词集》，中央文献出版社 1996 年版，第 18 页。

和广西军阀李宗仁、白崇禧之间发生的战争。这首词是说，蒋介石想用武力统一中国的野心，不过是一枕黄粱梦而已。

一 物 降 一 物

降（xiáng），制伏，降伏。某一事物专门降伏另一事物。语出明吴承恩《西游记》第五十一回《心猿空用千般计　水火无功难炼魔》：

> 那可韩司丈人真君，历历查勘，回奏玉帝道："满天星宿不少，各方神将皆存，并无思凡下界者。"玉帝闻奏："着孙悟空挑选几员天将，下界擒魔去也。"四大天师奉旨意，即出灵霄宝殿，对行者道："大圣啊，玉帝宽恩，言天宫无神思凡，着你挑选几员天将擒魔去哩。"行者低头暗想道："天上将不如老孙者多，胜似老孙者少。想我闹天宫时，玉帝遣十万天兵，布天罗地网，更不曾有一将敢与我比手。向后来，调了小圣二郎，方是我的对手。如今那怪物手段又强似老孙，却怎么得能勠取胜？"许旌阳道："此一时，彼一时，大不同也。常言道一物降一物哩，你好违了旨意？但凭高见，选用天将，勿得迟疑误事。"

1955 年 3 月，毛泽东在《在中国共产党全国代表会议上的讲话》：

> 帝国主义拿来吓唬我们的原子弹和氢弹，也没有什么

可怕。世界上的事情，总是一物降一物，有一个东西进攻，也有一个东西降它。看《封神榜》（按：《封神演义》）就知道，哪有一个"法宝"是不能破的呀？那样多的"法宝"都破了。我们相信，只要依靠人民，世界上就没有攻不破的"法宝"。①

俗话说"一物降一物"，包含着进攻和防守的辩证法。在中国古代的神话小说《西游记》、《封神演义》中神仙们都有自己的"法宝"，但同时又有别的神仙会破他的"法宝"。毛泽东在文中引用这句俗话，说明帝国主义用来吓唬我们的原子弹和氢弹，是"纸老虎"，是能够被战胜的。

一唱雄鸡天下白

唱，叫；白，亮，明。"雄鸡一唱天下白"的倒装。公鸡一叫天就明了。语出唐李贺《致酒行》：

> 零落栖迟一杯酒，主人奉觞客长寿。
> 主父西游困不归，家人折断门前柳。
> 吾闻马周昔作新丰客，天荒地老无人识。
> 空将笺上两行书，直犯龙颜请恩泽。
> 我有迷魂招不得，雄鸡一声天下白。
> 少年心事当拿云，谁念幽寒坐呜呃。

---

① 《毛泽东文集》，第六卷，人民出版社 1999 年版，第 404 页。

这首诗大意是说,我潦倒穷困漂泊落魄,唯有借酒消愁,主人持酒相劝,相祝身体健康。当年主父偃向西入关,资用困乏滞留异乡,家人思念折断了门前杨柳。我听说马周客居新丰之时,天荒地老无人赏识。只凭纸上几行字,就博得了皇帝垂青。我有迷失的魂魄,无法招回,雄鸡一叫,天下大亮。少年人应当有凌云壮志,谁会怜惜你困顿独处,唉声叹气呢?

1950 年 10 月 3 日,柳亚子写了《浣溪沙》:"火树银花不夜天。弟兄姊妹舞翩跹。歌声唱彻月儿圆。　　不是一人能领导,那容百族共骈阗?良宵盛会喜空前!"①

1950 年 10 月,毛泽东写了《浣溪沙·和柳亚子先生》:

> 1950 年国庆观剧,柳亚子先生即席赋浣溪沙,因步其韵奉和。
>
> 长夜难明赤县天,百年魔怪舞翩跹,人民五亿不团圆。
> 一唱雄鸡天下白,万方乐奏有于阗,诗人兴会更无前。②

毛泽东在这首词中化用李贺《致酒行》中"雄鸡一声天下白",比喻祖国的解放,赋予了新意。

一 鼓 作 气

一鼓,第一次击鼓;作气,振作士气。原指第一次击鼓时,士气最旺盛,趁此猛攻一举战胜敌人。语出《左传·庄公十年》:

---

①② 《毛泽东诗词集》,中央文献出版社 1996 年版,第 90、87 页。

十年春，齐师伐我。公将战。曹刿请见（xiàn）。其乡
人曰："肉食者谋之，又何间焉？"刿曰："肉食者鄙，未能远
谋。"乃入见。问："何以战？"公曰："衣食所安，弗敢专也，必
以分人。"对曰："小惠未徧，民弗从也。"公曰："牺牲玉帛，弗
敢加也，必以信。"对曰："小信未孚，神弗福也。"公曰："小大
之狱，虽不能察，必以情。"对曰："忠之属也。可以一战。战
则请从。"

公与之乘。战于长勺。公将鼓之。刿曰："未可。"齐人
三鼓。刿曰："可矣。"齐师败绩。公将驰之。刿曰："未可。"
下视其辙，登轼而望之，曰："可矣。"遂逐齐师。

既克，公问其故。对曰："夫战，勇气也。一鼓作气，再
而衰，三而竭。彼竭我盈，故克之，夫大国，难测也，惧有伏
焉。吾视其辙乱，望其旗靡，故逐之。"

这篇文章大意是说，鲁庄公十年（前684）春天，齐国的军队
攻打鲁国，鲁庄公将要迎战。曹刿请求拜见鲁庄公。他的同乡
说："掌权的人会谋划这件事的，你又如何参与呢？"曹刿说："掌
权的人眼光短浅，不能深谋远虑。"于是去拜见鲁庄公。（曹刿）
问："您凭什么跟齐国打仗？"鲁庄公说："衣食这类养生的东西，
我不敢独自占有，一定把它分给别人。"（曹刿）答："这种小恩小
惠不能遍及百姓，老百姓是不会听从您的。"庄公说："祭祀用的
牛羊、玉帛之类，我从来不敢虚报数目，一定要对神说实话。"（曹
刿）答："小小的信用，不能得到神灵信任，神是不会保佑您的。"
庄公说："大大小小的诉讼案件，即使不能全部明察，但一定根据
实情处理。"曹刿说："尽力（为民众）做好本职的事，可以凭（这一
点）去打一仗。作战时请允许我跟从您去。"

鲁庄公和曹刿同坐一辆战车。在长勺和齐军作战。庄公（一上阵）就要击鼓进军，曹刿说："（现在）不行。"敌人擂过三通战鼓后，曹刿说："可以击鼓进军啦。"敌军被打得大败。庄公正要下令追击，曹刿说："不行。"下车去察看齐军的车印，又登上车手扶横木望了望齐军，（然后）说："可以追击了。"于是追击齐军。

打了胜仗以后，鲁庄公询问取胜的原因。曹刿回答说："作战，靠的是勇气。第一次击鼓能够振作士气；第二次击鼓，士兵们的勇气就衰减了；等到第三次击鼓，士气就枯竭了。敌方的勇气已经殆尽而我方的士气高涨，所以打败了他们。（像齐国这样的）大国，难以摸清情况，怕有埋伏，我看见他们的车轮印混乱，望见他们的战旗倒下了，所以才让追击。"

1936 年 12 月，毛泽东在《中国革命战争的战略问题》一文中写道：

> 春秋时候，鲁与齐战，鲁庄公起初不待齐军疲惫就要出战，后来被曹刿阻止了，采取了"敌疲我打"的方针，打胜了齐军，造成了中国战史中弱军战胜强军的有名的战例。请看历史家左丘明的叙述：
> "春，齐师伐我。公将战。曹刿请见。其乡人曰：肉食者谋之，又何间焉？刿曰：肉食者鄙，未能远谋。乃入见。问：何以战？公曰：衣食所安，弗敢专也，必以分人。对曰：小惠未遍，民弗从也。公曰：牺牲玉帛，弗敢加也，必以信。对曰：小信未孚，神弗福也。公曰：小大之狱，虽不能察，必以情。对曰：忠之属也。可以一战。战则请从。公与之乘。战于长勺。公将鼓之。刿曰：未可。齐人三鼓。刿曰：可

矣。齐师败绩。公将驰之。刿曰：未可。下视其辙，登轼而
望之，曰：可矣。遂逐齐师。既克，公问其故。对曰：夫战，
勇气也。一鼓作气，再而衰，三而竭。彼竭我盈，故克之。
夫大国难测也，惧有伏焉。吾视其辙乱，望其旗靡，故
逐之。"

毛泽东在引用了《左传》中记述这次战争的全文后，又写道：

当时的情况是弱国抵抗强国。文中指出了战前的政治
准备——取信于民，叙述了利于转入反攻的阵地——长勺，
叙述了利于开始反攻的时机——彼竭我盈之时，叙述了追
击开始的时机——辙乱旗靡之时。虽然是一个不大的战
役，却同时是说的战略防御的原则。①

长勺之战是发生在公元前 684 年齐国和鲁国在长勺（今山
东莱芜东北）进行的一场战争。战争中鲁国虽然在军事上处于
劣势，但由于正确地运用了战略防御的原则，终于打败了齐国，
创造了以弱胜强的光辉战例。毛泽东在《中国革命战争的战略
问题》中批评"左"倾冒险主义的时候，引用了《左传》中记述这次
战争的全文，并以马克思主义的观点，进行了科学地分析，说明
了战略防御的重要意义。

1958 年 7 月 27 日，毛泽东在《必须坚持不打无把握之仗的
原则》的电文中，从不同的角度运用了这一成语：

---

① 《毛泽东选集》第一卷，人民出版社 1991 年版，第 203—204 页。

"一鼓作气,往往想得不周,我就往往如此,有时难免失算。"①

一阴一阳之谓道

宇宙间万事万物的内部都具有阴阳两个对立的方面,阴阳的对立和统一的运动,是一切事物发生、发展和变化的根据。这就叫道,也就是规律。语出《周易·系辞上》:

> 一阴一阳之谓道。继之者善也,成之者性也。仁者见之谓之仁,知者见之谓之知。百姓日用而不知,故君子之道鲜矣。显诸仁,藏诸用,鼓万物而不与圣人同忧,盛德大业至矣哉! 富有之谓大业。日新之谓盛德。生生之谓易。成象之谓乾。效法之谓坤。极数知来之谓占。通变之谓事。阴阳不测之谓神。

这段话的大意是说,阴阳的交替变化就叫做道。继承道的就是善,成就万物的是性。仁者从自己的角度看,把它叫做仁;智者从自己的角度看,把它叫做智。平民百姓每天接触阴阳之道而不懂得,因此君子之道就很少有人知道了。它表现在仁上,隐藏在用上,鼓动万物,不与圣人共同劳神忧虑,它的崇高品德和伟大业绩达到了顶点。富有万物就叫伟大业绩,不断更新就

---

① 《毛泽东军事文集》第六卷,军事科学出版社、中央文献出版社1993年版,第 377 页。

叫崇高品德。生生不息变化不止就叫易。生成物象就叫乾。仿效乾而完成物象就叫坤。极尽卦数变化而预知未来就叫占卜。通达变化之道就叫事。阴阳交变而不可揣测叫做神。

1956年11月15日,毛泽东在《在中国共产党第八届中央委员会第二次全体会议上的讲话》中说:

> 中国古人讲,"一阴一阳之谓道"。不能只有阴没有阳,或者只有阳没有阴。这是古代的两点论。①

毛泽东在文中借用"一阴一阳之谓道"这句话,告诫我们,在处理实际问题时,要坚持两点论,坚持辩证法。

以 逸 待 劳

逸,安闲。劳,疲劳。指养精蓄锐痛击远来进攻的疲惫之敌。语出《孙子·军争》:

> 以近待远,以佚(逸)待劳,以饱待饥,此治力者也。

这几句话大意是说,要以我军的接近战场,等待敌军的远道而来;要以自己的镇静沉着,等待敌军的奔走疲劳;要以我军的饱食,等待敌军的饥饿,这就是掌握军队战斗力以应付并战胜敌

① 《毛泽东著作专题摘编》上册,中央文献出版社2003年版,第137页。

人的方法。

"以逸待劳"就是指作战时不主动出击,养精蓄锐,以对付远道而来的疲劳的敌人。

1936 年 12 月,毛泽东在《中国革命战争的战略问题》一文中说:

> 这种时候,敌军虽强,也大大减弱了;兵力疲劳,士气沮丧,许多弱点都暴露出来。红军虽弱,却养精蓄锐,以逸待劳。①

又说:

> 及时退却,使自己完全立于主动地位,这对于到达退却终点以后,整顿队势,以逸待劳地转入反攻,有极大的影响。②

毛泽东在文中用"以逸待劳"来阐明正确的、积极的"战略退却",是"诱敌深入"的战略方针。

羿 射 九 日

羿(yì),我国古代尧时善于射箭的英雄。当时天上有十个太阳,他一口气射掉了九个,表现了古代劳动人民征服自然的英雄气概。典出《淮南子·本经训》:

---

① ②　《毛泽东选集》第一卷,人民出版社 1991 年版,第 208、213 页。

逮至尧之时,十日并出,焦禾稼,杀草木,而民无所食。 猰(yà)貐(yǔ)、凿齿、九婴、大风、封豨(xī)、修蛇,皆为民 害。尧乃使羿诛凿齿于畴华之野,杀九婴于凶水之上,缴 (zhuó)大风于青邱之泽,上射十日而下杀猰貐,断修蛇于洞 庭,禽封豨于桑林。万民皆喜,置尧以为天子。

这则古代神话说,到了传说中的唐尧时代,天上有十个太阳 一同出来,烤焦了庄稼,也晒死了草木,弄得老百姓没有饭吃。 同时,人面马足的猰貐、半人半兽的凿齿、能喷水吐火的九婴、大 野猪和大蟒蛇等,都来祸害老百姓。于是尧就派善于射箭的武 士羿去消灭它们,羿在南方的畴华湖边杀死了凿齿,在北方的凶 水之上杀死了九婴,在东方的青邱湖边射死了能煽动大风毁人 房屋的大鹏鸟,射落了天上的九个太阳又杀死猰貐,在洞庭湖边 砍断了大蟒蛇,并在桑林地方捉住了大野猪。人民群众都很高 兴,就拥戴尧做了国君。

1937 年 8 月,毛泽东在《矛盾论》中指出:

神话中的许多变化,例如《山海经》中所说的"夸父追 日",《淮南子》中所说的"羿射九日",《西游记》中所说的孙 悟空七十二变和《聊斋志异》中的许多鬼狐变人的故事等 等,这种神话中所说的矛盾的互相变化,乃是无数复杂的现 实矛盾的互相变化对于人们所引起的一种幼稚的、想象的、 主观幻想的变化,并不是具体的矛盾所表现出来的具体的 变化。①

---

① 《毛泽东选集》第一卷,人民出版社 1991 年版,第 330—331 页。

毛泽东在《矛盾论》中反用"羿射九日"的神话故事,从反面说明矛盾乃是现实的矛盾,具体的矛盾,而矛盾的互相变化,也是现实的、具体的哲学原理。

因 势 利 导

因,顺着;势,趋势;利导,向顺利的方面引导。顺着事物发展的趋势,向正确的方向引导。语出《史记·孙子吴起列传》:

> 魏与赵攻韩,韩告急于齐。齐使田忌将而往,直走大梁。魏将庞涓闻之,去韩而归,齐军既已过而西矣。孙子谓田忌曰:"彼三晋之兵,素悍勇而轻齐,齐号为怯,善战者因其势而利导之。"

这段话大意是说,魏国和赵国攻打韩国,韩国向齐国告急。齐国派田忌率兵前往救援,直奔大梁。魏将庞涓听到消息,放下韩国赶回,但齐军已经越过齐境西进。孙子对田忌说:"他们三晋的军队素来慓悍勇武而看不起齐国,齐国有怯懦的名声,善于作战的人,只能顺着战争发展的趋势引向胜利。"

后来便凝炼成"因势利导"这一成语。

1941 年 6 月 9 日,毛泽东等在给刘伯承、邓小平等人《河北平原反"蚕食"斗争的政策》的电报中说:

> 对于民众中某些被迫应付敌人的行为,不仅不应尖锐

地反对(这不是右倾退缩),反而应该因势利导成为带有计划性的应付敌人的办法,甚至成为策略。①

毛泽东在这封电文中引用"因势利导"这一成语,指出民众中某些被迫应付敌人的行为应该成为我们"应付敌人的办法,甚至成为策略"。

嘤其鸣矣,求其友声

嘤,鸟叫的声音。鸟儿嘤嘤地叫,寻求它的朋友的应和声。后比喻寻求志同道合的朋友。语出《诗经·小雅·伐木》:

伐木丁(zhēng)丁。鸟鸣嘤嘤。出自幽谷,迁于乔木。嘤其鸣矣,求其友声。相彼鸟矣,犹求友声;矧(shěn)伊人矣,不求友生?神之听之,终和且平。

这节诗大意是说,咚咚作响伐木声,嘤嘤群鸟相和鸣。鸟儿出自深谷里,飞往高高大树顶。小鸟为何要鸣叫?只是要把朋友找。仔细端详那小鸟,尚且求友亲不了。何况我们这些人,岂能不知把友交。人的友爱神听着,既保平安又友好。

这首是民间宴请亲友的乐歌,共三节:诗首节以鸟呼伴为喻,说明人不能没有亲友;次节说要以丰盛的酒肴,热诚地款待

---

① 《毛泽东军事文选》第二卷,军事科学出版社、中央文献出版社1993年版,第648页。

亲友;第三节说亲友间要真诚相待,往来之礼不可失。这首诗说的是亲友间正常的交往,表现了古代人民对待亲友的真挚感情,反映了社会生活的一个侧面。其中"嘤其鸣矣,求其友声",成了交朋结友的典故。

1915年9月的一天,为征求志同道合的朋友,毛泽东以二十八画生(按:"毛澤東"繁体字是28画)之名,向长沙各校发出征友启事。启事有"愿嘤鸣以求友,敢步将(请求)伯(古代对男子的敬称)之呼"之语,提出要结交刻苦耐劳、意志坚定、随时准备为国捐躯的青年。

长沙第一联合中学学生罗章龙,赴司马里第一中学(校址为南宋时辛弃疾飞虎营的营盘遗址)访友,在该校会客室外墙上,偶见署名"二十八画生"的征友启事。启事是用八裁湘纸油印的,古典文体,书法挺秀。罗章龙驻足浏览,见其文情真挚,辞复典雅可诵,看后颇为感动,遂署名"纵宇一郎"发信应之。

毛泽东很高兴,复信说"空谷传音,跫然色喜",并约定在定王台湖南省图书馆见面。两人谈了三个小时,谈治学、处世、人生、宇宙观和社会改造问题,而对于治学方针和方法,新旧文学和史学的评价等,谈论尤多。分手时,毛泽东对罗章龙说:"我们谈得很好,'愿结管(管仲)鲍(鲍叔牙)之谊',以后要常见面。"

毛泽东的征友启事,早已遗失,不可复得,但另一当事人罗章龙却有回忆文章叙述其事,见于罗著《椿园载记》。[①]

罗章龙(1896—1995),湖南浏阳人。1921年加入中国共产党,1931年被开除出党。后历任河南大学、西北联合大学、湖南大学等校教授。新中国成立后,曾任中国人民政治协商会议全

---

① 《椿园载记》,生活·读书·新知三联书店1984年版,第1—2页。

国委员会委员。

毛泽东在征友启事中引用"嘤其鸣矣,求其友声",是说鸟儿还呼朋引类,相处得是那么和乐,人类更需要亲情和友情维系。之后在不同革命时期,他在文章和书信中多次运用这两句诗意,说明在私交和革命事业中都离不开朋友的帮助。

1939 年 12 月 20 日,他在《斯大林是中国人民的朋友》一文中说:

> 我们中国人民,是处在历史上灾难最深重的时候,是需要人们援助最迫切的时候。《诗经》上说的:"嘤其鸣矣,求其友声。"我们正是处在这种时候。①

1936 年,毛泽东写信给时任国民党军第八十四师师长的高桂滋说:

> 嘤其鸣矣,求其友声,暴虎入门,懦夫奋臂,谁谓秦无人而日甘受亡国奴之辱乎? 寇深情急,竭意进言,惟阁下熟思而审图之。②

同年 8 月 14 日,他又致信时任国民党政府全国经济文员会主席、中国银行董事长宋子文说:

> 先生邦国闻人,时有抗日绪论,甚佩甚佩! 深望竿头更

---

① 《毛泽东选集》第二卷,人民出版社 1991 年版,第 657 页。
② 《毛泽东书信选集》,人民出版社 1983 年版,第 32 页。

进,起为首倡,排斥卖国贼汉奸,恢复贵党一九二七年以前孙中山先生之革命精神,实行联俄联共农工三大政策,则非惟救国,亦以自救。寇深祸亟,情切嘤鸣,风雨同舟,愿闻明教。匆此布臆,不尽欲言!①

在漫长的革命生涯中,为了革命事业的需要,毛泽东既注意结交志同道合的朋友,也结交国内各界人物,还注意结交国际友人。这个优良传统很值得发扬光大。

应 接 不 暇

暇,空闲。原指沿途风景幽美,看不过来。后形容美好景物太多,来不及观赏。也形容来人或事情太多,应付不过来。语出南朝宋刘义庆《世说新语·言语》:

> 王子敬云:"从山阴道上行,山川自相映发,使人应接不暇。若秋冬之际,尤难为怀。"

这段话大意是,王献之说:"在山阴的路上行走,山峰和河流的景色互相辉映,使人感到美不胜收,目不暇接。如果是秋末冬初的季节,那就更使人难以忘怀了。"

王子敬(344—386),即王献之,字子敬,东晋琅邪临沂(今属山东)人。居会(kuài)稽山阴(今浙江绍兴),羲之第七子。官至

---

① 《毛泽东书信选集》,人民出版社1983年版,第45页。

中书令。书法家,与父羲之并称二王。

1938年5月15日,毛泽东在《陕甘宁边区政府、第八路军后方留守处布告》中说:

> 乃近查边区境内,竟有不顾大局之徒,利用各种方式,或强迫农民交还已经分得的土地房屋,或强迫欠户交还已经废除的债务,或强迫人民改变已经建立的民主制度,或破坏已经建立的军事、经济、文化和民众团体的组织。甚至充当暗探,联络土匪,煽动部队哗变,实行测绘地图,秘密调查情况,公开进行反对边区政府的宣传。上述种种行为,显系违反团结抗日的基本原则,违反边区人民的公意,企图制造内部纠纷,破坏统一战线,破坏人民利益,破坏边区政府的威信,增加抗日动员的困难。察其原因,不外有少数顽固分子,不顾民族国家利益,恣意妄为。甚有为日寇所利用,假借名义,作为掩护其阴谋活动的工具。数月以来,各县人民纷纷报告,请求制止,日必数起,应接不暇。本府本处,为增强抗日力量、巩固抗日后方、保持人民利益起见,对于上述行为,不得不实行取缔。[①]

毛泽东在他代拟的布告当中,列举边区内的不法之徒乘机破坏抗日的种种劣迹,被人民群众纷纷告发,使边区政府"应接不暇",并表示要坚决取缔。

---

① 《毛泽东选集》第二卷,人民出版社1991年版,第401—402页。

有 教 无 类

类,类别,区别。施行教育不分类别。语出《论语·卫灵公》:

> 子曰:"有教无类。"

这句话大意是,孔子说:"人人都可以接受教育,不分族类。"1958 年 8 月,毛泽东在《教育与劳动相结合的原则是不可移易的》一文中说:

> 中国教育史有人民性的一面。孔子的有教无类,孟子的民贵君轻,荀子的人定胜天,屈原的批判君恶,司马迁的颂扬反抗,王充、范缜、柳宗元、张载、王夫之的古代唯物论,关汉卿、施耐庵、吴承恩、曹雪芹的民主文学,孙中山的民主革命,诸人情况不同,许多人并无教育专著,然而上举那些,不能不影响对人民的教育,谈中国教育史,应该提到他们。①

有朋自远方来,不亦说乎

有朋,一作"友朋",古时同门为朋,同朋即出于一个老师门

---

① 《毛泽东文集》第七卷,人民出版社 1999 年版,第 398 页。

下；说(yuè)，古通"悦"，愉快。有朋友从遥远的地方来，不也是很高兴的事嘛。语出《论语·学而》：

> 子曰："学而时习之，不亦说乎？有朋自远方来，不亦乐乎？人不知，而不愠(yùn)，不亦君子乎？"

这段话大意是，孔子说："学了又时常温习和练习，不是很愉快吗？有志同道合的人从远方来，不是很令人高兴的吗？人家不了解我，我也不怨恨、恼怒，不也是一个有德的君子吗？"

1945年10月2日，柳亚子在重庆应毛泽东之邀，到郊外红岩嘴的八路军办事处晤谈。柳亚子约画家尹瘦石同往。到了办事处，柳亚子向毛泽东介绍尹瘦石。毛泽东伸出手来："欢迎，欢迎！有朋自远方来不亦乐乎！"尹瘦石握住毛泽东厚实有力的手，忙说："毛先生，久仰久仰！"柳亚子说："这是青年画家尹瘦石先生！"①

孔子这两句话的原意，是说有志同道合的人从远方来，不也令人快乐吗？后来便成了乐于结交朋友，特别是欢迎远方来的朋友的一般用语。毛泽东见尹瘦石时引用这两句话，表示愿意结交这位青年画家。

有则改之，无则加勉

有错误就改正，没有错误就更加自勉。《论语·学而》：

---

① 《毛泽东交往录》，人民出版社1991年版，第146—147页。

> 曾子曰："吾日三省（xǐng）吾身：为人谋而不忠乎？与
> 朋友交而不信乎，传不习乎？"

这几句话大意是，曾子说："我每天多次反省自己：为别人办
事是不是尽心竭力了呢？同朋友交往是不是做到诚实可信了
呢？老师传授给我的学业是不是复习了呢？"

曾子（前 505—前 436），姓曾，名参，字子舆，春秋末鲁国人，
是被鲁国灭亡了的鄫国贵族的后代。孔子的得意门生，以孝子
出名。据说《孝经》就是他撰写的。

宋人朱熹《四书集注》说："曾子以此三者日省其身，有则改
之，无则加勉，其自治诚切如此，可谓得为学之本矣。"意思是说，
曾子经常从以上三个方面来检查自己，有缺点就改掉，没有就加
以警惕。

1945 年 4 月 24 日，毛泽东在《论联合政府》一文中写道：

> 对于我们，经常地检讨工作，在检讨中推广民主作风，
> 不惧怕批评和自我批评，实行"知无不言，言无不尽"，"言者
> 无罪，闻者足戒"，"有则改之，无则加勉"这些中国人民的有
> 益的格言，正是抵抗各种政治灰尘和政治微生物侵蚀我们
> 同志的思想和我们党的肌体的唯一有效的方法。①

毛泽东在文中引用"有则改之，无则加勉"等格言，是强调以
此作为对待批评与自我批评的正确态度。

---

① 《毛泽东选集》第三卷，人民出版社 1991 年版，第 1096 页。

有所不为而后可以有所为

为，做。原指不能什么事情都做，要选择重要的去做。后来也指只有不做某些事，然后才能在其他事情上有所作为。语出《孟子·离娄下》：

> 孟子曰："人有不为也，而后可以有为。"

这句话大意是，孟子说："人要有所不作为，然后才能有所作为。"人生苦短，世事茫茫。能成大事者，贵在目标与行为的选择。如果事无巨细，事必躬亲，必然陷入忙忙碌碌之中，成为碌碌无为的人。所以，一定要舍弃一些事不做，然后才能有所作为。这正是孟子讲的意思。总体来说，儒家所说的"不为"是为了"有为"，只不过是要有所选择而为，是符合唯物辩证法的。

1938 年 11 月 5 日，毛泽东在《统一战线中的独立自主问题》一文中写道：

> 为了长期合作，统一战线中的各党派实行互助互让是必需的，但应该是积极的，不是消极的。我们必须巩固和扩大我党我军，同时也应赞助友党友军的巩固和扩大；人民要求政府满足自己的政治经济要求，同时给政府以一切可能的利于抗日的援助；工人要求厂主改良待遇，同时积极作工以利抗日；地主应该减租减息，同时农民应该交租交息，团结对外。这些都是互助的原则和方针，是积极的方针，不是

消极的片面的方针。互让也是如此。彼此不挖墙脚,彼此不在对方党政军内组织秘密支部;在我们方面,就是不在国民党及其政府、军队内组织秘密支部,使国民党安心,利于抗日。"有所不为而后可以有为",正是这种情形。没有红军的改编,红色区域的改制,暴动政策的取消,就不能实现全国的抗日战争。让了前者就得了后者,消极的步骤达到了积极的目的。"为了更好的一跃而后退",正是列宁主义。把让步看作纯消极的东西,不是马克思列宁主义所许可的。①

毛泽东在文中引用孟子"有所不为而后可以有为"这样富有哲理意义的话,阐明为了促成抗日民族统一战线,我们在红军的改编,红色区域的改制,暴动政策的取消等方面作了让步,这是"不为";但以此促成的国共第二次合作,抗日民族统一战线的形成,这便是"有为"。这种"有为"是以"不为"作为代价才实现的,是符合抗日战争需要的,也是符合马克思主义的。

愚 公 移 山

愚公移山是原载《列子·汤问》篇的一则寓言。"愚公移山"是后人根据这一寓言故事加的题目。比喻征服自然、改造世界的雄心壮志和坚定不移地斗争精神。原文是这样的:

---

① 《毛泽东选集》第二卷,人民出版社1991年版,第537—538页。

太行、王屋二山，方七百里，高万仞。本在冀州（今河北、山西以南，河南黄河以北地区）之南，河阳之北（今河南孟州境）。

北山愚公者，年且九十，面山而居。惩山北之塞，出入之迂也，聚室而谋，曰："吾与汝毕力平险，指通豫南，达于汉阴，可乎？"杂然相许。其妻献疑曰："以君之力，曾（zēng）不能损魁父之丘，如太行、王屋何？且焉置土石？"杂曰："投诸渤海之尾，隐土之北。"

遂率子孙荷担者三夫，叩石垦壤，箕畚运于渤海之尾。邻人京城氏之孀妻，有遗男，始龀（chèn），跳往助之。寒暑易节，始一反焉。

河曲智叟，笑而止之，曰："甚矣，汝之不惠！以残年余力，曾不能毁山之一毛，其如土石何？"北山愚公长息曰："汝心之固，固不可彻，曾不若孀妻弱子。虽我之死，有子存焉；子又生孙，孙又生子；子又有子，子又有孙。子子孙孙无穷匮也，而山不加增，何苦而不平？"河曲智叟亡以应。

操蛇之神闻之，惧其不已也，告之于帝。帝感其诚，命夸娥氏二子负二山，一厝（cuò）朔东，一厝雍南。自此，冀之南，汉之阴，无陇断焉。

1945 年 6 月 11 日，毛泽东在中国共产党第七次全国代表大会上，作了题为《愚公移山》的闭幕词，他说：

中国古代有个寓言，叫做"愚公移山"。说的是古代有一位老人，住在华北，名叫北山愚公。他的家门南面有两

座大山挡住他家的出路,一座叫做太行山,一座叫做王屋
山。愚公下决心率领他的儿子们要用锄头挖去这两座大
山。有个老头子名叫智叟的看了发笑,说是你们这样干未
免太愚蠢了,你们父子数人要挖掉这样两座大山是完全不
可能的。愚公回答说:我死了以后有我的儿子,儿子死
了,又有孙子,子子孙孙是没有穷尽的。这两座山虽然很
高,却是不会再增高了,挖一点就会少一点,为什么挖不平
呢?愚公批驳了智叟的错误思想,毫不动摇,每天挖山不
止。这件事感动了上帝,他就派了两个神仙下凡,把两座
山背走了。①

毛泽东在中国共产党第七次全国代表大会致的闭幕词《愚
公移山》一文中引用这个寓言故事,旨在号召全党同志发扬愚公
精神,下定决心,不怕牺牲,排除万难,团结广大人民群众,去夺
取推翻封建主义、帝国主义的新胜利。

欲 速 则 不 达

一味求快反而达不到目的。语出《论语·子路》:

> 子夏为莒父宰,问政。子曰:"无欲速,无见小利。欲速
> 则不达,见小利则大事不成。"

---

① 《毛泽东选集》第三卷,人民出版社1991年版,第1102页。

莒父,鲁国的一个城邑,在今山东省莒县境内。

这几句话大意是说,子夏到莒父做总管,问孔子怎样办理政事。孔子说:"不要求快,不要贪图小利。求快反而达不到目的,贪图小利就做不成大事。"

1944 年 10 月 30 日,毛泽东在《文化工作中的统一战线》一文中写道:

> 我们的文化是人民的文化,文化工作者必须有为人民服务的高度的热忱,必须联系群众,而不要脱离群众。要联系群众,就要按照群众的需要和自愿。一切为群众的工作都要从群众的需要出发,而不是从任何良好的个人愿望出发。有许多时候,群众在客观上虽然有了某种改革的需要,但在他们的主观上还没有这种觉悟,群众还没有决心,还不愿实行改革,我们就要耐心地等待;直到经过我们的工作,群众的多数有了觉悟,有了决心,自愿实行改革,才去实行这种改革,否则就会脱离群众。凡是需要群众参加的工作,如果没有群众的自觉和自愿,就会流于徒有形式而失败。"欲速则不达",这不是说不要速,而是说不要犯盲动主义,盲动主义是必然要失败的。在一切工作中都是如此;在改造群众思想的文化教育工作中尤其是如此。这里是两条原则:一条是群众的实际上的需要,而不是我们脑子里头幻想出来的需要;一条是群众的自愿,由群众自己下决心,而不是由我们代替群众下决心。①

---

① 《毛泽东选集》第三卷,人民出版社 1991 年版,第 1012 页。

"欲速则不达"包含着辩证法思想，即对立着的事物可以互相转化。毛泽东在《文化工作中的统一战线》一文中引用此语，教导我们不仅是文化工作，一切工作都要从实际出发，要从群众的需要与自愿出发，反之，从主观愿望出发，急于求成是做不好工作的。

鹬蚌相持，渔人得利

鹬（yù），一种长嘴的水鸟。蚌（bèng），一种由贝壳包裹的软体动物。肉可食，壳可制纽扣。鹬和蚌互相争持，捕鱼的人从中得到好处。比喻双方相持不下，结果两败俱伤，第三者因而得到好处。典出《战国策·燕策二》：

> 赵且伐燕，苏代为燕谓惠王曰："今者臣来，过易水，蚌方出曝，而鹬啄其肉，蚌合而拑其喙（huì），鹬曰：'今日不雨，明日不雨，即有死蚌。'蚌亦谓鹬曰：'今日不出，明日不出，即有死鹬。'两者不肯相舍，渔者得而并禽之。今赵且伐燕，燕赵久相支，以弊大众，臣恐强秦为之渔父也。故愿王之熟计之也。"
> 惠王曰："善。"乃止。

这则寓言故事说，赵国将要进攻燕国，苏代为燕国劝告赵惠王说："这次我来时，经过易水，看见一个河蚌正张开两壳晒太阳，鹬鸟飞过来，啄食它的肉，河蚌急忙闭拢两壳，夹住鹬鸟的嘴。鹬鸟说：'今天不下雨，明天不下雨，就会有个死蚌啦。'河蚌也对鹬鸟说：'今天不放你，明天不放你，就会有只死鹬鸟啦。'两者相持,互不甘休,渔人走过来,正好把它们一起捉去了。现在赵国打算攻打燕国,燕、赵两国长久对峙,老百姓筋疲力尽,我担心强大的秦国就要成为不劳而获的渔翁了。因此,请大王仔细考虑考虑。"

赵惠王说:"对。"于是,就不进攻燕国了。

苏代借这个民间流传的寓言,来说明赵如攻燕,赵、燕两国的军事力量都会削弱,那么坐收渔利的强秦就很容易灭掉这两个国家。这则寓言告诉人们,在错综复杂的矛盾中,要警惕共同的敌人,不要因彼此互相争执,而让第三者坐收其利。

1943 年 7 月 12 日,毛泽东在《质问国民党》一文中说:

> 假如你们也没有什么对付日本人的"蒙汗药"、"定身法",又没有和日本人订立默契,那就让我们正式告诉你们吧:你们不应该打边区,你们不可以打边区。"鹬蚌相持,渔人得利","螳螂捕蝉,黄雀在后",这两个故事,是有道理的。你们应该和我们一道去把日本占领的地方统一起来,把鬼子赶出去才是正经……①

毛泽东在文中借用这个长期流传在中国民间"鹬蚌相持,渔人得利"的寓言故事,警告国民党顽固派,在抗日战争的紧要关头,他们进攻解放区,只能危害民族利益,使日本侵略者从中渔利,加深中华民族的灾难,是一种祸国殃民的反动行径。

---

① 《毛泽东选集》第三卷,人民出版社 1991 年版,第 905 页。

缘 木 求 鱼

缘，沿着。爬到树上去找鱼。比喻方向或方法不对头，绝对达不到目的。语出《孟子·梁惠王上》：

> 曰："王之所大欲，可得闻与？"王笑而不言。曰："为肥甘不足于口与？轻暖不足于体与？抑为采色不足视于目与？声音不足听于耳与？便（pián）嬖（bì）不足使令于前与？王之诸臣，皆足以供之，而王岂为是哉？"曰："否。吾不为是也。"曰："然则王之所大欲可知已：欲辟土地，朝秦楚，莅中国，而抚四夷也。以若所为，求若所欲，犹缘木而求鱼也。"王曰："若是其甚与？"曰："殆有甚焉。缘木求鱼，虽不得鱼，无后灾。以若所为，求若所欲，尽心力而为之，后必有灾。"

这段话大意是，孟子说："大王的最大愿望是什么呢？可以讲给我听听吗？"齐宣王笑了笑，却不说话。孟子便说："是为了肥美的食物不够吃吗？是为了轻暖的衣服不够穿吗？还是为了艳丽的色彩不够看呢？是为了美妙的音乐不够听吗？还是为了身边伺候的人不够使唤呢？这些，您手下的大臣都能够尽量给您提供，难道您还真是为了这些吗？"宣王说："不，我不是为了这些。"孟子说："那么，您的最大愿望便可以知道了：您是想要扩张国土，使秦、楚这些大国都来向您朝贡，自己在中原做君王，安抚四方落后的民族。不过，以您现在的做法来实现您现在的愿望，就好像爬到树上去捉鱼一样。"宣王说:"竟然有这样严重吗?"孟子说:"恐怕比这还要严重哩。爬上树去捉鱼,虽然捉不到鱼,却也没有什么后患。以您现在的做法来实现您现在的愿望,费尽心力去干,一定会有灾祸在后头。"

1936 年 8 月 25 日,毛泽东在《中国共产党致中国国民党书》中写道:

> 然而贵党二中全会所说的"集中统一",实在未免本末倒置。须知十年以来的内战与不统一,完全是因为贵党及贵党政府依赖帝国主义的误国政策,尤其是"九一八"以来一贯的不抵抗政策造成的。在贵党及贵党政府"攘外必先安内"的口号之下,进行了连年不绝的内战,举行了无数次对于苏维埃红军的围攻,不遗余力地镇压了全国人民的爱国运动与民主运动。直至最近还是放弃东北与华北不顾,忘记日本帝国主义是中国的最大敌人,而把一切力量反对苏维埃与红军,从事贵党自己营垒之间的内争,用一切力量拦阻红军的抗日去路,捣乱红军的抗日后方,漠视全国人民的抗日要求,剥夺全国人民的自由权利,爱国有罪,冤狱遍于国中,卖国有赏,汉奸弹冠相庆,以这种错误政策来求集中与统一,真是缘木求鱼,适得其反。①

毛泽东在这封《中国共产党致中国国民党书》中引用"缘木求鱼"这个成语,形象生动地批判了蒋介石国民党面临日本帝国主义的侵略,一味妥协退让而却积极反共的错误政策的荒谬。

---

① 《毛泽东文集》第一卷,人民出版社 1993 年版,第 428 页。

运用之妙,存乎一心

存乎,在于。运用得灵活巧妙,全在于细心思考体会。语出元脱脱《宋史·岳飞传》:

> 宣和四年,真定宣抚刘韐募敢战士,飞应募。相有剧贼陶俊、贾进和,飞请百骑灭之。遣卒伪为商,入贼境,贼掠以充部伍。飞遣百人伏山下,自领数十骑逼贼垒。贼出战,飞阳北,贼来追之,伏兵起,先所遣卒擒俊及进和以归。
>
> 康王至相,飞因刘浩见。命招贼吉倩,倩以众三百八十人降。补承信郎。以铁骑三百往李固渡尝敌,败之。从浩解东京围,与敌相持于滑南,领百骑习兵河上。敌猝至,飞麾其徒曰:"敌虽众,未知吾虚实,当及其未定击之。"乃独驰迎敌。有枭将舞刀而前,飞斩之,敌大败。迁秉义郎,隶留守宗泽。战开德、曹州,皆有功,泽大奇之,曰:"尔勇智才艺,古良将不能过,然好野战,非万全计。"因授以阵图。飞曰:"阵而后战,兵法之常,运用之妙,存乎一心。"泽是其言。

这段文字大意是说,宋徽宗宣和四年(1122),真定有个名叫刘韐的宣抚官,招募一批敢死队员,岳飞应征了。相州有两个大土匪名叫陶俊、贾进和,岳飞请求带一百名骑兵去消灭他们。他先派遣一些士兵假扮作商人,进入土匪占据的地盘,土匪把他们俘虏过去补充队伍。然后,岳飞派遣一百人在山下埋伏,亲自带领几十个骑兵逼近敌人的阵地,土匪出来交战,岳飞假装败走,土匪来追，伏兵杀了出来，岳飞原先派出的那些士兵，俘虏了陶俊和贾进和回来了。

康王赵构到了相州，岳飞由刘浩引荐得见赵构。赵构命令岳飞去招降吉倩的部队，吉倩率领三百八十人来投降，岳飞被提升为承信郎。岳飞曾经带领三百骑兵前往李固渡，把敌兵打得大败。岳飞跟随刘浩去解首都东京之围，与敌人在滑县南部相持不下。他领百余骑兵在黄河边演练时，敌人突然冲了过来，岳飞用手指着对他的士兵说："敌兵虽多，但不知道我们的虚实，应当在他们立脚未稳的时候，就发起攻击。"于是岳飞单枪匹马迎击敌人，敌军中有个猛将飞马舞刀而来，岳飞斩了这个敌将，敌兵大败，岳飞升任秉义郎，隶属于东京留守使宗泽。此后，岳飞转战开德、曹州等地，都立有战功。宗泽非常惊奇，说："你的勇敢智谋和武艺，即使古代的良将，也不能超过，然而你喜欢不依常规去作战，这不是万全的办法。"于是给了他一幅阵图。岳飞说："排好阵势然后交战，这是兵法上常用的法则；运用得灵活巧妙，全在于自己细心思考、体会。"宗泽认为岳飞这种说法是对的。

岳飞（1103—1142），字鹏举，相州汤阴（今河南汤阴）人，南宋初抗金民族英雄，著名军事家。毛泽东对岳飞十分敬重，给予很高评价。1938 年 5 月，他在《论持久战》一文中写道：

> 古人所谓"运用之妙，存乎一心"，这个"妙"，我们叫做灵活性，这是聪明的指挥员的出产品。灵活不是妄动，妄动是应该拒绝的。灵活，是聪明的指挥员，基于客观情况，"审时度势"（这个势，包括敌势、我势、地势等项）而采取及时的和恰当的处置方法的一种才能，即是所谓"运用之妙"。基

于这种运用之妙,外线的速决的进攻战就能较多地取得胜利,就能转变敌我优劣形势,就能实现我对于敌的主动权,就能压倒敌人而击破之,而最后胜利就属于我们了。①

　　毛泽东在文中引用岳飞"运用之妙,存乎一心"的话,阐明了作战指挥上的灵活性。

---

① 《毛泽东选集》第二卷,人民出版社 1991 年版,第 494—495 页。

再　思

再一次思考，即思考两次。语出《论语·公冶长》：

> 季文子三思而后行。子闻之，曰："再，斯可矣。"

这几句话大意是说，季文子每做一件事都要考虑多次。孔子听到了，说："考虑两次也就行了。"

季文子，即季孙行父，鲁成公、鲁襄公时任正卿，"文"是他的谥号。

凡事三思，一般总是利多弊少，为什么孔子听说以后，并不同意季文子的这种做法呢？因为季文子做事过于谨慎，顾虑太多，所以就会发生各种弊病。从某个角度看，孔子的话也不无道理。

1942年2月8日，毛泽东在《反对党八股》一文中写道：

> 孔夫子提倡"再思"，韩愈也说"行成于思"，那是古代的事情。现在的事情，问题很复杂，有些事情甚至想三四回还

不够。鲁迅说"至少看两遍",至多呢？他没有说,我看重要的文章不妨看它十多遍,认真地加以删改,然后发表。文章是客观事物的反映,而事物是曲折复杂的,必须反复研究,才能反映恰当;在这里粗心大意,就是不懂得做文章的起码知识。①

毛泽东在文中引用"再思"一语,说明无论工作、学习还是做文章,都必须多动脑筋,深思熟虑,才会少犯错误,少出毛病。

知彼知己,百战不殆

彼,对方。殆,危险,失败。对对方(多指敌人)和己方的情况都很了解,打一百次仗也不会失败。语出《孙子·谋攻》:

> 故曰:知彼知己者,百战不殆;不知彼而知己,一胜一负;不知彼,不知己,每战必殆。

这几句话大意是,所以说:对对方的情况和自己一方的情况都很了解,打一百次仗都不会失败;不了解对方的情况只了解自己一方的情况,胜负各半;不了解对方的情况也不了解自己一方的情况,每仗必败。

1936年12月,毛泽东在《中国革命战争的战略问题》一文中写道:

---

① 《毛泽东选集》第三卷,人民出版社1991年版,第844页。

中国古代大军事学家孙武子书上"知彼知己,百战不殆"这句话,是包括学习和使用两个阶段而说的,包括从认识客观实际中的发展规律,并按照这些规律去决定自己行动克服当前敌人而说的;我们不要看轻这句话。①

毛泽东在文中引用孙子"知彼知己,百战不殆"的话,来说明作为一个军事指挥员的学习方法,既要认识客观规律,又要按客观规律去决定自己的行动。

知其一不知其二

只知道事物的一个方面,不知道事物还有另一个方面。形容不了解全面。语出《庄子·天地》:

孔子曰:"彼假修混沌氏之术者也。识其一,不知其二,治其内,而不治其外。"

这几句话大意是,孔子说:"他是假借混沌氏的法术啊。只知道事物的一个方面,不知道事物的另一个方面,只治理事物的内部,不治理事物的外部。"

1956 年 4 月 25 日,毛泽东在《论十大关系》一文中写道:

有人以为社会主义就了不起,一点缺点也没有了。哪

---

① 《毛泽东选集》第一卷,人民出版社 1991 年版,第 182 页。

有这个事？应当承认，总是有优点和缺点这两点……一万
年都有两点。将来有将来的两点，现在有现在的两点，各人
有各人的两点。总之，是两点而不是一点。说只有一点，叫
知其一不知其二。①

毛泽东在《论十大关系》一文中引用"知其一不知其二"这一
成语，强调要全面地看问题，对我国的社会主义制度，既要看到
优点，又要看到缺点，才比较全面，才符合辩证法。

知无不言，言无不尽

凡是知道的都毫无保留地讲出来。语出北宋苏洵《嘉祐集
四·衡论·远虑》：

圣人之任腹心之臣也，尊之如父师，爱之如兄弟，握手
入卧内，同起居寝食，知无不言，言无不尽，百人誉之不加
密，百人毁之不加疏，尊其爵，厚其禄，重其权，而后可以议
天下之机，虑天下之变。太祖之用赵中令也，得其道矣。近
者寇莱公亦诚其人，然与之权轻，故终以见逐，而天下几有
不测之变。然则其必使之可以生人杀人而后可也。

这段话大意是说，皇帝的任用心腹大臣，尊敬他像父亲和老
师，关爱他像亲兄弟，拉着手进入卧室，一同作息，一同吃饭，知

---

① 《毛泽东文集》第七卷，人民出版社 1999 年版，第 41 页。

道的都说出来,而毫无保留地说完,一百人赞扬他也不更加亲密,一百人毁谤他也不加以疏远,尊重他的爵位,丰厚他的俸禄,加重他的权力,然后才可以和他议论治理天下的机要,考虑天下的变化。太祖赵匡胤任用赵普,深深懂得这个办法的道理。近来寇准也确实是那样的人,然而给予他的权力太小,所以终于被放逐在外,而天下几乎有预想不到的变化。然而一定赋予心腹之臣有生杀大权而后才可以吧。

1945 年 4 月 24 日,毛泽东在《论联合政府》一文中写道:

> 我们同志的思想,我们党的工作,也会沾染灰尘的,也应该打扫和洗涤。"流水不腐,户枢不蠹",是说它们在不停的运动中抵抗了微生物或其他生物的侵蚀。对于我们,经常地检讨工作,在检讨中推广民主作风,不惧怕批评和自我批评,实行"知无不言,言无不尽","言者无罪,闻者足戒","有则改之,无则加勉"这些中国人民的有益的格言,正是抵抗各种政治灰尘和政治微生物侵蚀我们同志的思想和我们党的肌体的唯一有效的方法。[①]

毛泽东在文中引用"知无不言,言无不尽"等古代有益的格言,说明对于我们党的思想建设和组织建设进行批评,是完全必要的,有益的。

---

① 《毛泽东选集》第三卷,人民出版社 1991 年版,第 1096 页。

知之为知之，不知为不知

知，懂得，知道。懂就说懂，不懂就说不懂。语出《论语·为政》：

> 子曰："由，诲女，知之乎？知之为知之，不知为不知，是知也。"

这几句话大意是，孔子说："仲由，我教给你怎样做的话，你明白了吗？知道的就是知道，不知道就是不知道，这就是智慧啊！"

1945年4月24日，毛泽东在《讲真话，不偷、不装、不吹》一文中写道：

> 什么是不装？就是"知之为知之，不知为不知"。孔夫子的学生子路，那个人很爽直，孔夫子曾对他说，"知之为知之，不知为不知，是知也"。懂得就是懂得，不懂得就是不懂得。懂得一寸，就讲懂得一寸，不讲多了。①

毛泽东在文中要新闻记者敢于"讲真话"。要讲真话，态度必须端正，"不偷，不装，不吹"，"知之为知之，不知为不知"，一句话就是要实事求是。这是毛泽东同志一贯提倡的我党的优良作风。

---

① 《毛泽东新闻工作文选》，新华出版社1983年版，第126页。

纸 上 谈 兵

比喻空谈理论,不能解决实际问题。也比喻只是空谈,不能成为现实的事物。典出西汉司马迁《史记·廉颇蔺相如列传》:

赵惠文王赐奢号为马服君,以许历为国尉。赵奢于是与廉颇、蔺相如同位。

后四年,赵惠文王卒,子孝成王立。七年,秦与赵兵相距长平,时赵奢已死,而蔺相如病笃,赵使廉颇将攻秦。秦数败赵军,赵军固壁不战。秦数挑战,廉颇不肯。赵王信秦之间——秦之间言曰:"秦之所恶,独畏马服君赵奢之子赵括为将耳。"赵王因以括为将,代廉颇。蔺相如曰:"王以名使括,若胶柱而鼓瑟耳。括徒能读其父书传,不知合变也。"赵王不听,遂将之。

赵括自少时学兵法,言兵事,以天下莫能当。尝与其父奢言兵事,奢不能难,然不谓善。括母问奢其故,奢曰:"兵,死地也,而括易言之。使赵不将括即已,若必将之,破赵军者必括也!"及括将行,其母上书言于王曰:"括不可使将!"王曰:"何以?"对曰:"始妾事其父,时为将,身所奉饭饮而进食者以十数,所友者以百数,大王及宗室所赏赐者,尽以予军吏士大夫,受命之日,不问家事。今括一旦为将,东向而朝,军吏无敢仰视之者,王所赐金帛,归藏于家,而日视便利田宅,可买者买之。王以为何如其父?父子异心,原王勿遣。"王曰:"母置之,吾已决矣。"括母因曰:"王终遣之,即有如不称，妾得无随坐乎?"王许诺。

赵括既代廉颇，悉更约束，易置军吏。秦将白起闻之，纵奇兵，详败走，而绝其粮道，分断其军为二，士卒离心。四十余日，军饿，赵括出锐卒自搏战，秦军射杀赵括。括军败，数十万之众遂降秦，秦悉阬之。赵前后所亡凡四十五万。

明年，秦兵遂围邯郸，岁余，几不得脱。赖楚、魏诸侯来救，乃得解邯郸之围。赵王亦以括母先言，竟不诛也。

这段文字大意是说，赵惠文王给赵奢的封号是马服君，并任许历为国尉。赵奢于是与廉颇、蔺相如职位相同。

四年以后，赵惠文王去世，太子孝成王即位。孝成王七年（前259），秦军与赵军在长平对阵，那时赵奢已死，蔺相如也已病危，赵王派廉颇率兵攻打秦军。秦军几次打败赵军，赵军坚守营垒不出战。秦军屡次挑战，廉颇置之不理。赵王听信秦军间谍散布的谣言——秦军间谍说："秦军所厌恶忌讳的，就是怕马服君赵奢的儿子赵括来做将军。"赵王因此就以赵括为将军，取代了廉颇。蔺相如说："大王只凭名声来任用赵括，就好像用胶把调弦的柱黏死再去弹瑟那样不知变通。赵括只会读他父亲留下的书，不懂得灵活应变。"赵王不听，还是命赵括为将。

赵括从小就学习兵法，谈论军事，以为天下没人能胜得过他。他曾与父亲赵奢谈论用兵的事，赵奢也难不倒他，可是并不说他好。赵括的母亲问赵奢这是什么缘故，赵奢说："用兵打仗是关乎生死的事，然而他却把这事说得那么容易。如果赵国不用赵括为将也就罢了，要是一定任用他为将，使赵军失败的一定就是他了!"等到赵括将要起程的时候，他母亲上书给赵王说："不能让赵括做将军!"赵王说："为什么?"回答说："当初我侍奉他父亲,那时他是将军,由他亲自捧着饮食侍候吃喝的人数以十计,被他当做朋友看待的数以百计,大王和王族们赏赐的东西全都分给军吏和僚属,从接受命令的那天起,就不再过问家事。现在赵括一下子做了将军,就面向东接受朝见,军吏没有一个敢抬头看他的,大王赏赐他的金帛,都带回家收藏起来,还天天访查便宜合适的田地房产,可买的就买下来。大王认为他哪里像他父亲? 父子二人的心地不同,希望大王不要派他领兵!"赵王说:"您就把这事放下别管了,我已经决定了。"赵括的母亲接着说:"您一定要派他领兵,如果他有不称职的情况,我能不受株连吗?"赵王答应了。

赵括代替廉颇之后,把原有的规章制度全都改变了,把原来的军吏也撤换了。秦将白起听到了这些情况,便调遣奇兵,假装败逃,又去截断赵军运粮的道路,把赵军分割成两截,赵军士卒离心。过了四十多天,赵军饥饿,赵括出动精兵亲自与秦军搏斗,秦军射死赵括。赵括军队战败,几十万大军于是投降秦军,秦军把他们全部活埋了。赵国前后损失共四十五万人。

第二年,秦军就包围了邯郸,有一年多,赵国几乎不能保全,全靠楚国、魏国军队来援救,才得以解除邯郸的包围。赵王也由于赵括的母亲有言在先,终于没有株连她。

1936 年 12 月,毛泽东在《中国革命战争的战略问题》一文中指出:

> 做一个真正能干的高级指挥员,不是初出茅庐或仅仅善于在纸上谈兵的角色所能办到的,必须在战争中学习才

能办得到。①

毛泽东在文中引用赵括"纸上谈兵"的历史故事，说明对高级指挥员的要求，不能只凭书本知识夸夸其谈，而要有真才实学，在战争中学习本领。

壮 志 凌 云

壮志，宏大的志向；凌云，直上云霄。形容志向非常远大。语出东汉班固《汉书·扬雄传下》：

> 雄以为赋者，将以风也，必推类而言，极丽靡之辞，闳侈巨衍，竟于使人不能加也，既乃归之于正，然览者已过矣。往时武帝好神仙，相如上《大人赋》，欲以风，帝反缥缥有陵云之志。繇（通"由"）是言之，赋劝而不止，明矣。

这段话大意是，扬雄写作辞赋，本来是想进行讽谏的，必然推举事类来写，语言华丽靡曼到了极点，结构宏大无比，竟然使人不能再增加什么，后来又回归正道，然而读者已经看过了。过去汉武帝喜好神仙，司马相如献上他作的《大人赋》，想委婉地进行规劝，汉武帝反而飘飘然而有直上云霄的感觉。由此来看，赋进行规劝而不能制止帝王的荒唐行为，是很明白的了。

---

① 《毛泽东选集》第一卷，人民出版社 1991 年版，第 181 页。

1964 年 3 月 18 日,毛泽东在《致华罗庚》的信中说:

> 诗和信已经收读。壮志凌云,可喜可贺。①

华罗庚(1910—1985),江苏省金坛县金城镇人,世界著名数学家。中国解析数论、矩阵几何学、典型群、自安函数论等多方面研究的创始人和开拓者。在国际上以华氏命名的数学科研成果就有"华氏定理"、"怀依—华不等式"、"华氏不等式"、"普劳威尔—加当华定理"、"华氏算子"、"华—王方法"等。他为中国数学的发展作出了举世瞩目的贡献。

华罗庚当时任中国科学技术大学副校长、中国科学院数学研究所所长。当时正在研究统筹方法运用于工农业生产,所以,毛泽东说他"壮志凌云,可喜可贺"。

走 马 看 花

走,奔跑。骑着奔驰的马到处看花,形容得意、愉快的心情。现用来比喻粗略地观察事物。语出唐孟郊《登科后》:

> 昔日龌龊不足夸,今朝放荡思无涯。
> 春风得意马蹄疾,一日看尽长安花。

这首诗译成现代汉语是,以往生活上的困顿与思想上的局

---

① 《毛泽东书信选集》,人民出版社 1983 年版,第 595 页。

促不安不值得再提了,今朝金榜题名,郁结的闷气如风吹云散,心里有说不尽的畅快。策马奔驰于春花烂漫的长安道上,今日的马蹄格外轻疾,一日之间已把长安花看尽了。

1956 年 9 月 25 日,毛泽东同参加中共第八次全国代表大会的拉丁美洲一些党的代表谈话中说道:

> 调查有两种方法,一种是走马看花,一种是下马看花。走马看花,不深入,因为有那么多的花嘛。你们从拉丁美洲到亚洲来,是走马看花的。你们国家有那么多的花,看一看望一望就走,这是很不够的,还必须用第二种方法,就是下马看花,过细看花,分析一朵"花",解剖一个"麻雀"。①

毛泽东在谈话中引用"走马看花"比喻粗略地观察事物,对事物总的情况作调查研究;而"下马看花",是从"走马看花"引申来的,比喻细致地作调查研究,深入地了解典型事物,以便得出正确的认识,用来指导全面工作。

1958 年 1 月,毛泽东在《工作方法六十条(草案)》中又说:

> 应该采取走马看花、下马看花两种方法。哪怕到一个地方谈三四个小时就走也好。要和工人、农民接触,要增加感性知识。中央的有些会议可以到北京以外的地方去开,省委的有些会议可以到省会以外的地方去开。②

---

①② 《毛泽东文集》第七卷,人民出版社 1999 年版,第 134、354 页。

醉 尉 夜 行

尉，古官名。秦以后朝廷设有太尉，各郡有都尉，县有县尉。喝醉酒的军尉在夜里行走。后来用作受下级侵侮的典故。典出西汉司马迁《史记·李将军列传》：

> 顷之，家居数岁。广家与故颍阴侯孙屏野居蓝田南山中射猎。尝夜从一骑出，从人田间饮。还至霸陵亭，霸陵尉醉，呵止广。广骑曰："故李将军。"尉曰："今将军尚不得夜行，何乃故也！"止广宿亭下。
>
> 居无何，匈奴入杀辽西太守，败韩将军，后韩将军徙右北平。于是天子乃召拜广为右北平太守。广即请霸陵尉与俱，至军而斩之。

这段话大意是说，转眼之间，李广已在家居住了几年，李广与前颍阴侯的孙子一起隐居在蓝田南山射猎。有一天夜间他带一名骑从出去，与人在乡下饮酒。回来走到霸陵驿亭，霸陵尉喝醉了，呵斥禁止李广通行。李广的骑从说："这是前任李将军。"亭尉说："现任将军尚且不能夜行，何况前任呢！"便让李广住在亭下。

过了不久，匈奴入侵杀了辽西太守，打败韩安国将军，韩将军迁调右北平。于是武帝下诏拜李广为右北平太守。李广就请霸陵尉同去，到军中就斩了他。

1949 年 5 月 21 日，毛泽东在《致柳亚子》的信中写道：

　　某同志妄评大著，查有实据，我亦不以为然。希望先生出以宽大政策，今后和他们相处可能好些。在主政者方面则应进行教导，以期"醉尉夜行"之事不再发生。附带奉告一个消息，近获某公诗云"射虎将军右北平，只今乘醉夜难行，卢沟未落登埤月，易水还流击筑声"，英雄所见，略有不同，亦所遭者异耳。①

　　柳亚子(1887—1958)，江苏吴江人，著名的民主人士、爱国诗人。毛泽东在信中用"醉尉夜行"的典故，规劝柳亚子要心胸宽大一些，而领导者则应该制止发生这类事情，不仅增加书信的生动性和舒缓气氛，而且下文中的"英雄所见，略有不同"，是成语"英雄所见略同"的反用，更造成活泼的效果。

自 高 自 大

　　形容把自己看得又高又大，高人一头。自以为了不起，看不起别人。语出北朝齐颜之推《颜氏家训·勉学》：

　　夫学者所以求益耳。见人读数十卷书，便自高大，凌忽长者，轻慢同列；人疾之如仇敌，恶之如鸱枭。如此以学自损，不如无学也。

　　这段话是说，学习就是求得益处的。看见别人读了几十卷书，

---

　　① 《毛泽东书信选集》，人民出版社1983年版，第321页。

就自高自大起来,看不起长辈,歧视地位相同的人;人们把他看作仇敌,讨厌他像讨厌猫头鹰。这样以学习自我贬损,还不如不学。

1937年5月8日,毛泽东在《为争取千百万群众进入抗日民族统一战线而斗争》一文中写道:

> 指导伟大的革命,要有伟大的党,要有许多最好的干部。……这些干部和领袖懂得马克思列宁主义,有政治远见,有工作能力,富于牺牲精神,能独立解决问题,在困难中不动摇,忠心耿耿地为民族、为阶级、为党而工作。党依靠着这些人而联系党员和群众,依靠着这些人对于群众的坚强领导而达到打倒敌人之目的。这些人不要自私自利,不要个人英雄主义和风头主义,不要懒惰和消极性,不要自高自大的宗派主义,他们是大公无私的民族的阶级的英雄,这就是共产党员、党的干部、党的领袖应该有的性格和作风。①

我国的抗日战争,是一场有亿万人民参加的反抗日本帝国主义侵略的战争,必须广泛地动员群众,组织群众,不能自高自大,不能搞宗派主义。毛泽东在文中批评了"自高自大"这种非无产阶级思想。

自 以 为 是

是,对,正确。总认为自己的言行正确。多用以表示主观、

---

① 《毛泽东选集》第一卷,人民出版社1991年版,第277页。

不虚心。语出《老子》第二十四章："自是者不彰"（彰，明白）。《孟子·尽心下》：

> 曰："非之无举也，刺之无刺也，同乎流俗，合乎污世，居之似忠信，行之似廉洁，众皆悦之，自以为是，而不可与入尧舜之道，故曰'德之贼'也。"

这段话大意是，孟子说："（这种人）要批评他，却举不出具体事来；要指责他，却又觉得没什么能指责的；和颓靡的习俗、污浊的社会同流合污，平时似乎忠厚老实，行为似乎很廉洁，大家都喜欢他，他也自认为正确，但是却不能同他一起学习尧舜之道，所以说是'戕害道德的人'。"

1940 年 1 月，毛泽东在《新民主主义论》一文中写道：

> 科学的态度是"实事求是"，"自以为是"和"好为人师"那样狂妄的态度是决不能解决问题的。我们民族的灾难深重极了，惟有科学的态度和负责的精神，能够引导我们民族到解放之路。真理只有一个，而究竟谁发现了真理，不依靠主观的夸张，而依靠客观的实践。只有千百万人民的革命实践，才是检验真理的尺度。[①]

"自以为是"就是主观主义的态度，它和"实事求是"的科学态度正相反，一碰到现实问题就无能为力了，所以必须纠正。因为只有"客观的实践"，"只有千百万人民的革命实践"，"才是检验真理的尺度"。所以，毛泽东在文章中给予严厉的批评。

---

① 《毛泽东选集》第二卷，人民出版社 1991 年版，第 662—663 页。

自 以 为 得 计

得计,谋算得逞。认为自己的计谋很高明,一定能够得逞。多用于讽刺。语出唐韩愈《柳子厚墓志铭》:

> 呜呼!士穷乃见节义。今夫平居里巷相慕悦,酒食游戏相徵逐,诩诩强笑语以相取下,握手出肺肝相示,指天日涕泣,誓生死不相背负,真若可信。一旦临小利害,仅如毛发比,反眼若不相识。落陷阱,不一引手救,反挤之,又下石焉者,皆是也。此宜禽兽夷狄所不忍为,而其人自视以为得计。闻子厚之风,亦可以少愧矣。

这段话大意是说,哎呀!士人到了困窘的时候时,才看得出他的节操和义气!现在一些人,平日街坊居处互相仰慕讨好,吃喝玩乐来往频繁,夸夸其谈,强作笑脸,互相表示愿居对方之下,手握手作出掏肝挖肺之状给对方看,指着天日流泪,发誓不论生死谁都不背弃朋友,简直像真的一样可信。一旦遇到小小的利害冲突,仅仅像头发丝那样细小,便翻脸不认人。朋友落入陷阱,也不伸一下手去救,反而借机推挤他,再往井里扔石头,到处都是这样的人啊!这应该是连那些禽兽和野蛮人都不忍心干的,而那些人却自以为得计。他们听到子厚的高尚风节,也应该觉得有点惭愧了!

1942 年 2 月 1 日,毛泽东在《整顿党的作风》一文中写道:

　　我想，我们应该是老老实实地办事；在世界上要办成几件事，没有老实态度是根本不行的。什么人是老实人？马克思、恩格斯、列宁、斯大林是老实人，科学家是老实人。什么人是不老实的人？托洛茨基、布哈林、陈独秀、张国焘是大不老实的人，为个人利益为局部利益闹独立性的人也是不老实的人。一切狡猾的人，不照科学态度办事的人，自以为得计，自以为很聪明，其实都是最蠢的，都是没有好结果的。我们党校的学生一定要注意这个问题。我们一定要建设一个集中的统一的党，一切无原则的派别斗争，都要清除干净。要使我们全党的步调整齐一致，为一个共同目标而奋斗，我们一定要反对个人主义和宗派主义。①

　　毛泽东在文中强调要做"老实人"，"办老实事"；同时严厉批判闹宗派主义的人，说他们"自以为得计"，"其实都是最蠢的"，并且"都是没有好结果的"。

自 相 煎 艾

　　形容兄弟或内部的残杀。煎，一种烹饪方法，熬煮；艾（yì），割，收获。通"刈"。典故出自南朝刘义庆的《世说新语·文学》：

---

　　① 《毛泽东选集》第三卷，人民出版社1991年版，第822页。

"文帝尝令东阿王七步中作诗，不成者行大法。应声便为诗曰：'煮豆持作羹，漉菽以为汁。萁在釜下燃，豆在釜中泣。本是同根生，相煎何太急？'帝深有惭色。

曹植是曹操的儿子，从小就才华出众，很受父亲的疼爱，封为东阿王，因此受到曹丕嫉妒。曹操死后。曹操大儿子，他的哥哥曹丕继承当上了魏王，后篡位当了皇帝，即魏文帝。因为曹丕担心留曹植和曹熊（曹操第四子）会有后患，所以便以在其父亡故时没来看望为由，追问逼迫他们俩。曹熊因为害怕，自杀了。而曹植则被押进朝廷。最终曹丕四兄弟的母亲卞氏开口求情，曹丕勉强给了曹植一个机会，让他在七步之内脱口作一首诗，否则杀无赦。曹植就作了这首七步诗。

这首诗大意是说，釜（炊器）中煮着豆子，是想把豆子的残渣过滤出去留下豆汁来做羹。豆茎（萁）在釜底下燃烧，豆子（菽）在釜里面哭泣。豆子与豆茎本来是同一条根上生出来的，那么豆茎煎熬豆子又怎能这样急迫呢？诗的前四句描述了燃萁煮豆这一日常生活现象。曹植以"豆"自喻，一个"泣"字充分表达了受害者的悲伤与痛苦。后两句笔锋一转，抒发了曹植内心的悲愤，这明显是在质问曹丕：我与你本是同胞兄弟，为什么要如此苦苦相逼？诗中巧妙地运用了比喻和拟人的修辞手法，表达了诗人曹植对手足相残的悲愤，同时也发出了理直气壮的斥责。"本是同根生，相煎何太急"二语，千百年来已成为人们劝戒避免兄弟阋墙、自相残杀的普遍用语，说明此诗在人民中流传极广。

1936 年 8 月 14 日，毛泽东在《致傅作义》信中说：

今之大计，退则亡，抗则存；自相煎艾则亡，举国奋战则存。①

1936 年 5 月，在侵华日军的指使下，伪蒙古军政府总裁德王，充当日本帝国主义傀儡，派兵向华北和绥远进攻，时任国民党绥远政府主席的傅作义首当其冲。毛泽东抓住这一有利时机，致信傅作义，力陈形势的严峻，并以曹丕迫害其弟曹植来比喻国民党的军队打共产党的军队，诚恳地希望他全力抗战，保卫绥远。

自 知 之 明

明，明察事物的能力。指对自己有正确的估价。语出《老子》第三十三章：

知人者智，自知者明。胜人者有力，自胜者强。知足者富，强行者有志，不失其所者久，死而不亡者寿。

这几句话大意是说，能了解、认识别人的就是有智慧，能认识、了解自己的才算聪明。能战胜别人的人是有力量的，能克制自己的弱点的人才算刚强。知道满足的人才是富有人，坚持力行、努力不懈的人就是有志气。不离失本分的人就能长久不衰，身虽死而"道"仍存的人，才算真正的长寿。

---

① 《毛泽东书信选集》，人民出版社 1983 年版，第 43 页。

1942年5月,毛泽东在《在延安文艺座谈会上的讲话》中指出:

> 例如,某种作品,只为少数人所偏爱,而为多数人所不需要,甚至对多数人有害,硬要拿来上市,拿来向群众宣传,以求其个人的或狭隘集团的功利,还要责备群众的功利主义,这就不但侮辱群众,也太无自知之明了。①

毛泽东文中借用"自知之明"一语,批评那些不考虑最广大群众利益和需要,只求个人或狭隘集团利益的功利主义者,认为他们"太无自知之明"了。

早在1921年1月28日,毛泽东在《致彭璜》的信中也用了这一成语检讨自己:

> 兄常谓我意志强,实则我有自知之明:知最弱莫如我之意志！我平日态度不对,向人总是断断,讨人嫌恶,兄或谓为意强,实则正是我弱的表现。②

自 相 矛 盾

矛,长矛,古代一种用来攻击敌人的长柄武器;盾,盾牌,古

---

① 《毛泽东选集》第三卷,人民出版社1991年版,第864页。

② 《毛泽东书信选集》,人民出版社1983年版,第18页。

代一种用来防身的武器。比喻用揭露对方言论前后抵触来驳倒对方。语出《韩非子·难一》：

> 楚人有鬻（yù）盾与矛者，誉之曰："吾盾之坚，物能陷也。"又誉其矛曰："吾矛之利，于物无不陷也。"或曰："以子之矛陷子之盾，何如？"其人弗能应也。夫不可陷之盾与无不陷之矛，不可同世而立。

这则寓言故事是说，楚国有个卖盾和矛的人，他夸自己的盾说："我的盾非常坚硬，没有任何东西能够刺穿它。"又夸他的矛说："我的矛锐利无比，任何东西都能刺穿。"有人问："那么，用你的矛刺你的盾，怎么样？"楚人回答不出来。坚不可破的盾与无坚不摧的矛，是不能同时并存的。

"自相矛盾"是从上面这个故事概括出来的，比喻语言行动前后自相抵触、互不相容。

《韩非子》，韩非著，今本共 55 篇。韩非（前 280—前 233），韩国贵族出身，战国末重要的思想家、政治家。

1941 年 1 月 20 日，毛泽东在《为皖南事变发表的命令和谈话》中说：

> 至于重庆军委会发言人所说的那一篇，只好拿"自相矛盾"四个字来批评它。既在重庆军委会的通令中说新四军"叛变"，又在发言人的谈话中说新四军的目的在于开到京、沪、杭三角地区创立根据地。就照他这样说吧，难道开到京、沪、杭三角地区算是"叛变"吗？愚蠢的重庆发言人没有想一想，究竟到那里去叛变谁呢？那里不是日本占领的地

方吗？你们为什么不让它到那里去,要在皖南就消灭它呢？啊,是了,替日本帝国主义尽忠的人原来应该如此。①

毛泽东在文中引用"自相矛盾"这个成语,揭露了国民党重庆军委会发言人不能自圆其说的荒唐行径和他们发动"皖南事变"旨在消灭新四军的罪恶图谋。

① 《毛泽东选集》第二卷,人民出版社 1991 年版,第 776 页。

后 记

    本书是一部集体著作,多人分工合作而成。

    选目由主编兼主笔毕桂发教授选定,毛泽东引用的成语典故资料,由毕桂发教授搜集、整理。

    本书稿由多人分头执笔撰写初稿,然后再由主编修改定稿。参加撰写初稿的除主编以外,还有毕英男、毕国民、毕晓莹、东民、孙瑾、赵悦、赵善修、赵庆华、朱东方、许娜、张涛、张豫东、张昌在、张瑞华、王汇涓、范冬冬、李会平等同志。资料工作则由赵玉玲、刘磊同志担任。

毕 桂 发

2012 年 3 月 20 日于开封

图书在版编目(CIP)数据

毛泽东用过的典故/毕桂发主编 . —上海：上海辞书出版社,2015.5
ISBN 978 - 7 - 5326 - 4367 - 7

Ⅰ.①毛…　Ⅱ.①毕…　Ⅲ.①毛泽东著作—典故—研究　Ⅳ.①A841

中国版本图书馆 CIP 数据核字(2015)第 084285 号

责任编辑　商晓燕
特约编辑　陈翔燕
装帧设计　蒋雪静

毛泽东用过的典故
毕桂发　主编
上海世纪出版股份有限公司
上 海 辞 书 出 版 社　出版、发行
中国图书进出口上海公司

2015 年 5 月第 1 版
ISBN 978 - 7 - 5326 - 4367 - 7/A · 30